巴黎评论
作家访谈 4

美国《巴黎评论》编辑部 编　马鸣谦 等 译

人民文学出版社
PEOPLE'S LITERATURE PUBLISHING HOUSE

著作权合同登记号　图字 01-2025-1445

THE PARIS REVIEW INTERVIEWS Vol. 4

Copyright © 2009 by THE PARIS REVIEW
This edition arranged with The Wylie Agency (UK) Ltd.
Simplified Chinese edition Copyright © 2019 by Shanghai 99 Readers' Culture Co., Ltd.
All rights reserved.

图书在版编目(CIP)数据

巴黎评论·作家访谈.4/美国《巴黎评论》编辑部编；马鸣谦等译.—北京：人民文学出版社，2017(2025.4重印)
ISBN 978-7-02-013234-8

Ⅰ.①巴… Ⅱ.①美… ②马… Ⅲ.①作家-访问记-世界-现代 Ⅳ.①K815.6

中国版本图书馆 CIP 数据核字(2017)第 205613 号

| 责任编辑 | 李　娜　骆玉龙 |
| 封面制作 | 钱　珺 |

出版发行	人民文学出版社
社　　址	北京市朝内大街 166 号
邮政编码	100705
印　　制	上海盛通时代印刷有限公司
经　　销	全国新华书店等
开　　本	890 毫米×1240 毫米　1/32
印　　张	11.375
字　　数	250 千字
版　　次	2019 年 5 月北京第 1 版
印　　次	2025 年 4 月第 7 次印刷
书　　号	978-7-02-013234-8
定　　价	65.00 元

如有印装质量问题，请与本社图书销售中心调换。电话：010-65233595

the PARIS REVIEW
INTERVIEWS *vol. 4*

By the editors of *The Paris Review*

目　录

格雷厄姆·格林（1953）　　　　　陈　焱 / 译　　1

鲍里斯·帕斯捷尔纳克（1960）　　温哲仙 / 译　　15

W.H. 奥登（1974）　　　　　　　　马鸣谦 / 译　　37

乔伊斯·卡罗尔·欧茨（1978）　　朱　杰 / 译　　69

E.L. 多克托罗（1986）　　　　　　柏　栎 / 译　　93

威廉·特雷弗（1989）　　　　　　管舒宁 / 译　　111

马里奥·巴尔加斯·略萨（1990）　魏　然 / 译　　137

艾丽丝·门罗（1994）　　　　　　梁　彦 / 译　　159

若泽·萨拉马戈（1998）　　　　　王　渊 / 译　　192

萨尔曼·鲁西迪（2005）　　　　　林晓筱 / 译　　206

哈维尔·马里亚斯（2006）　　　　蔡学娣 / 译　　242

大卫·格罗斯曼（2007）　　　　　唐　江 / 译　　271

大卫·米切尔（2010）　　　　　　唐　江 / 译　　303

米歇尔·维勒贝克（2010）　　　　丁　骏 / 译　　330

格雷厄姆·格林

◎陈焱/译

在伦敦圣詹姆斯街街尾的那些底楼，十八世纪与二十世纪接续。蚝吧与旅行社的玻璃纸装饰光鲜闪亮，周围却绕着那些高门大宅的电缆支线，显得突兀失调。格雷厄姆·格林就住在这条大街的商业区那一端的公寓二楼，房子不大，夹在那些达官贵人的俱乐部和圣詹姆士宫之间。住在他楼上的是奥金莱克将军，也就是那位败于隆美尔手下的军人；楼下则是欧洲最高雅入时的蚝吧，而隔街对面是欧洲第二高雅入时的蚝吧。

看过《寻欢作乐》的读者应该记得，毛姆就是在这附近遇到了休·沃尔波尔①，但这里不是那种可以期望遇到一位小说家的地方，更别说是卓有成就的小说家。这是一个黑暗中透着高雅的地区。黑色的劳斯莱斯，黑色的男士礼帽，黑色的女士半高跟鞋与得体的套装。在一些堂皇至极的公寓里，甚至建在浴室地板上的浴池铺的都是黑色大理石。附近是皮克灵小广场的庭院和日晷，广场是加洛林王朝时代风格的建筑物，与世隔绝，只有大富豪才能入内吃吃喝喝。

与世隔绝，为的是隐名晦迹，而非匿富藏财，或许正是对格林的诱惑，因为他如今是，或者直到近期还是一个怯于交往、不愿出名的人。我们按了门铃，他过来开了门，只见他棕色面孔，穿了棕色套装，棕色鞋子。他带着我们上到了蚝吧上面的一个大房间。时已四月，天气仍冷，房

---

① 英国作家休·沃尔波尔（Hugh Walpole，1884—1941）是毛姆的朋友兼校友。毛姆在小说《寻欢作乐》中利用虚构人物阿尔罗伊·基尔影射沃尔波尔，对其冷嘲热讽。

间的各个角落开着很多电壁炉。窗边矗立着北欧风格的支柱，上面亮着很多灯。一对灯泡亮着，就像一对减弱的喷气发动机后燃器，与暗淡的四月之光形成鲜明对比。光照之下，显现了一个摆满书籍的房间，里面有一张书桌，一个录音电话机，几张铺着垫子的扶手椅，一块毛毯。披风①上方挂着一幅杰克·叶芝②的画作，画风忧郁，属凯尔特风格，却也纤巧，与对面墙上的亨利·摩尔③的画作有共同之处。摩尔的作品为红色，设色清淡柔和，是忧伤的古典主义风格，与房间的棕色主色调一致。那种棕色，是中小学校长书房的颜色，是拉各斯那个小小办公室的颜色，格林曾说他挺乐意在那里度过乏味的四十年④。与棕色相呼应的是蓝色，他的藏书是蓝色的——忧郁的蓝色，是英国学术出版机构的那种封面，通常摆在大学教师和文人雅士的书架书房里。这令我们惊诧不已；我们潜意识里本以为见到的会是天主教书店的那种黑紫色，因为这种颜色里有一种与墨西哥、布赖顿⑤和西非相称的狂暴。然而我们见到的却是一个温暖舒适的住所，一个书斋，就像英格兰随处可见的那种牧师住宅或乡间别墅。仅有一事可略显出他的某个癖好，或者略显不同寻常（因为如今收藏亨利·摩尔作品的人已很多），那就是七十四个不同的小瓶威士忌酒，排列在书柜顶上，怪异得有如天主教慈幼会新入会信徒的国际大会。

我们所围绕着的这位人物是一位小说家，在他的静隐之所，这些小酒瓶是令人欣喜的发现。

——马丁·沙特尔沃思、西蒙·雷文，一九五三年

---

① 此处"披风"原文是 mantle，疑应是 mantel（壁炉台）。
② 杰克·叶芝（Jack Yeats，1871—1957），爱尔兰画家，诗人叶芝的弟弟。
③ 亨利·摩尔（Henry Moore，1898—1986），英国雕刻家。
④ 格林的父亲曾任一所寄宿学校的校长，而他自己则在尼日利亚的拉各斯接受过训练。
⑤ 布赖顿（Brighton），英格兰南部海滨城市，格林小说《布莱顿棒棒糖》的故事发生地。

《巴黎评论》：格林先生，我们打算提出一些关键问题，让谈话围绕它们进行，我们认为这样能够最有效地利用双方的时间。我们觉得，任何由我们事先拟定的正式提问清单都只能以我们对你已完成作品的认识为基础，而事实上你的回答是有可能让我们引出一些新问题的。我们希望能够突破那种访谈模式，因此我们准备让谈话引导我们，在你允许的情况下，去尝试发现那些关于你的尚不为人知的事情。

格雷厄姆·格林：挺坦诚的嘛。你们想喝点什么？（他拿出一个瓶子，又往意大利锡釉壶里灌了水）

《巴黎评论》：我们可以倒过来吗，先从你最近的作品，也就是剧本《起居室》开始？它还没有在美国上演，所以如果我们问了些细枝末节，还请你不要介意。

格林：你们自己看过这个戏剧了吗？

《巴黎评论》：还没有。不过有一位目光敏锐的年轻女子帮我们看了。她去了朴次茅斯，看完回来写了一篇评论，一篇作品概要，还有很多赞赏之词。

格林：我很高兴。这是我的第一部戏剧。到目前为止，我一直都在弄电影。写这个剧本时我用了不少电影术语，颇为担心它可能成不了一部成功的戏剧。

《巴黎评论》：她挺喜欢那出戏的。她觉得，你把一个宅子里阴魂不散的紧张气氛呈现了出来，而住在里面的家族因为陷于门第和宗教上的错误观念，日趋败落。你的这部戏剧创作源自如下的情境：剧中的女子有如迷失于一片荒漠之中，荒漠的背景是家庭的不幸和真相，而前景是恋人和幻影中的幸福。那位写评论的女士对这部戏的主要批评，或许跟你刚才所说的有点关系，也就是电影与戏剧的技法是有差别的，而你写的这部戏过于依赖对白，而在情节上却有欠缺。

3

格林：不敢苟同。我是遵从三一律的。我限定自己写一个背景，使人物之间互相影响。还能有什么其他类型的情节？打个电话，点着香烟，回应门铃，太多现代戏剧都用这些情节了，简直是胡闹，让我腻味极了。说到电影术语，我的意思是，我太习惯电影的渐隐了，因此忘了戏剧的幕布，我太习惯只会在需要时才开启的摄影机了，因此总是忘了台上的男女演员，省略了很多有用的台词。好在现在大部分都已经处理妥当了。

《巴黎评论》：说到刚才的批评，如果它站得住脚的话，应该是指剧中的对白在某些方面未达到标准；或许，剧中的对白跟你那些小说里的对白联系太紧密了，而你小说里的对白通常是不承担情节推进作用的。

格林：我觉得应该这么说，我尝试融合所有东西，放入对白中，不过不太成功。（微笑）下次做好吧。

《巴黎评论》：有一样东西尤其令我们那位评论人士印象深刻，也就是你对剧中女孩自杀的态度。她是这么写的："格林多数作品的重点与自杀有关，而自杀在天主教教义中是最重的罪。但是在这部戏剧中，至少他对自杀的阐释，却与教义无关。这部戏令我们很明显觉得，若有谁的灵魂能获得救赎的话，必定是这个女孩。这部戏剧并不假装没有要旨，其要旨不仅是宣扬天主教，而且还有更广泛的吸引力。这部戏是一个恳求，求众人信仰一个神，而女孩的告解神父布朗神父承认这个神是可能不存在的，不过信仰是有益无害的，如果没有信仰，我们就无法自救……女孩的自杀或许是绝大多数人可以领会的唯一答案，但却不是布朗神父的坚定信仰的唯一答案。他对女孩之死的泰然，暗示着另有一个神的存在，但是对此的斗争一定是永不停息的。"

格林：是的，我认为这些观点大体上是对的，但戏剧的要旨依然与天主教有关。

《巴黎评论》：你为什么这么想？

格林：天主教会是有怜悯的，对吧……

《巴黎评论》：抱歉打断一下。我们现在可否问一个相关的问题，省得回头再问了？

格林：请说。

《巴黎评论》：《问题的核心》中的斯考比也是自杀的。你写《起居室》时是否也有意描写类似的困境，并且表明在某些情形下，自杀几乎等同于一种救赎之举？

格林：慢着，慢着，这么说吧。我写的都是常见的状况，或许说是普遍的状况更准确些，我笔下的人物身处这种状况，只有信仰能救赎他们，不过救赎的真正方式常常不是立即显现的。他们犯了罪孽，但是天主的慈悲是无限的，这个很重要，因为一个人拒不忏悔，与那些自满、虔诚之人尚未意识到自己需要忏悔，这两件事是有差别的。

《巴黎评论》：在这个意义上，斯考比，罗丝（《起居室》剧中的女孩），《布赖顿棒糖》中的男孩宾基，《权力与荣耀》中的威士忌神父，他们全都得到了救赎？

格林：是的，尽管"救赎"这个词并不精确。我们必须小心我们的措辞。他们最终都得到了他人的理解。这大概就是宗教意义了。

《巴黎评论》：这么说来，我们已经触及了那个主题的要点，如你自己以前在某处说过的那样，这个主题使你的多部小说有了统一的体系？

格林：是的。或者说解释了我那类小说的一致性，而这类小说，我认为，已经写完了。

《巴黎评论》：哪一类？

格林：《布赖顿棒糖》，《权力与荣耀》，《问题的核心》，《恋情的终结》。我的下一部小说不会明确涉及天主教主题了。

《巴黎评论》：《新政治家》杂志曾嘲讽说《恋情的终结》会是最后一部普通教徒能读得懂的格林小说，所以这个说法不攻自破？

格林：是的，我想是这样，读者自己也看得出。我想，我自己知道下一部小说要写什么，但是小说未到完成之日，当然是谁也不会真正清楚的。

《巴黎评论》：你早期的作品也是如此？

格林：尤其是最早期的……

《巴黎评论》：对，怎么看待它们？你是怎样找到它们的主题的？它们的历史传奇色彩与你的后期作品大相径庭，甚至与你的那些消遣小说也不一样。

格林：怎样发现主题？我想是渐进的。我的头三部作品，《内在的人》《行动之名》和《夜幕降临时的谣言》——如果说有人受到任何人的影响，我不认为一个作者是刻意地被影响——受到了罗伯特·路易斯·史蒂文森和约瑟夫·康拉德的影响。之所以写成那样，是因为在当时，那些就是我想写的主题。我的消遣小说（写于《夜幕降临时的谣言》一年之后的《斯坦布尔列车》是该主题的第一部，然后是《一支出卖的枪》《秘密使节》《恐怖部》《第三人》《堕落的偶像》）有别于那些小说，因为正如书名所暗示的那样，它们不具有什么要旨（"要旨"真是一个糟糕的词）。

《巴黎评论》：但这两类小说显示了一些出自同样癖好的痕迹，它们是用同样的视角写成的……

格林：是的，因为都是我写的。它们的差别并没有那么大。

《巴黎评论》：《夜幕降临时的谣言》与《英国造就我》（你的小说中，

我们最爱这部）有很大的不同，你从一位历史小说家转为描述当代的小说家，是什么原因呢？

格林：我也特别偏爱《英国造就我》。这本书大约写于我开始创作《斯坦布尔列车》的时候。那时为了赚钱，我不得不赶写一本书，一部现代惊险故事，我突然发现自己喜欢这种体裁，写时不费力气，而我也开始找到我的天地。在《英国造就我》一书中，我头一次让自己沉浸其中。

《巴黎评论》：你那时已开始读亨利·詹姆斯和弗朗索瓦·莫里亚克了吗？

格林：是的，我开始改变了。我找到了我想表达的东西，你可以说那就是我的执迷，用情节起伏的、当代的方式来表达最好，后来则是天主教主题的小说。

《巴黎评论》：莫里亚克对你有什么影响？

格林：重申一次，他对我的影响非常小，我认为。

《巴黎评论》：但是你跟肯尼思·阿洛特说过，他在那本关于你的书里引用了你的话，你说莫里亚克对你有明显的影响。

格林：我说过吗？那种话是被迫说的。我在一九三〇年读了莫里亚克的《黛莱丝·苔斯盖鲁》，内心很受触动，不过正如我说过的，我不觉得他对我有什么影响，除非是潜意识层面的。我们理解的天主教教义差异很大：我看不出别人说的那些相似之处。

《巴黎评论》：你信奉的天主教教义有何不同之处？

格林：莫里亚克的罪人犯了违抗天主的罪，而我笔下的罪人，不管他们如何努力，总是永远无法……（他的声音变小）

《巴黎评论》：那么，莫里亚克差不多像摩尼教徒，而你……（此时电话响了。格林拿起电话简短说了几句,又坐回他那张电壁炉之间的矮长椅上,将杯子倒满水。谈话没有继续,我们想,如果不是暗示的话,要他讨论这一点是难事)

《巴黎评论》:我们现在可以讨论你刚才提到的那个新阶段了吗?

格林:可以谈,不过我觉得你不会有太多发现,因为还没有开始呢。我能告诉你的就是,我很清楚我的下一部小说描述的是一批完全不同的人物,具有完全不同的根源。

《巴黎评论》:谈谈你之前作品的一系列人物的根源,也许这样更有益处?如果我们现在先不谈历史传奇小说和消遣小说,而是集中谈谈你写当代的小说,显然这些人物之间是互有联系的,之所以有这个结果,一部分原因是你痴迷于描写失败、追求及贫穷,另一部分原因是你对某个特别类型的人物感兴趣。

格林:我同意你的看法,是的,你提到有些人物之间互有关联,比如《英国造就我》的安东尼·法伦,还有宾基,或者斯考比,甚至——不过,他们并不是同一类人,尽管他们是批评家喜欢称之为我的"执迷"的表达。我无法确定他们来自何处,不过我觉得如今我已经摆脱了他们。

《巴黎评论》:所以,这些执迷——它们确实很重要,对吗?为什么你认为一个小说家受这种方式支配是如此的重要?这个我们不太明白。

格林:因为如果他不这样,就只能依赖他的天赋了;而天赋,即使有极高的天赋,也不足以使你佳作不断。然而一种占支配地位的激情,我说过,给予了众多小说一个统一的体系。

《巴黎评论》:格林先生,要是小说家不具备这种占支配地位的激情,有可能生造出来吗?

格林:你的意思是?

《巴黎评论》：这么说吧，我希望我们不会因此而显得失敬：你的小说中像纳尔逊巷与墨西哥①这样的地方，与圣詹姆斯街的公寓相比差异很大。这个房间的总体气氛应是温文尔雅，而不是悲剧不幸。在你自己的生活中，你难以像你要求自己小说人物的那样以高度的感知能力去生活，你发现这点了吗？

格林：这个有点难回答。可否问得具体一点？

《巴黎评论》：你在《问题的核心》中让斯考比说道："指给我看一个幸福的人，我就会指给你看自私、邪恶，或者是懵然无知。"令我们困扰的是你本人似乎比我们预期的要过得更快乐。也许是我们有点幼稚了，但是这七十四个威士忌小酒瓶，你脸上的表情，与照片上僵硬而固定不变的你非常不同。整体的氛围，好像是某些更加积极乐观的东西的产物，而不是你在《权力与荣耀》一个段落里所写的那种极为有限的最好幸福的产物："世界大体上是一块：处处都在参加一样的地下斗争……有生命之处就无和平，但是有宁静与活跃的区段。"②

格林：（微笑）是的，我明白是什么令你困惑了。我认为，你对我和我的连贯性判断有误。这个公寓，我的生活方式——这些都是我在地上的小洞。

《巴黎评论》：一个比较舒服的小洞。

格林：这个我们先抛开不谈可以吗？

《巴黎评论》：好。还有一两个问题的思路是近似的：你笔下很多最令人难忘的人物，例如莱文，都出身贫苦。你经历过贫苦吗？

格林：没有，极少。

---

① 纳尔逊巷（Nelson Place）是格林小说《布赖顿棒糖》中的贫民窟。《权力与荣誉》主要以格林在墨西哥的经历为创作基础。
② 此处提问者记忆有误。引文不是来自《权力与荣耀》，而是出自《不法之路》(*The Lawless Roads*)，美国版更名为《另一个墨西哥》(*Another Mexico*)。

《巴黎评论》：你对贫困有什么了解吗？

格林：从来不知道。我曾经"手头紧"，是的，我成年后，头八年不得不精打细算，但是我从来未穷过。

《巴黎评论》：那么，你笔下的人物并非源自生活？

格林：是的。一个人绝不可能完全了解真实生活中的人物，再将他们写入小说。应该是先开始写，然后突然之间，记不起他们用什么牙膏，记不起他们对室内装饰的观点，然后就完全没法写下去了。是的，主要人物都是逐渐浮现的，次要人物也许是生动描绘出来的。

《巴黎评论》：想问问你是怎样工作的？是定时工作吗？

格林：以前是，现在我给自己限定了字数。

《巴黎评论》：多少字？

格林：五百字，写着写着会增加到七百五十字。当天我会重读，次日早晨再读一次，反复读，直到这个段落远远落后于进度而影响了我正在写的东西。然后改正打印文稿，作最后的更正校改。

《巴黎评论》：修改的多吗？

格林：不太多。

《巴黎评论》：你一直想成为作家吗？

格林：不是，我曾经想过做生意，以及其他各种事情；我想证明自己还能做其他事情。

《巴黎评论》：那么你一直坚持做的就是写作了？

格林：对，我想是的。

《巴黎评论》：做生意期间，发生过什么事情吗？

格林：做生意也就两个星期。我还记得，是在烟草商组成的一家公司。我要去利兹学习做买卖，然后再出国。我受不了我的同伴。他是一个令人不堪忍受的乏味家伙。我们玩画圈打叉的双人游戏①，总是他赢。最后让我无法再忍的是他说的话，"我们可以一路这样玩下去，对吧？"我立刻就辞职了。

《巴黎评论》：然后你做了记者？

格林：是的，出于同样的原因——我想证明我能做其他事。

《巴黎评论》：可是你写完《内在的人》之后就不做了？

格林：然后我成为专职作家。

《巴黎评论》：那么，你说"我是一个信奉天主教的作家"，就是这个意思？

格林：正是。我不觉得有谁意识到了我是一个天主教徒，这要到一九三六年，我开始为天主教的《丰碑》(Tablet) 周刊撰写评论，就是为了乐趣，或者给互不相关的书籍写一系列评论以定个体系，我开始从天主教徒的观点写评论。如果当时不是那样……

《巴黎评论》：要是一个人读了《布赖顿棒糖》之后的任何一部小说，都还没有意识到这个，那就真是太迟钝了。

格林：仍然有人没有意识到。有一天，一位荷兰神父写信和我讨论《权力与荣誉》，他在信末写到："我猜想，即使你不是天主教徒，你对我们也不会太敌视。"

---

① 格林曾在其长篇小说《一支出卖的枪》第二章中提到过这个游戏。

《巴黎评论》：哈，天主教内部的批评。

格林：都一样，你明白我的意思。

《巴黎评论》：是的，你是"一位天主教徒身份的作家"。我们好像弄清楚这点了，不过还有一些空白仍须填补，才能明白你为什么会成为一名作家。你在电台广播中说过，大概在十四岁时，你读了玛乔丽·鲍温[①]的《米兰的毒蛇》，马上就开始模仿乱写，一篇接一篇："从那时起我开始写作。所有其他可能的前途统统溜走了……"你还记得吗？

格林：是这样。我非常感激玛乔丽·鲍温。在那次广播的发言，我是有点受了那群知识分子的善意诱惑。V.S. 普里切特说过，屠格涅夫对他影响最大，还有其他的这个人、那个人等等。我选了玛乔丽·鲍温，因为正如我跟你说过的，我认为一个人成年后读的书不会影响他的写作。比如说，论述小说艺术的书多不胜数，但真正令我感兴趣的，只有珀西·路伯克[②]的《小说技巧》。不过，像玛乔丽·鲍温作品，年轻时读过确实很受影响。那是很好的书，最近我又重读了。

《巴黎评论》：我们没有读过。不过根据你在广播中的讲述，看来那本书与你的写作以及你的理念有很多共同之处。你说："《米兰的毒蛇》给了你生活方式：宗教以后或者会用其他措辞向我说明，但是生活方式已经在那里了——至恶正行走于至善绝不能再行走的世间，只有钟摆保证到了最终正义会得到伸张。"这对你的理念作了很深入的解释，文艺复兴作品的高亮色与暴力似乎不仅在鲍温小姐的描写和韦伯斯特的戏剧中得到了展示，它们也在你的作品中有了对应。就像埃德温·缪尔[③]在谈及你时说的那样："所有事物都在刺目的光线显现，投下了美不胜收的色彩。"

[①] 玛乔丽·鲍温（Marjorie Bowen，1885—1952），英国小说家。长篇小说《米兰的毒蛇》(*The Viper of Milan*) 是她的处女作，出版于 1906 年。

[②] 珀西·路伯克（Percy Lubbock，1879—1965），英国散文家、批评家。《小说技巧》(*The Craft of Fiction*) 是他的文学理论专著，出版于 1921 年。

[③] 埃德温·缪尔（Edwin Muir，1887—1959），英国诗人、小说家、翻译家。

格林：对，多数如此。在某种程度上，早期作品确实是如此，但是这样评说我的后期作品，我就觉得有失公正了。离奇惊险的情节是我的工具之一，使我能取得其他方法无法取得的效果。另外，我不是存心要离奇惊险；因为我就是我，我用我自己的方式来写作，如果我这么说，请别太生气。

《巴黎评论》：你总要喝点酒来刺激写作吗？

格林：不是。相反，只有在绝对清醒的时候我才能写作。

《巴黎评论》：你觉得跟别人合作容易吗，特别是跟电影导演和制作人？

格林：我跟卡罗尔·里德[①]合作过，最近又跟彼得·格兰微尔[②]合作，非常幸运能跟他们两位合作。我喜欢电影作品，甚至喜欢电影作品的不带任何感情。我成功地给自己的小说保留了一定数量的控制，所以我不像某些人好像挺遭罪的；同样，电影制作会是令人痛苦的事情，等到所有都说了都做了，一个作家在一部电影的制作中所起作用是比较小的。

《巴黎评论》：你花了很长时间去学习吗？

格林：在战前，我从一些不算太好的电影中学了不少东西，到了拍摄《堕落的偶像》和《第三人》时，就驾轻就熟了。

《巴黎评论》：你与作家同行常见面吗？

格林：不常见面，他们不是作家的写作素材。有一些是我的挚友。但是对一位作家而言，花费很多时间与其他作家在一起，那是一种自慰。

[①] 卡罗尔·里德（Carol Reed, 1906—1976），英国编剧、导演。下文提及的电影《堕落的偶像》《第三人》均由其执导，其中《第三人》获1949年戛纳电影节金棕榈奖。格林是这两部电影的编剧。
[②] 彼得·格兰微尔（Peter Glenville, 1913—1996），英国演员、导演。格林曾担任其执导的1967年电影《孽海游龙》的编剧。

《巴黎评论》：你与诺曼·道格拉斯①的友谊是什么性质？

格林：我们差异很大，所以成了朋友。他在去世前几年非常宽容，如果他觉得我古怪，也绝不会说出来。

《巴黎评论》：其实，他的异教信仰与你的天主教信仰有什么关系吗？

格林：没什么关系。不过，他的作品，我是推崇备至的，与我的作品大不相同，所以我能完全乐在其中；对我来说，他的作品就像一块大石头，而我自己又不是雕塑家，没有诱惑要对它乱来，而是一心一意地欣赏它的美与力。

《巴黎评论》：确实如此，你的作品与他的作品之间不会有任何真正的联系，你的作品与莫里亚克的也没有。因为像你所说的，你笔下的罪人绝不会犯违抗天主的罪，不管他们如何努力，但是……

（电话响了。格林先生露出了不太赞成的微笑，好像是表示他想说的都已经说了。他拿起电话讲了起来）

格林：你好。你好，彼得。安德莉雅还好吧？哦，你是另一个彼得。玛丽娅还好吗？不行，今天晚上我不行。我已经约了马里奥·索达蒂，今年夏天我们要去意大利拍电影。我是联合制片人。星期天怎么样？去巴特西公园？不开门？那好吧，我们就去拐角那家我爱去的小黑人夜总会……

（原载《巴黎评论》第三期，一九五三年秋季号）

---

① 诺曼·道格拉斯（Norman Douglas，1868—1952），英国作家，与格林相交甚厚。代表作为出版于 1917 年的长篇小说《南风》。

鲍里斯·帕斯捷尔纳克

◎温哲仙 / 译

鲍里斯·帕斯捷尔纳克在给一位年轻诗人的信中写到:"您大部分作品中体现出的精准韵律,您对声韵原则的忠实,以及将亚历山大·勃洛克[①]所说的'上行'发挥到极致,都令我感到极为亲切。如果您去读我最新的作品,您会发现我也同样深受影响,不过我们必须努力做到,正如亚历山大·勃洛克的作品一样,这支曲调悠然响起,至为明晰地揭示、体现和表达出隐于其中的思想,而不应仅仅是些缥缈的余音,起初魅惑了我们,随即风飘云散,消逝成为无关痛痒的回音。"

一月我到达了莫斯科,十天后,我决定去拜访鲍里斯·帕斯捷尔纳克。我的双亲与他相识多年,从他们那里我听说过很多关于他的传闻;早在孩提时代我就听过他的诗,我很喜欢。

我的双亲和其他仰慕帕斯捷尔纳克的人托我带信和小礼物给他。到了莫斯科,我才发现帕斯捷尔纳克没有电话。我打消了写张便条的念头,那样未免过于不近人情。面对大量的采访要求,我怕他会一概加以拒绝。暗访一位如此知名的人士真是要花很多的心思,我担心近年来的帕斯捷尔纳

[①] 亚历山大·勃洛克(Alexander Blok,1880—1921),俄国诗人、作家、政论家、戏剧家、翻译家、文学评论家。二十世纪俄国文学经典作家,俄国象征主义流派重要代表人物。勃洛克借用音乐术语来阐述诗歌的韵律,乐理中由较低的音级向较高的音级进行叫"上行"。

克不复是他的诗歌在我心目中建立起来的形象——抒情冲动,而首先是青春洋溢。

我的父母说过,他们一九五七年去见帕斯捷尔纳克,就在他获得诺贝尔奖前夕,当时每逢周日他会举办家庭招待会,这是俄罗斯作家的传统。移居国外的俄国人沿袭了这一做法。记得豆蔻年华的我在巴黎时,曾在星期天下午随父母去拜见作家列米佐夫和著名的哲学家别尔嘉耶夫。

在莫斯科的第二个星期天,我突然决定前往佩列杰尔金诺[①]。这一天阳光明媚,在我居住的市中心新雪初霁,与克里姆林宫的金色圆顶交相辉映。街头满是观光者,这些城外的家庭像农民一样结伴步行来到克里姆林宫。许多人捧着几束新鲜的含羞草——有的时候只带着一个枝杈。冬天的周日,通常会有大量的含羞草被运送到莫斯科。俄罗斯人买下来互相赠送,或者仅仅是手持含羞草,仿佛是为了表示那一天的庄严和肃穆。

虽然我知道莫斯科近郊有一班基辅站始发的电车,但还是决定乘出租车去佩列杰尔金诺。尽管知情的莫斯科人一再警告,帕斯捷尔纳克不愿接待外国人,我还是突然十万火急地要赶到那里,我准备把口信捎去,或许和他握一下手就打道回府。

出租车司机是个年纪轻轻的小伙子,同各地的出租车司机一样神神叨叨的,他向我保证自己非常熟悉佩列杰尔金诺,沿基辅高速开上大约三十公里就能到。费用约三十卢布(约合三美元)。他似乎觉得,在阳光如此灿烂可爱的日子里坐他的车过去,是再自然不过的事情。

但司机自诩的认路原来是吹牛,很快我们就迷路了。我们沿着四车道高速公路平稳行进,路上没有积雪,也没有广告牌或者加油站。倒是遇到几块内容详尽的路标,却也没有把我们指引到佩列杰尔金诺,于是路上无

[①] 佩列杰尔金诺(Peredelkino),位于莫斯科近郊伏努科沃新莫斯科行政区。1934年,根据马克西姆·高尔基的建议,政府在这里建造了50栋两层的木制小屋,供作家终身无偿居住。科尔涅伊·楚科夫斯基、亚历山大·绥拉夫莫维奇、伊萨克·巴别尔、伊利亚·爱伦堡、鲍里斯·帕斯捷尔纳克、康斯坦丁·费定、亚历山大·法捷耶夫、康斯坦丁·西蒙诺夫、叶夫根尼·叶夫图申科、安德烈·沃兹涅先斯基等二十世纪三十年代至九十年代的苏联文学大师都曾在这里居住,1988年这里成为历史文化保护区。

论碰见谁，我们都要停下来问路。每个人都很友善，乐于助人，但看上去没人知道佩列杰尔金诺。我们沿着一条冻得硬邦邦的没铺过柏油的土路，穿过茫茫无际的雪野行驶了很久。最后，我们驶入一座村庄，它仿佛来自另一个时代，与莫斯科郊外的大型崭新公寓形成了鲜明的对比，低矮古朴的木屋散落在笔直的主路两边。一匹马拉雪橇从旁掠过，包着头巾的妇女们三三两两地聚集在一座小木教堂附近。我们发现这个镇子离佩列杰尔金诺已经很近了。车子穿过茂密的常青树林沿着一条蜿蜒的小路行进，十分钟后，我来到了帕斯捷尔纳克的房前。我曾经在杂志上见过房子的照片，突然它就出现在我的右边：棕色的房子，带有飘窗，坐落在斜坡上，背靠一片冷杉林，俯瞰着我们偶然踏入镇子的这条小路。

佩列杰尔金诺是个住户疏疏落落的小镇，在正午明媚的阳光下看上去热情好客而又欢欣鼓舞。据我所知，许多作家和艺术家常年生活在这里，住处由当局为他们提供，可以享用终生，苏联作家协会还为作家和记者开办了一家大型疗养院。但镇子里还住着一些小手艺人和农民，这里丝毫没有"文雅"的气息可言。

楚科夫斯基，著名的文学评论家和儿童文学作家，住在一栋舒适而好客的房子里，房间里陈列着一排排的书架——他为镇上的孩子们开办了一座小小的可爱的图书馆。康斯坦丁·费定，在世的俄罗斯最著名的小说家之一，住在帕斯捷尔纳克隔壁。他目前担任作家协会秘书长，这个职务先前由亚历山大·法捷耶夫长期担任，他也住在这里，直到一九五六年辞世。后来，帕斯捷尔纳克带我看过伊萨克·巴别尔的故居，二十世纪三十年代末他在此被捕，从此再也没有回来。

帕斯捷尔纳克的房前是条弯弯曲曲的乡间羊肠小道，蜿蜒通向山下一条小溪。在那个阳光和煦的午后，山上挤满了滑雪和坐雪橇的孩子，他们穿得鼓鼓囊囊的，活像泰迪熊。房子对面是一大片被栅栏围起的空地，那是人们夏天耕种的公地，如今成为一片白色的莽原，山上的一座小公墓耸立在那里，有点像从夏加尔画作中走出来的背景。坟墓被漆成湖蓝色的木栅圈起来，十字架以各种奇怪的角度树立着，明亮的粉红色和红色的纸花半埋在雪里。这是一座欢愉明快的公墓。

这所房子带有门廊,看起来好像四十年前的美式木屋,不过屋后的枞树却标记出它的俄式风格。冷杉密集地生长在一处,好似深山老林,其实镇上只有小片这样的枞树林。

我给司机付了钱,随后惴惴不安地推开那道将庭院和小路隔开的门,走到幽暗的房前。小门廊的尽头有扇门,门上钉着一张英文字条,纸已发黄,且已撕破,上面写着"我在工作。我不见任何人,请走开"。片刻犹豫后,我选择视而不见,主要是因为字条看上去很旧,还因为我手中拿着需要转交的小包裹。我敲了敲门,几乎就在同时,门开了,开门的正是帕斯捷尔纳克本人。

他戴着一顶阿斯特拉罕羔皮帽。人出奇地帅气,高高的颧骨、黑黑的眼睛,加上这顶皮帽子,仿佛是从俄罗斯童话中走出来的人物。旅途中积聚起来的焦虑,此刻突然烟消云散,好像我从未真正怀疑过能否见到帕斯捷尔纳克似的。

我做了自我介绍,奥尔佳·安德烈耶夫,是瓦季姆·列昂尼多维奇的女儿,我使用的是我父亲半正式的名字。前面是他的教名,后面是祖父的名字。祖父列昂尼德①是一位短篇小说作家和剧作家,著有《挨耳光的男人》《七个绞刑犯的故事》等作品。在俄国,安德烈耶夫是个相当常见的姓氏。

帕斯捷尔纳克沉思了片刻,才醒悟过来我是从国外来拜访他的。他极其热情地向我问候,双手握住我的手,询问我母亲的身体健康,我父亲的写作状况,还问我什么时候离开巴黎的。他仔细地端详着我的脸,寻找着家族相像的痕迹。他正打算出门打几个电话,如果我晚来一会儿,也许就见不到他了。他要我陪他一程,只要到第一站——作家俱乐部即可。

帕斯捷尔纳克做外出准备的工夫,我有机会打量起我走进的这间陈设

---

① 列昂尼德·尼古拉耶维奇·安德烈耶夫(Leonid Nikolaievich Andreyev,1871—1919),俄国作家,俄国白银时代文学代表人物,被视为俄国表现主义创作的始祖。著有《瓦西里·菲维伊斯基的一生》《七个绞刑犯的故事》《马赛曲》等。

简单的餐厅。从踏进屋里的那一刻起,我就惊诧于它酷似我昨天参观的托尔斯泰在莫斯科的故居。简朴而又好客的气氛,我想应是十九世纪俄罗斯知识分子家庭的特征。家具很舒适,但是老旧而又朴实无华。这些房间是用于私人招待、儿童聚会以及书斋生活的理想处所。尽管这些房子在各自所处的时代都极为简朴,托尔斯泰的住宅比帕斯捷尔纳克的大些,也更雅致,但相同之处都是不讲究外表和排场。

通常,进入帕斯捷尔纳克的房间需要穿过厨房,那里有个笑容可掬的小个子中年厨师,帮助客人扫掉衣服上的雪。然后来到有飘窗的餐厅,飘窗旁摆放着天竺葵。墙上挂着作家的父亲、画家列昂尼德·帕斯捷尔纳克的木炭画作品,有写生画和肖像画,可以辨认出托尔斯泰、高尔基、斯克里亚宾[1]和拉赫马尼诺夫[2]的肖像。还有儿时的鲍里斯·帕斯捷尔纳克和弟弟妹妹的速写,以及戴着大宽檐帽蒙面纱的妇人画像……这正是帕斯捷尔纳克早年记忆中的世界,是他年少时爱情诗歌的世界。

帕斯捷尔纳克很快就准备停当出发。我们走进灿烂的阳光,穿过房后的常青树丛,积雪很深,直往我的矮腰靴子里钻。

很快我们上了大路,虽然不得不提防容易滑倒的凶险莫测的冰面,但走起来舒服多了。帕斯捷尔纳克阔步前行,他只会在特别危险的地方抓住我的手臂,余下的精力则专心致志地和我谈话。散步已然成为俄罗斯生活不可或缺的组成部分,就像喝茶或者关于哲学的长篇大论一样,他显然喜欢散步这种生活方式。我们通往作家俱乐部的这条路,明显兜了一个很大的圈子。路程走了大约四十分钟。起初他详尽地阐述翻译的艺术,谈话的过程中,不时会停下来向我询问法国和美国的政治局势以及文学状况。他说自己很少读报。"最多削铅笔的时候,瞥一眼接碎屑的报纸。去年秋天,

---

[1] 亚历山大·尼古拉耶维奇·斯克里亚宾(Alexander Nikolaevich Scriabin,1871—1915),俄国作曲家、钢琴家、民族乐派。其作品对二十世纪的欧洲音乐有过重大的影响,成为俄罗斯典范音乐作品的一部分。代表作有三部交响曲和管弦乐曲《狂喜之诗》等。
[2] 谢尔盖·瓦西里耶维奇·拉赫玛尼诺夫(Sergey Vasilievich Rachmaninoff,1873—1943),俄国古典音乐作曲家、钢琴家、指挥家。主要作品有第二、三钢琴协奏曲、帕格尼尼主题狂想曲等。

我就是这样才得知阿尔及利亚险些发动了反对戴高乐的兵变,而且苏斯戴尔①下了台——苏斯戴尔下了台。"他重复了一遍自己大致的翻译,既强调对戴高乐裁决的赞同,也突出了"苏斯戴尔"和"下台"之间发音的相似②。看来实际上他对海外的文学生活了如指掌,对此似乎也充满了极大的兴趣。

帕斯捷尔纳克的谈吐和他的诗歌作品有相似之处,既充分地运用双声修辞手法合辙押韵,又充满了独特的意象,从最初的一刻起就令我非常着迷,留下了非常深刻的印象。他用音乐的方式将词语彼此联结,但丝毫没有做作的痕迹,也不会牺牲所要表达的准确词义。对于熟稔帕斯捷尔纳克俄语诗歌的人来说,与他交谈是令人难忘的经历。他的词语极富个人色彩,让人觉得对话是诗的延续和阐释,是一场激情迸发的演讲,语词和意象滚滚而来,一浪推进一浪,越来越强劲有力。

后来,我提及他话语中的音乐特质。"写作和谈话一样,"他说道,"语词的音乐从来不仅仅是声响。它不是由元音和辅音的和谐形成的,而是由言语与意义之间的关联所产生的,而意义——也就是内容——必须始终处于统领的地位。"

我常常难以相信,自己是在同一位七十岁的老者交谈。帕斯捷尔纳克看上去非常年轻,身体健康。这种年轻有些怪异和令人生畏,好像某种物质——是艺术吗?——融入他的灵肉,让他永葆青春。他的举止俨然一副年轻人的模样——他的手势,他向后甩头的动作。他的朋友,女诗人玛丽娜·茨维塔耶娃③曾经写道:"帕斯捷尔纳克看起来既像一个阿拉伯人,又像阿拉伯人的马。"的确,由于帕斯捷尔纳克黧黑的面色以及有些古典的面容,他的面庞确实带有阿拉伯人的五官特征。有时,他似乎突然意识到

---

① 雅克·苏斯戴尔(Jacques Soustelle,1912—1990),自由法国运动早期重要人物,1955年担任阿尔及利亚总督,协助戴高乐当选为第五共和国总统,在阿尔及利亚独立事件中与戴高乐因意见相左而决裂。
② "苏斯戴尔"(Soustelle)与"下台"(ousted)原文发音相似。
③ 玛丽娜·伊万诺夫娜·茨维塔耶娃(Marina Ivanovna Tsvetaeva,1892—1941),俄罗斯著名女诗人、散文家、剧作家。她的诗以生命和死亡、爱情和艺术、时代和祖国等为主题,被誉为不朽的、纪念碑式的诗篇。

自己与众不同的面孔，以及他整个人格产生的影响，便瞬间好像收敛起来，闭口不言，半合上微斜的棕色的双眼，转过头去，隐约让人联想到一匹却步不前的马。

莫斯科有些作家对我说，帕斯捷尔纳克是一个自恋的人，而他们中的大多数人和他并无交往。我在莫斯科逗留的那几天，还有人对我描述了许多和这种说法相矛盾的事情。帕斯捷尔纳克似乎是一个活着的传奇——有的人奉他为英雄，有的人则视他为卖身投靠于俄国敌人的叛徒。作家和艺术家对他的诗歌普遍怀有强烈的崇敬之情，而为其带来最大争议的似乎是《日瓦戈医生》的同名主人公。"没什么大不了的，不过是个毫无生趣的过气文人罢了。"一位著名的年轻诗人评论道。而这个年轻人思想非常自由开明，还狂热地崇拜着帕斯捷尔纳克的诗歌。

无论如何，我发现关于帕斯捷尔纳克以自我为中心的指责实属无稽之谈。恰恰相反，他似乎对于周围的世界一清二楚，对身边人些微的情绪变化都关照有加。很难想象还有比他更善解人意而又健谈的人。他能立刻领会最难以捉摸的念头，与他交谈非常轻松，丝毫都不沉闷。帕斯捷尔纳克问起我父母，虽然他同他们只见过几面，却记得关于他们的点点滴滴，乃至他们的喜好。对于他所喜欢的我父亲的一些诗歌，他的记忆惊人地准确。他想了解我认识的作家——巴黎的俄国人，以及法国人和美国人。他对美国文学表现出格外的兴趣，虽然他只知道几位重要作家的名字。不久我就发现，让他像我希望的那样谈谈自己，很难。

我们漫步在阳光之下，我告诉帕斯捷尔纳克，《日瓦戈医生》在西方，特别是在美国，引发了人们何其浓厚的兴趣和狂热的崇拜；即便我和其他许多人都认为，英文译本并未完全再现他作品的本来面貌。

"是的，"他说，"我知道大家感兴趣，我格外地开心，并引以为荣。我收到了大量询问我作品的海外邮件。其实，这还真是不轻的负担，因为我得回复所有的信件，但为了保持同境外的联系，这又是不可或缺的。至于《日瓦戈医生》的译者，不要苛责他们。这不是他们的错。就像世界各地的译者一样，他们是要再现作品的字面意思，而非作品的格调——当然重要的恰恰是格调。实际上，唯一有趣的翻译是翻译经典作品，这是一项富有挑战性的工作。就当代作品而言，鲜有翻译的价值，尽管翻译起来也许不费什么力气。你说你是画家，好吧，那么翻译很像临摹。想象一下你在临摹马列维奇①的一幅画，是不是很无聊？我在翻译捷克著名的超现实主义作家奈兹瓦尔②时，就感觉枯燥无味，如同嚼蜡。其实，奈兹瓦尔的作品并不差，只是这部二十年代的作品太过时了。我答应完成这本书的翻译，再加上自己的往来信件，占用了我太多太多的时间。"

——奥尔佳·卡莱尔，一九六〇年

《巴黎评论》：寄给您的邮件您能收到吗？

鲍里斯·帕斯捷尔纳克：目前所有的邮件我都收到了，寄给我的每一样东西，我认为是这样。邮件好多——我很高兴，尽管太多了，还必须逐一回复，真是有些不堪重负。

你可以想象，有些关于《日瓦戈医生》的信是相当荒谬的。最近法国有位撰写关于《日瓦戈医生》评论的人，向我索要小说的写作计划。我猜想按部就班的法国人难以理解这部作品……这有多蠢，因为这部小说的构思是由附诗勾勒出来的。这也是我把诗歌与小说一并发表的部分原因。它们令小说更丰满，更充实。出于同样的考虑，我运用宗教象征的手法，让这本书读起来温暖而亲切。现在一些批评家沉迷于这些象征符号——其实它们在书中的作用跟屋里的炉子一样，是为了取暖，他们想让我公开表态，然后爬进炉子里去。

---

① 卡西米尔·塞文洛维奇·马列维奇（Kazimir Severinovich Malevich，1879—1935），俄国画家，至上主义艺术奠基人，曾参与起草俄国未来主义艺术家宣言。
② 维塞斯拉夫·奈兹瓦尔（Vítězslav Nezval，1900—1958），捷克作家，二十世纪上半叶捷克最多产的先锋派作家，超现实主义运动的发起人之一，代表作有诗集《时间的信号》及长诗《斯大林》《和平歌》等。

《巴黎评论》：您读过埃德蒙·威尔逊评论《日瓦戈医生》的文章吗？

帕斯捷尔纳克：是的，我看过了，感谢他的洞察力和理解力，不过你要知道这本小说不能按照神学原则来评判。我对世界的认知从未放弃。生活不断提供新的素材，作家要做到生命不息，笔耕不止。我厌恶不顾一切的固执己见。周围的生活在不断变化，我相信人们应该因此尽量改变自己的成见——至少每十年改变一次。像伟大的英雄一样献身于自己的成见不是我的特点——这是缺乏谦恭的表现。马雅可夫斯基自杀了，因为他的傲慢无法顺应滋生于他体内或周遭的新生事物。

**

我们到了一排长长的矮木栅栏旁的大门口。帕斯捷尔纳克停下脚步，他到达目的地了；我们的谈话稍稍耽搁了他，让他迟到了。我遗憾地和他道别，其实还有很多事情想问问他呢。帕斯捷尔纳克给我指明了通往火车站的路，非常近，就在山下小公墓的后面。不到一小时的光景，小电车就把我带回了莫斯科。帕斯捷尔纳克在《在早班火车上》曾经如实地描述过它：

> 我一面克制崇拜的心情，
> 一面观察得那般虔诚。
> 这里有乡村妇女、居民，
> 这里也有学生、钳工。
>
> 他们身上无奴颜的痕迹，
> 贫困会给他们这种烙印，
> 他们也像堂堂的主人，
> 能承受种种新闻和困窘。
>
> 少年儿童们三五成群，
> 像乘坐马车，姿势各异，

> 个个像上足了发条似的
> 埋头阅读，把知识吮吸。
>
> 在向银白色过渡的黑暗中
> 莫斯科迎接我们到它跟前……①

随后，我又两次拜访了帕斯捷尔纳克，在我的记忆中，它们合为一场长长的文学对话。虽然他拒绝接受我的正式采访（"要采访的话，你得在我不太忙的时候过来，或许明年秋天吧"），他似乎对我想问的问题颇感兴趣。除了用餐，我们都是单独相处的，没有任何人来干扰谈话。每次当我打算告别时，帕斯捷尔纳克都以老派的俄罗斯方式吻吻我的手，请我下个星期天再过来。

我记得黄昏时分从火车站去帕斯捷尔纳克的住处，走的是公墓附近的那条近道。突然，狂风大作，暴风雪降临了。我看到团团的雪花打着旋儿一波波从远处车站的灯火旁飞舞而过。天很快黑下来，我顶着风艰难地走着。我知道这是俄罗斯冬季司空见惯的天气，但这却是我半生见过的第一场真正的——暴风雪。它令人忆起普希金和勃洛克的诗句，想到帕斯捷尔纳克的早期诗歌，以及《日瓦戈医生》中的暴风雪。几分钟之后我坐在他的家中，聆听他如同自己诗作般含蓄的言谈，觉得恍如隔世。

我来得太晚了，没赶上午餐，帕斯捷尔纳克的家人已经离席，屋子里空荡荡的。帕斯捷尔纳克坚持要我吃点东西，厨师拿了些鹿肉和伏特加放进餐厅。当时大约四点钟，房间阴暗但却温暖，与外面的世界隔绝开来，只有暴风雪的呼啸声不绝于耳。我饿了，食物很美味。帕斯捷尔纳克坐在桌子对面，谈起我的祖父列昂尼德·安德烈耶夫。他最近重读了我祖父写的一些故事，非常喜欢。"它们带有俄罗斯辉煌璀璨的十九世纪作品的印

---

① 引自《在早班火车上》，顾蕴璞译，《帕斯捷尔纳克诗全集·中》，上海译文出版社，2014，第269—270页。

记,那些年代如今在我们的记忆中渐渐淡去,但依然犹如远处巍峨的群山在脑海里隐现,雄伟壮观。安德烈耶夫对尼采着了魔,他从尼采那里继承了超人哲学,斯克里亚宾也是如此。尼采满足了俄罗斯人对于极端和绝对的渴望。在音乐和写作方面,人们必须具备如此广阔的视野,才能获得独特的个性,成为他们自己。"

帕斯捷尔纳克告诉我,他最近为一家杂志写了篇小文章,关于"什么是男人"的主题。"尼采现在看上去何其守旧,可我年轻时,他是最重要的思想家!瓦格纳,高尔基,他们受到了多么巨大的影响啊……他的思想孕育了高尔基。实际上,尼采的主要作用在于传播他所处那个时代的低级趣味。而当时鲜为人知的克尔凯郭尔才注定要对我们的时代产生深远的影响。我想更好地了解一下别尔嘉耶夫的作品,他具有同样的思想,我相信他是我们时代一位真正的作家。"

餐厅里变得太暗了,我们挪到同一层亮着灯的小客厅里。帕斯捷尔纳克给我拿来蜜柑当甜点。我怀着一种似曾相识的奇怪感觉吃着,蜜柑经常出现在帕斯捷尔纳克的作品中——在《日瓦戈医生》的开篇,在他的早期诗作中。它们似乎代表了一种解渴仪式。随之魂兮归来的是帕斯捷尔纳克的另外一首诗,如同外面肆虐的暴风雪一样栩栩如生——一架打开的三角钢琴,黝黑、巨大,占据了大半个房间:

  ……岂能比黄昏时分更加亲密?

  一串串的和弦音符,犹如年复一年一页页的日记
  投入壁炉,火苗蹿来蹿去。[①]

和餐厅一样,这里的墙上也挂着列昂尼德·帕斯捷尔纳克的速写作品。氛

[①] 引自帕斯捷尔纳克诗集《主题与变奏》中的组诗《决裂》里的第九首"颤抖的钢琴",此处中译文由译者据俄文并参照英译译出。

围既严肃又轻松。

看来，这是我向帕斯捷尔纳克请教一个特别感兴趣的问题的天赐良机。在创作《日瓦戈医生》时，有些人跟他接触过，我从他们那里得知他否定了自己早期的绝大部分诗作，觉得只是些试验性作品，已经过时了。我对此难以置信。虽然《主题与变奏》《生活啊，我的姐妹》在二十世纪二十年代具有实验性质，但现已成为完美的经典。我发现，俄罗斯作家和诗人把它们铭记在心，狂热地吟诵。在青年诗人的作品中常常会发现帕斯捷尔纳克的影响。马雅可夫斯基和帕斯捷尔纳克以各自的风格，成为革命岁月和二十年代特有的象征。当时艺术和革命思想看似密不可分。在历次排山倒海的运动浪潮和思潮中让自己能够保持姿态，这已经足够了。几乎没有什么令人心碎的选择可做（我察觉到部分俄国青年知识分子对那个年代的向往）。帕斯捷尔纳克排斥自己早期的作品，会是真的吗？

在帕斯捷尔纳克的回答中，我觉察出他有些微的愠怒。或许因为他不喜欢仅仅由于那些诗作而受到人们的崇拜——他可曾意识到也许这些诗是后人无法超越的？还是艺术家通常并不满足于过去的成就，而只关心当下的艺术问题，因而产生一种更具普遍性的厌倦感呢？

"这些诗就像是速写——只要把它们与我们前辈的作品做个对比就能发现这一点。陀思妥耶夫斯基和托尔斯泰不单单是小说家，勃洛克也不只是一位诗人。在文学界——这个由寻常事物、清规戒律、知名人士组成的世界——他们是发表言论的三种声音，因为他们有话要说……而且听起来如雷贯耳，振聋发聩。至于二十年代人们的能力，以我父亲为例，为了完成一幅画作，他要经过多少探索，付出多少努力啊！我们在二十年代取得的成功，部分是缘于机遇。我们这代人发现自己身处历史的焦点。我们的作品是由时代决定的。它们缺乏普适性，如今它们过时了。此外，我认为抒情诗再也不能表达出我们沧桑的经历了。生活变得太繁琐、太复杂了。我们获得的价值观，用散文来表达是最好的形式。我试图通过我的小说表达这些价值观，我写剧本时也时刻谨记着它们。"

**

《巴黎评论》：日瓦戈怎么样？一九五七年您曾对我父母说，日瓦戈是您作品中最重要的人物，您仍然这样认为吗？

帕斯捷尔纳克：我创作《日瓦戈医生》时，感觉对同代人负有一笔巨债。写这本书就是试图偿还债务。在我缓慢创作的过程中，那种负债感一直在压迫着我。经过那么多年仅仅从事抒情诗创作或者翻译之后，我觉得我有责任记述我们的时代，记述那些虽已远去却仍与我们如此贴近的岁月。岁月不待人，时间是紧迫的。我想记录下过去，在《日瓦戈医生》中弘扬那些岁月中俄国人的美好和敏感的民族特质。那些岁月一去不返，我们的父辈祖辈也无法复生，但我预见到，在繁花似锦的未来，他们的价值将会复苏。我试图描述它们。我不清楚《日瓦戈医生》作为小说是否完全成功，不过，尽管存在这样那样的缺陷，我觉得同我早期的诗作相比，还是小说更有价值，它比我年轻时的作品更加丰富，也更有人情味。

《巴黎评论》：二十年代的同代人中，您认为谁最具有生命力？

帕斯捷尔纳克：你知道我对马雅可夫斯基的想法，在我的自传《安全保护证》中，我用大量的篇幅详尽地叙述了我的感受。我对他后期的大部分作品不感兴趣，只有他最后一首未完成的诗《放开喉咙歌唱》除外。那个时期的诗歌形式松散，思想贫瘠，跌宕突兀，这些都与我格格不入。但是也有例外。我喜欢叶赛宁所有的作品，他对俄国大地气息的捕捉恰到好处。我最推崇的是茨维塔耶娃，从一开始，她就注定是个遗世独立的诗人。在那个虚情假意的年代，她畅抒胸臆，写出了富有人性的文学经典。她是个有着男人气魄的女人。从日常生活的斗争中，她汲取了力量。她不懈努力，将诗歌臻于清澈明晰的完美境界。她是比阿赫玛托娃更伟大的诗人，虽然我一贯赞赏阿赫玛托娃的简约和抒情。茨维塔耶娃的离世是我平生最大的伤痛之一。

《巴黎评论》：那么您对那些年颇有影响的安德列·别雷作何感想呢？

帕斯捷尔纳克：别雷过于封闭，过于狭隘。他的创作可与室内乐相比，从未超出这个范围。假如他真正地体验过生活，也许会写出重大的作品，他具备这种才能。可是他从不接触现实生活。也许像别雷这样英年早逝的作家，命中注定要去追求新的形式，新的体裁？我始终无法理解关于这种新式语言的梦想，以及对一种完全原始的表达形式的追求。因为这个梦想的缘故，二十年代的大部分作品成了新文体的实验，没有流传下来。只有当艺术家渴望一吐胸中块垒时，才会做出最不寻常的发现。然后急切间他会使用旧式语言，旧式语言的变化是从自身内部发生的。即使在那些年中，人们也为别雷感到些许遗憾，因为他太脱离生活实际了，而生活本可以帮助他充分施展他的才华。

《巴黎评论》：您对如今的年轻诗人有何评价呢？

帕斯捷尔纳克：诗歌似乎已经成为俄国人日常生活的一部分，对此我印象极为深刻。年轻诗人的诗集印数达到两万册，对于西方人来说是个惊人的数字，不过实际上诗歌在俄国并不如你所想象的那样充满生气。仅限于一小批知识分子。今天的诗歌往往平淡无奇。它就像壁纸的图案，看起来赏心悦目，但是并没有实际存在的理由。当然，一些年轻人也显示出卓越的才华——譬如叶甫图申科。

《巴黎评论》：您是否认为，俄罗斯二十世纪上半叶的重大成就是诗歌而不是散文呢？

帕斯捷尔纳克：我不再那样认为了。我认为散文是今天的传播媒介——譬如福克纳的散文，构思精巧，内容丰富。今天的作品必须再现生活的全部内容。这是我在我的新剧本中试图要做的。我说试图，是因为日常生活对我而言已经变得十分错综复杂。对于任何成名作家而言都必然如此，但我尚未做好进入这个角色的准备。我不喜欢被剥夺了隐私和安宁的生活。我觉得年轻的时候，工作是生活中不可或缺的一部分，照亮了其他的一切。如今我却必须为之奋斗了。对于学者、编辑、读者提出的所有要求,我不能置之不理,再加上翻译工作,耗尽了我的时间……你应该告诉海外关心我的人,我目前遇到的唯一严重问题是——时间太不够用了。

**

我最后一次采访帕斯捷尔纳克持续的时间很长。他请我早点去,以便在家宴前同我长谈。又是一个晴朗的星期天。我刚到不久,帕斯捷尔纳克就从晨练散步中回到了家里。他带我去书房时,房屋里回荡着欢声笑语。某间房子的深处,他的家人聚在一起。

帕斯捷尔纳克的书房在二楼,房间很大,但空荡荡的。同其他房间一样,书房里家具很少——靠近飘窗有张大书桌,两把椅子,一张沙发。阳光透过可以眺望广袤雪野的窗户照进来,十分耀眼。浅灰色的木墙上,钉着大量的艺术明信片。帕斯捷尔纳克进来时向我解释说,这些都是读者寄给他的,大多来自海外。许多是宗教画的复制品,如中世纪的耶稣降生画、圣乔治刺死恶龙、抹大拉的玛丽亚……这些都与《日瓦戈医生》的主题有关。

散步回来的帕斯捷尔纳克看上去精神矍铄,容光焕发。他穿着件学生式样的海蓝色运动上衣,心情显然很好。他在窗前的书桌旁坐下,请我坐在他对面。和其他几次拜访一样,谈话的气氛很轻松,谈话的人却又聚精会神。那种愉快的感觉如今回忆起来依然历历在目——帕斯捷尔纳克看上去非常开心,阳光透过窗子照进屋里,暖融融的。我们在书房里坐了两个多小时,我真希望那一刻时光永驻,岁月停留——第二天我就要离开莫斯科了,可是随着天色向晚,盈满房间的明亮阳光也无可挽留地逐渐消褪了。

帕斯捷尔纳克决定跟我谈谈他的新剧本。他这样做似乎是出于一时的冲动。我非常入迷地听着,几乎没有打断过他。只有那么一两次,因为不清楚一些历史或文学的隐喻,我才请他加以解释。

"我想,由于你的背景——对于俄罗斯十九世纪的事件非常了解——你会对我新作的故事梗概感兴趣的。我在创作一个三部曲作品,现已完成了大约三分之一。

"我想再现一个历史时期的全貌,再现十九世纪俄国的重大事件,即农奴解放。当然,我们已有很多关于那个时代的作品,但是没有用现代手法来表现的。我想写一部包罗万象的全景式作品,就像果戈理的《死魂灵》那样。我希望我的剧作能像《死魂灵》那样真实,那样再现日常生活。尽管剧本会很长,但我希望能在一个晚上演完。我认为大部分剧本应该删节,以便在舞台上演出。我佩服英国人,他们知道如何删节莎士比亚,不仅仅是保留原著的精华,而是要强调那些重点所在。法兰西喜剧团最近来到莫斯科。他们没有删节拉辛的作品,我觉得这是一个严重的错误。仅仅是那些在当下有表现力并产生轰动效应的作品,才应该上演。

"我的三部曲描述了漫长的农奴解放进程中三个有意义的阶段。第一部戏发生于一八四〇年,当时全国开始感受到农奴制引起的骚乱不安。旧的封建制度苟延残喘,但是俄国还看不到任何明确的希望。第二部描写十九世纪六十年代。俄国出现了开明的地主,俄国贵族中的有识之士开始受到西方思想的深深触动。前两部的故事场景设定在乡下的一座大庄园,与前两部不同的是,第三部则发生在十九世纪八十年代的圣彼得堡。不过,这一部分只是个设想而已,第一部和第二部戏部分已完稿。如果你想听,我可以更详细地跟你谈一谈。

"第一部戏描写生活的原初状态,生活的平凡琐屑,采用了《死魂灵》第一部分的手法。它所描述的是尚未接触任何精神形态的生活方式。

"请你想象一下一八四〇年前后一座大庄园消失在俄罗斯乡村的心脏地带。这座庄园无人打理,近乎破产。庄园的主人——伯爵和他的妻子——都已离去。为了免得见到庄园里的那些农奴通过抽签被指派去参军的痛苦景象,他们干脆外出旅行去了。你知道,那时在俄罗斯兵役的期限是二十五年。主人就要回转家园,家里人在准备迎接他们。戏一开场,我们看到仆人们在清扫房屋——扫地、掸灰、挂起新窗帘。庄园里一片忙乱,年轻的女仆们跑来跑去,到处是欢声笑语和插科打诨。

"实际上,俄罗斯这个地区的乡村那时并不安生。仆人们的情绪很快低落下来。从他们的谈话中,我们得知附近的树林里藏着土匪,他们很可能是逃兵。我们也听到关于庄园周边的传闻，类似于叶卡捷琳娜二世时代的'入室杀手'。那个女人是个虐待狂，历史上确有其人，以恐吓和酷刑折磨农奴为乐，尽管当时的法律使得奴隶主几乎可以对奴隶为所欲为，她还是因为罪孽过于深重而被拘捕。

"仆人们还谈起高高的食品橱上的半身石膏像。那是一个年轻的美男子头像，留着十八世纪的发型。据说，这个半身石膏像有魔力，它的命运与庄园的命运息息相关。所以，擦拭的时候务必极其谨慎，免得打碎它。

"这部戏的主角是普罗科尔，庄园的管家。当时他正要去城里卖木材和小麦——庄园靠出售这些来维持日常运转，但他受到大家情绪的感染，不走了。他记得有些化装舞会的旧衣服堆放在壁橱里，于是打算跟这些迷信的仆人开个玩笑。他装扮成一个恶魔，鼓着一双凸凸的大眼睛，像条大鱼。他刚穿好奇装异服，就有人喊报主人回来了。仆人们匆忙到门口列队欢迎伯爵和伯爵夫人。普罗科尔别无选择，只好藏在壁橱里。

"伯爵和伯爵夫人一进来，我们立即觉察到他们之间的关系十分紧张，原来，回家的途中伯爵曾试图劝妻子把她的珠宝给他，除了抵押的房产外，这是他们剩下的唯一值钱的东西。伯爵夫人没有答应，当伯爵用暴力威胁她时，陪他们同行的年轻男仆保护了她——一种令人难以置信的大胆反抗行为。他至今未受罚，不过这只是个时间问题，伯爵的怒火早晚会发泄到他的身上。

"伯爵再次威胁起夫人，那个光脚不怕穿鞋的男仆，突然拿起刚从马车上带进来的伯爵的手枪。他朝伯爵开了枪。现场一片混乱，仆人们尖叫着四散奔逃。半身石膏像从柜子上掉了下来，摔得粉碎。碎屑伤到了一个年轻的女仆，扎瞎了她的眼睛。她成了'盲美人'，这部三部曲即以她命名。书名当然象征着俄罗斯，长久以来她忘却了自己的美丽，忽视了自己的命运。盲美人虽然是个农奴，同时也是个艺术家，她是一位非凡的歌手，是庄园农奴合唱团的主角。

"当受伤的伯爵被抬出房间的工夫，伯爵夫人趁乱把珠宝交给那个年轻的男仆，他设法逃脱了。可怜的普罗科尔，还打扮成魔鬼的样子藏在柜子里，最终被指控偷走了珠宝。由于伯爵夫人没有透露真相，他被判盗窃罪，发配到西伯利亚……

"你看，这一切既夸张又感人，具有情节剧的特点，不过我认为戏剧应该是情绪化的，丰富多彩的。我想人人都厌倦了平淡无奇的舞台。戏剧是情感的艺术，也是具象的艺术，现在应该再次朝着高度评价情节剧的趋势发展：譬如维克多·雨果、席勒……

"目前我正着手写第二部戏。按照现在的构想，分为不同的场景。地点设在同一个庄园，但时代变了。我们现在身处农奴解放的前夕一八六〇年。庄园现在由伯爵的侄子掌管。他早想让农奴获得自由，却又怕损害了其他庄园主的共同利益。他饱受自由主义思想的滋养，酷爱艺术。他最热衷于戏剧，组织了一个杰出的剧团。当然，演员是他的农奴，但剧团在全俄国享有盛誉。

"第一部戏中盲美人的儿子是该剧团的首席演员。他也是三部曲这一部中的男主人公。他叫阿加丰，是一位才华横溢的演员。伯爵出资供他上学，他受到了良好的教育。"

"戏一开场，风雪大作，"帕斯捷尔纳克挥动着手臂进行演示，"一位显赫的客人即将光临庄园，这位贵客不是别人，正是小仲马，当时他正在俄国旅行。他受邀参加一出新戏的首场演出。这出戏名叫《自杀》，就像《哈姆雷特》中的戏中戏，我打算这样写。我乐于写一部具有十九世纪中期趣味的情节剧。

"小仲马及其随从被暴风雪困在离庄园不远的一个驿站里。一出戏发生在那里，除了庄园从前的管家普罗科尔，驿站的主人又会是谁呢？伯爵夫人临死前证实了他的清白，几年前他从西伯利亚释放回来，靠运营驿站，他的生意蒸蒸日上。尽管新时代已经到来，旅店中的场面却重现了第一部近乎中世纪的情景：我们看到当地的刽子手和助手在旅店中歇脚。他们从城里赶往密林深处的住所，按照风俗，他们不能同其他人为邻。

"客人们终于到达庄园后，上演了一场重头戏。小仲马与阿加丰之间进行了一场关于艺术问题的长谈。不用说，这场戏将阐述我自己对于艺术的看法，而不是十九世纪六十年代的观念。阿加丰梦想出国，梦想成为莎士比亚剧演员,梦想演哈姆雷特。

"这一部的结局同第一部有相似之处。我们起初在驿站见到的讨厌鬼是当地的警察头子。他是《死魂灵》中索巴凯维奇类型的人物,代表人性最邪恶的部分。《自杀》演出结束后,他在后台想强奸一个年轻的女演员。阿加丰为了保护后者,用香槟瓶子砸了警察头子,为了躲避迫害,他只好逃跑了。不过伯爵帮了他,最后送他去了巴黎。

"在第三部中,阿加丰回到了俄罗斯,住在圣彼得堡。他不再是个农奴(我们现在是在一八八〇年),而是一位非常成功的演员。最后,他请一位欧洲的名医,为他母亲治愈了失明。

"至于普罗科尔,在最后一场戏中,他成了一名富商。我想让他代表中产阶级,这个阶级在十九世纪末为俄国做出了巨大的贡献。想想舒金[①]这样的人,在世纪之交收集了莫斯科所有精美的画作。本质上,我想在三部曲结尾表明的只是:一个富裕开明的中产阶级诞生了,它对西方的影响持开放的态度,它不断进取、富有智慧、举止风雅……"

帕斯捷尔纳克谈话的典型特征是:常常用具体的词句向我讲述他的戏,就像有剧本一样。他并没有强调三部曲所要表达的思想,但只要听上一会儿你就会明白,他想要表达对艺术的看法,不是历史语境中的艺术,而是现实生活中无时不在的艺术。随着他的讲述,我意识到他所描述的只是他新作的框架结构。其中部分已完成,其他部分仍有待于充实。

"起初,我查阅了有关十九世纪的各种文献。现在我完成了研究工作。毕竟,重要的不是作品的历史准确性,而是对一个时代的成功再塑。重要的不是描述的对象,而是落在它上面的光,就像远处房间里的灯发出的光。"

在三部曲的描述接近尾声时,帕斯捷尔纳克显然加快了速度。晚餐的时间早就过去了。他不时地瞥一眼手表。尽管他没有机会揭示其哲学寓意,令其戏剧的奇特结构血肉丰满,但我觉得已见证了他对于俄国历史的

---

① 谢尔盖·伊万诺维奇·舒金(Sergei Ivanovich Shchukin,1854—1936),莫斯科商人和艺术品收藏家。艾尔米塔什博物馆和普希金国家美术馆中法国当代绘画作品展厅的藏品主要来自他的收藏。

精彩追忆。

> 我们父辈的往事，简直像是斯图亚特朝代的传奇；
> 比普希金还要遥远，恍然显现在梦里。①

我们下楼来到餐厅，家人已经围坐在大饭桌旁边。"他们看上去像不像一幅印象派画作呢？"帕斯捷尔纳克说道，"他们的身后陈放着天竺葵，沐浴在午后的阳光中？吉约曼②就有一幅这样的画……"

我们进去时所有人都站了起来，帕斯捷尔纳克把我向他们逐一介绍，他们也保持站立的姿态。除了帕斯捷尔纳克的夫人外，他的两个儿子也在那儿。大儿子是前妻所生，小儿子约莫十八或二十岁，非常帅气的男孩，黝黑的肤色，很像他母亲。他在莫斯科大学物理系学习。尼豪斯教授也是客人，在莫斯科音乐学院以教授肖邦的作品著称，是帕斯捷尔纳克夫人的前夫。他已上了年纪，蓄着老式的唇髭，非常迷人而优雅。他向我询问巴黎的情况，以及我们彼此共同认识的音乐家。席间还有两位女士，我不记得她们与帕斯捷尔纳克家的确切关系了。

我坐在帕斯捷尔纳克的右边。他的夫人坐在左边。餐桌布置得很简单，铺着俄式白色亚麻桌布，配有红十字绣镶边。银器和瓷器都很朴素。桌子的中央摆放着一个插着含羞草的花瓶，还有一碗橘子和一碗蜜柑。冷盘已摆在桌上，客人彼此传递，帕斯捷尔纳克给大家斟上伏特加。菜肴很丰盛，有鱼子酱、腌制的鲱鱼、泡菜、蔬菜沙拉……晚餐缓缓进行着。一会儿给众人倒上了格瓦斯——乡下常喝的一种自制发酵饮料。帕斯捷尔纳克夫人说，由于发酵的缘故，格瓦斯的瓶塞有时会在夜里蹦出来，惊醒所有人，就像手枪射击一样。冷盘之后，厨师端上来一道罐焖野味。

席间的谈话内容漫无边际，海明威的作品也被讨论到了。他是去年冬

---

① 引自《一九〇五年·父辈》，冯玉律译，《帕斯捷尔纳克诗全集·中》，上海译文出版社，2014，第 7 页。
② 阿尔芒·吉约曼（Armand Guillaumin，1841—1927），法国印象派画家。

天在莫斯科拥有最多读者的作家之一。他的新文集刚刚出版。帕斯捷尔纳克夫人和餐桌上的女士们说,海明威有些枯燥寡味——主人公除了没完没了地酗酒,几乎没有什么别的情节。

帕斯捷尔纳克沉默了片刻后,发表了不同的意见:

"一个作家的伟大与题材本身无关,只和题材能触动作者的程度有关。重要的是风格。通过海明威的风格,你感觉到题材,是铁的、是木头的,"他双手压在桌面上,用手断开词句,"我钦佩海明威,但我更欣赏福克纳的作品。《八月之光》是一部奇书。年轻孕妇这个人物令人难以忘怀。当她从亚拉巴马州走向田纳西州时,美国南部的广袤、南部的精华,也让我们这些从未到过那里的人领略到了。"

后来,谈话转向音乐。尼豪斯教授和帕斯捷尔纳克讨论了对肖邦作品的理解,见解非常精辟。帕斯捷尔纳克说,他多么喜欢肖邦——"几天前我谈到形式自内而重生,肖邦就是一个典范,他用古老的莫扎特语言诠释出一些全新的东西,使音乐这种形式从内部更新得到了新生。尽管如此,恐怕美国有人认为肖邦的作品有点儿过时了。我给斯蒂芬·斯彭德[①]写了一篇关于肖邦的文章,但文章没有发表。"

我告诉他,纪德非常喜欢弹奏肖邦——帕斯捷尔纳克对此并不知情,听我说后他很高兴。话题转到了普鲁斯特,当时,帕斯捷尔纳克正缓慢地读着他的作品。

"现在我快读完《追忆似水年华》了,我深受触动的是,它如此真实地反映了一九一〇年深深地吸引过我们的一些思想。在关于'象征主义与不朽'的演讲中我提到了这些思想,我是在列夫·托尔斯泰去世的前一天发表演讲的,我和父亲一起去了阿斯塔波沃[②]。演讲稿早已遗失,关于象征主义本质,我谈了很多,其中一点是艺术家会死,他所经历的幸福生活却

[①] 斯蒂芬·斯彭德(Stephen Spender, 1909—1995),英国诗人、小说家,时任《文汇》(*Encounter*)杂志编辑。该杂志由他和欧文·克里斯托共同创办于1953年。
[②] Astapovo,即阿斯塔波沃火车站,1910年托尔斯泰逝世于此。后更名为列夫·托尔斯泰火车站。

是不朽的。如果艺术家的幸福以个人的而又带有普遍性的方式在作品中得到了反映,那么实际上其他人可以通过他的作品来重新体验这种幸福。"

"我一贯喜欢法国文学,"他继续说道,"我觉得战后法国的作品有了新的特色,不那么华而不实了。加缪的死对我们大家来说是个巨大的损失。"(先前我已将加缪的悲剧结局告诉了帕斯捷尔纳克,不幸就发生在我来莫斯科之前。俄罗斯新闻界没有报道,当时加缪的作品还没有被译成俄语。)"虽然主题不同,法国文学现在更接近我们了。但法国作家在致力于政治事务时就索然寡味了。他们要么搞小圈子,不诚实,要么按照他们法国式的逻辑思维,觉得必须忠于信仰才能得出结论。他们幻想着自己必将成为罗伯斯庇尔或圣茹斯特①那样的专制主义者。"

晚餐结束时侍者端上了茶和法国白兰地。帕斯捷尔纳克突然看上去面带疲倦,沉默不语。客人们问了我许多问题,询问西方的文化生活和我们的日常生活。我在俄国期间,经常会有人提出这些问题。

灯开了,我看了看表,发现早已过了六点。我得走了,我也觉得很累。

帕斯捷尔纳克穿过厨房,送我到门口。外面下着雪,在蓝蓝的夜色中,我们在小门廊上道别。想到这一别,可能再不会回到佩列杰尔金诺,我十分伤感。帕斯捷尔纳克握住我的手,迟迟不放,请求我尽快回来。他再次要我转告他的海外朋友,他很好,他记得他们,尽管他没时间答复他们的信件。我已走下门廊,上了小路,突然他叫住了我。我很高兴能有借口停下来,转回身,最后再看一眼帕斯捷尔纳克。他没戴帽子,穿着蓝色运动夹克,站在门口的灯光下。

"请你本人,"他喊道,"不要把我关于信件的话放在心上,不是针对你的。一定写信给我,随便哪种文字都行。我会回信给你的。"

(原载巴黎评论第二十四期,一九六〇年夏/秋季号)

---

① 路易·安托万·德·圣茹斯特(Louis Antoine de Saint-Just,1767—1794),法国大革命雅各宾专政时期的领导人之一,也是罗伯斯庇尔最坚定的盟友。

W.H. 奥登

◎马鸣谦/译

奥登：还有什么要问？

《巴黎评论》：我想知道，哪个在世的作家，您认为担当了我们英语语言的完整性的首席保护者……？

奥登：嗨，是我，当然了！

——一九七二年八月的谈话

他坐在胶合板门廊两盏垂直照下的白炽灯下，喝着一大杯早餐前的浓咖啡，一边一支接一支地抽烟，一边在做《纽约时报》每日书评版上的纵横字谜——这天的报纸上，恰巧登了一篇对他新近出版的诗文集的评论，还附了他的照片。

做完字谜，他摊开报纸，瞥了一眼讣告栏，就跑去烤面包了。

我问他是否读了那篇评论，奥登答道："当然没有。很明显这些事跟我没多大关系。"

奥登不同寻常的洞察力、超前性和品位，在他这间纽约公寓的装饰风格中强烈地显示了出来，通常他会在这里过冬。三间宽敞的层高很高的主房间被刷成了深灰色、暗绿色和紫色；墙上挂着朋友们——伊莉莎白·毕肖普，E.M.福斯特，保尔·瓦雷里，切斯特·卡尔曼[①]——的画，都镶着

[①] 切斯特·卡尔曼（Chester Kallman，1921—1975），美国诗人、歌词作者和翻译家，奥登的终身朋友、伴侣和工作伙伴。因与奥登和斯特拉文斯基共同合作《浪子旅程》而广为人知。他与奥登在音乐方面合作了多次：为作曲家汉斯·威尔纳·亨兹创作（转下页）

简洁的金色相框。餐室里挂着一幅威廉·布莱克的原版水彩画《创世史》，另外还有几幅男性裸体素描。在他卧室的地板上，有他自己的一幅肖像，没有镶框，正对着墙面。

黑洞洞的前起居室里，书籍垒得高高的；平时不开灯，除非他要在装着手稿的很多箱子里翻找东西，或是要去查阅《牛津英语辞典》，这才会跑进去一会儿。

奥登的厨房很狭长，墙上挂着很多罐子和平底锅。他像热爱语言一样偏爱美味佳肴，牛肚下水，猪脑，还有波兰香肠，还认为吃牛排很低等（"一点也不上流社会！"）。他喝斯米尔诺夫马蒂尼、红酒和科涅克白兰地（不用罐式蒸馏器）；他还承认曾在一个医生的监护下试服过 LSD[①]："没发生什么，但我那个感觉确实很清晰：有几只小鸟想要和我攀谈说话。"

他的谈话很逗趣，机智，又温文尔雅，是某种具备全球视野、富有人文色彩的闲聊。他对野心图谋不感兴趣，对具体的诗歌也兴趣寥寥，并绝对排斥电子化时代的影响。

正如他有次说起过的那样："我刚从加拿大回来，在那儿我和麦克卢汉[②]吵了一架。我赢了。"

——迈克尔·纽曼，一九七四年

（接上页）歌词《年轻爱人们的挽歌》(1961)和《巴萨里兹》(1966)；为美国作曲家尼古拉斯·纳博科夫创作《爱的劳作的遗失》(1973)；又为斯特拉文斯基创作了《德尔亚，或一个假面舞会之夜》，但未获采用。而奥登创作的《拉曼查的男子》，因为卡尔曼没有参与，制作人曾拒绝接受奥登单独一人的创作（可以想见奥登的尴尬）。

① LSD，麦角酸二乙基酰胺的缩写，一种合成致幻剂。1938年由瑞士化学家艾伯特·霍夫曼首次发现合成。
② 赫伯特·马歇尔·麦克卢汉（Herbert Marshall McLuhan，1911—1980），加拿大学者，传媒理论的大家，其专业是文学，但其著述和声誉多被归为传播学领域，先后著有《机器新娘》和《理解媒介》。他所说的"媒介即讯息""媒介是人体的延伸"，预言了今日媒体爆炸的状况；"地球村""酷"等词均为他所创。

《巴黎评论》：你坚持在这次谈话中不用录音机，为什么呢？

W.H.奥登：因为我觉得如果真有什么值得留存的内容，记者本人肯定都会记住。杜鲁门·卡波蒂说过一个故事，说是一个记者在采访他时中途机器突然坏掉了，那家伙徒劳摆弄了半天也没修好；杜鲁门在旁等着，最后就问他是否可以继续。记者说不想添麻烦了——他还不习惯去听采访对象说些什么！

《巴黎评论》：我想你反对的或许只是工具本身吧。你在新写的一首诗里曾指称照相机是个可恶的机器。

奥登：是的，它徒增哀伤。当你在街上经过某个苦恼人身旁时，通常情形下，你要么设法去帮助他，要么就扭头不看。可对着一张照片，你没法做出任何符合人性的决定：你不在那儿，你都不能背过脸去，你只能张嘴傻瞪着。这是一种窥视癖。还有，我认为特写镜头很无礼。

《巴黎评论》：有没有什么东西会让你特别害怕，就像小孩子那样？黑暗，蜘蛛，或其他等等？

奥登：不，我不是很怕。蜘蛛，当然——可那个不一样，那是持续一生的个人恐惧症。蜘蛛和章鱼。我的确从来不怕黑。

《巴黎评论》：你小时候是不是话很多？我记得你在某篇文章里曾描述过你私密世界里的自闭特质。

奥登：是啊，我确实挺能说的。当然，在我的私密世界里，有些事我不会与他人分享。但我总有一些很好的朋友。

《巴黎评论》：你从什么时候开始写诗的？

奥登：我想，自己的情形也许有点古怪。我曾想做个采矿工程师或者地理学家。在六岁到十二岁的时候，我花了很多时间来构造一个极其复杂的自我天地，它所基于的，首先是一处风景，奔宁山脉的石灰岩荒野；其次，是一种工业——石墨采矿。这时我发现，要做成这个的话，得给自己定些规则。我可以在两种必配机器里挑出一个来干这个活，但它们得是真家伙，在产品目录册里也要找得到。我有两种矿井抽水法可以选，但我不能去用魔法手段。过后的某一天，现在回想起来，似乎非常重要。我正谋划着造一个选矿厂——你知道，这主意要多不切实际有多不切实际。有两种机器能分离矿渣，其中一种我想比另一种更漂亮，另一种我知道效率更高。我感到自己面临了一个道义选择，只能这么说它了——我有责任采用第二种更有效率的机器。后来，我意识到，为构造这个唯一占据我身心的世界，我就已开始学习怎么来写诗了。然后，我的最终决定发生在一九二二年，看来那时相当幸运；那是四月里，当时我正穿越一片田野，同行的是学校里的一个朋友（他后来成了画家）。他问我："你写过诗没有？"我说："没有。"——我从没这么想过。他说："你为什么不写啊？"——就在那个时刻，我决定了自己要做的事。回头想去，我才明白准备基础是如何打下的。

《巴黎评论》：你觉得你的阅读对这个决定有影响么？

奥登：好吧，直到那时（还是个孩子嘛），我读过唯一的诗歌，都是些低俗笑话——贝洛克[①]的《警诫故事集》，霍夫曼[②]的《乱发彼德》，还有哈里·格雷厄姆[③]的《冷酷家庭的无情韵诗》。有一首我特别喜欢，它的调子是这样的：

一头钻进了水井里，

[①] 西莱尔·贝洛克（Hilaire Belloc，1870—1953），法国裔英国作家，一生多产，《警诫故事集》（*Cautionary Tales*）是他最知名的作品，这是一部道德讽喻的幽默诗歌集，名为儿童读物，却也适合成人阅读。

[②] 海因里希·霍夫曼（Heinrich Hoffmann，1809—1894），德国精神病学家，也是一位儿童读物作家。《乱发彼德》（*Struwwelpeter*）是他写的一本的儿童读物，书里讲了十个小孩因行为不端造成悲惨下场的故事。

[③] 哈里·格雷厄姆（Harry Graham，1874—1936），英国记者，擅写幽默诗。《冷酷家庭的无情韵诗》（*Ruthless Rhymes for Heartless Homes*）即是一首幽默诗作品。

> 管道工在为倒地的
> 玛利亚姑妈造座矿哩；
> 我们得要买个滤水器。

当然，我读了很多地理学和石墨采矿方面的书。一本是索普威斯①的《阿尔斯顿荒野访问记》，另一本是《地底生活》，我记不起是谁写的了。毕翠克丝·波特②的书我读了个遍，还有刘易斯·卡罗尔。安徒生的《冰雪女王》我很喜欢，还有哈格德③的《所罗门国王的宝藏》。我读侦探小说，则是从夏洛克·福尔摩斯系列开始的。

《巴黎评论》：你读了很多豪斯曼④的书？

奥登：是的，此后我跟他本人私交很好。他给我讲过克莱伦斯·达娄⑤的一件事，很有趣。似乎达娄曾给他写过一封信，文中满是褒扬之辞，还声称摘引豪斯曼的诗句救了几个当事人的命。此后不久，豪斯曼有个机会和达娄碰面。两人谈得不错，达娄拿出了他提到过的那些庭审记录。豪斯曼告诉我："里面果真有我的两首诗——可引用得都不对！"这些只是作家须得适应的轻微头痛症。让我受不了的，是有人写信来求签名，却忘了随信放入邮票。

---

① 托马斯·索普威斯（Thomas Sopwith, 1803—1879），英国采矿工程师。《阿尔斯顿荒野访问记》（*A Visit to Alston Moor*）是他撰写的一部采矿地理著作。
② 毕翠克丝·波特（Beatrix Potter, 1866—1943），英国女作家、插画家，以儿童读物知名，创作了很多动物故事，包括广为人知的彼得兔系列。
③ H. 瑞德·哈格德（H. Rider Haggard, 1856—1925），英国小说家，创作了大量探险小说。他创作于 1885 年的《所罗门国王的宝藏》（*King Solomon's Mines*）是英国第一部以非洲为背景的探险小说。
④ A.E. 豪斯曼（A. E. Housman, 1859—1936），英国诗人及古典学者，因其《希罗普郡少年》等抒情讽刺作品而为人称道，诗歌大多创作于 1900 年以前。他也是当时最出色的古典学者之一。
⑤ 克莱伦斯·达娄（Clarence Darrow, 1857—1938），美国律师，经手过许多青少年犯罪案件。

《巴黎评论》：你在学校里就遇到克里斯托弗·伊舍伍德[①]了？

奥登：是的，我早就知道他了，那时我八岁，他十岁，因为我们两个都是寄宿生，一同住在萨里郡欣德黑德的圣埃德蒙学校。自那以后我们就相互认识了。我总是记得第一次听到的那个机智评论。有个礼拜天，我和伊舍伍德一起散步——在萨里郡，他说："我想上帝肯定累坏了，他弄出了这么个国家。"我还是头次听到有人这么机智地说话。

《巴黎评论》：你有好的老师么？

奥登：除了数学以外，我很幸运能有很出色的老师，特别是科学课。当我站起来回答口头测验时，朱利安·赫胥黎让我看一块骨头，然后让我告诉他那是什么。"一只鸟的骨盆。"我说，碰巧给说对了。他就说："有人还说这是块灭绝爬行动物的头盖骨哩。"

《巴黎评论》：你教过写作么？

奥登：不，我从没教过。如果不得不去"教诗歌"（感谢上帝，我没踏上这条船），我会专注于韵律、修辞和语言学，还有诗歌背诵。我的路数或许不对头，可我看不出还有什么东西可以学，除了纯粹的诗歌技艺——什么是十四行诗，关于韵律的问题。如果真有个什么诗歌学院，所列科目应该截然不同——自然史，历史，神学，各种各样的旁门杂学。

我上大学的时候，总坚持去上那些通识课程——关于十八世纪的，或是关于浪漫主义的。真的，这是大学作为艺术赞助人所做的绝妙好事。但艺术家们应该达成一致，不去染指任何的当代文学。假如担任了教职，他们该去做些学术研究，更进一步，如果可以摆脱那类直接影响他们当前写作的事情，那就更好。他们应该去教十八世纪历史或者其他不干扰他们本

[①] 克里斯托弗·伊舍伍德（Christopher Isherwood，1904—1986），奥登的一个重要友人，小说家。奥登写下其早期诗歌作品时，伊舍伍德是他所信任的评论者。曾与奥登合写了三个诗剧：《狗皮人》（1935）、《F6峰顶的攀登》（1936）、《在前线》（1939）。1938年，他与奥登来到了抗战中的中国，合作写出了《战争行纪》（1939）。"二战"爆发前，两人一同移居美国，奥登住在了纽约，伊舍伍德去了加利福尼亚的好莱坞。

身工作的课程,且还要以此来谋生。去教创意写作课——我认为那很危险。我能想象出的唯一一种可能性,是一种学徒制,如同文艺复兴时期那些人的做法一样——那时的诗人会忙着督促学生们完成他的诗歌订单。这样你才真的是在教诗歌,你会负起责任,当然喽,因为所有成果都会冠以诗人的名义发表。

《巴黎评论》:我注意到,在你的早期作品里,你似乎对英国怀有一种激烈情绪。感觉你与所处环境正处在某种交战状态——而那种感觉,在你来美国后所写的诗歌里就不多了,你似乎更自在了。

奥登:是啊,确实如此。我相信这部分地与年龄有关。你知道,每个人都会变。对一个作家来说,顺应他自己的年龄真是太重要了,既不要看着太幼稚,也不要显得过于老成。人们或许会问:"到六十四岁时我该写些什么?"却从不会问:"我在一九四〇年该写些什么。"我想,这一直是个问题。

《巴黎评论》:对作家来说,是不是有一个达到他创作巅峰的某个特定年龄?

奥登:有些诗人,像华兹华斯,他很早就才思枯竭了。有些人,比如叶芝,到垂暮之年才写出了他们最好的作品。世事难测啊。衰老确是个问题,但你必须接受它,无须大惊小怪。

《巴黎评论》:是什么促使你选择定居美国的?

奥登:嗯,英国的难处在于其文化生活——她确实前程黯淡,而我怀疑她现在仍是如此。从某种意义上来说,它与你面对家庭事务时的为难是一样的。我深爱着我的家人,可我不想和他们一起住。

《巴黎评论》:你来美国后使用的语言,与你在英国时使用的语言,中间是不是有条分界线?

奥登：没有，真的没差别。你显然会看到一些小细节，特别是在写散文的时候，不过那是非常次要的事情。有些押韵在英国不被接受。在这里你可以用"clerk"来押"work"的韵，在英国你就不可以。但这些都是次要的——说 twenty of，而不是说 twenty to；说 aside from，而不是 apart from。

《巴黎评论》：你在这里住了多久？还有，搬到这间公寓以前，你都住过哪些地方？

奥登：一九五二年起我就住这儿了。我是一九三九年来美国的。起先住在布鲁克林高地，之后在安娜堡①教过一段书，后来又到了斯沃兹摩尔②。我为军队干过一段时间，在美国战略轰炸调查团③。军队一点也不喜欢我们的报告，因为我们证明，不管我们怎样轮番轰炸德国，他们的武器生产量都不会下滑，除非他们输掉了战争。这在越南也是一样——轰炸无济于事。可你知道军队里的人是怎么回事。他们不喜欢听到与自己想法相反的观点。

《巴黎评论》：你和政界人物或政府部门联系多么？

奥登：我和这类人来往很少。当然，我在牛津读书时认识几个学生，他们中最后就有从政的——休·盖茨克尔，克罗斯曼④，等等。我认为没有政治家我们也会干得很好。我们的领导人应该用抽签方式来选出。人们可以用他们的良知来投票，剩下的事电脑自会处理。

《巴黎评论》：作家的领导能力你觉得如何？比如说，叶芝就担任过公职。

奥登：可他干得有多糟糕！作家很少能成为好的领导者。首先，他们

---

① 安娜堡是美国密歇根州的城市。
② 斯沃兹摩尔是美国宾夕法尼亚一市镇。
③ 美国战略轰炸调查团（USSBS），"二战"中由时任美国总统罗斯福指示建立的专业评估委员会，其主要职责是就当时盟军对德、日所进行的战略轰炸的效果进行评估。
④ 休·盖茨克尔（Hugh Gaitskell，1906—1963）和理查德·克罗斯曼（Richard Crossman，1907—1974）都是英国政客，前者在 1955—1963 年曾任工党领导人。

是独立自主惯了的，他们与购书读者都少有联系。再者，对作家来说，很容易就变得不切实际。我没有对政治丧失兴趣，但我开始认识到，如果遭遇社会或政治的不公，只有两样事情有效：政治行动和直接报道事实。艺术在此无能为力。即便但丁、莎士比亚、米开朗琪罗、莫扎特等人从未降生人世，欧洲的社会史和政治史该怎样还是怎样。一个诗人，身为诗人，只有一个政治责任，即通过他自身的写作，来为他不断堕坏的母语建立一个正确使用的典范。当词语丧失了其意义，肉体的蛮力就会取而代之。无论如何，就让一个诗人按他自己的意愿去写现今所谓的"介入诗歌"吧，只要他明了主要是他自己会从中受益。他这么做了，自会提升他在那些同道者中间的文学声誉。

《巴黎评论》：现今语言的退化和堕落，思想的欠缺严密，诸如此类的现象，是不是让你很忧惧——或者，这恰好就是一个颓废时期？

奥登：它让我感到恐怖。我试图以个人之力来抵抗它；如我所说，保持语言的神圣性正是诗人理应担当的角色。

《巴黎评论》：你是否认为，在"未来"的眼中（若确实有的话），我们当前的文明状况正面临一种战前的颓败征象？

奥登：不，我不认为它和另一场实际战争能扯上什么关系。在过往年代里，不管掌握的词汇量是多是少，人们知道词语的含义。可现在，人们从收音机和电视中耳濡目染习得的词汇，比他们明了其意义的要多出百分之三十以上。我见识过的对词语最为粗暴的使用，是我作为嘉宾参加戴维·萨斯金德①的电视节目的时候。中间休息时，他不得不为某类投资公司插播广告，而他宣称那些家伙"正直缠身"②！我简直不能相信自己的

---

① 戴维·萨斯金德（David Susskind，1920—1987），美国电视制作人、脱口秀主持人，曾主持一个名为《开放讨论》的脱口秀时评节目。
② 原文 integrity-ridden 是臆造出来的流行词。奥登之所以惊骇不已，是因为以 -ridden 作后缀的组合词通常都带有贬义，这个时髦新词根本不合文法。

耳朵!

《巴黎评论》：你曾说过劣等艺术总是以一种非常当代的面目出现。

奥登：是的。当然，一个人在评判好坏优劣时可能会出错。鉴赏力和判断力可能各不相同。但他必须对自己忠实，并相信自己的品位。譬如说，我会欣赏一部催人泪下的好电影，那里边，哦，一位老母亲被丢在了家里——即便我知道这很糟糕，眼泪还是会流下我的脸颊。我不认为好作品会有催泪的功效。豪斯曼说他看到好诗时会有一种异样的身体感觉——我从来没有过。如果你去看《李尔王》，你不会哭。你没必要哭。

《巴黎评论》：你曾说起过你的守护神圣威斯坦①的故事，他很像哈姆雷特。你是个哈姆雷特式的诗人么？

奥登：不，我一点也不沾边。就我自己而言，我发现莎士比亚的最大影响，是他对大量词汇的运用。英语对诗歌来说如此不可思议的原因，就在于它的极大广度，以及它是非屈折语这个事实。你可以把动词变成名词，反之亦然，如莎士比亚做过的那样。你无法用那些屈折变化的语言做到这些，譬如德语、法语和意大利语。②

《巴黎评论》：在三十年代早期，你写作时是否面对着一个听众，而你想要把他摇醒过来？

奥登：不，我只是试着去揭示事实，并且希望有人能读到它。若有人

---

① 圣威斯坦（Saint Wystan）是英国中世纪早期七国时代麦西亚国的储君，他后来被自己的教父贝奥特伍夫杀死，因他反对后者的儿子娶自己的母亲。这个传说与莎士比亚的《哈姆雷特》有相似之处。奥登全名威斯坦·休·奥登（Wystan Hugh Auden），首名正是源自圣威斯坦，因此有守护神一说。

② 屈折语（inflectional language），语言学概念，指以词形变化作为表示语法关系的主要手段的语言，如法语、德语、意大利语。与之相对的即非屈折语（non-inflectional language）。英语与法语、德语、意大利语不同的地方，是它没有词语的复杂变形，而欧洲大陆的语言根据性、数、格、时态会产生各种词尾变化或者变形。从这点来说，英语比较简洁，奥登据此认为英语是更适宜于诗歌的语言。

46

问"你为谁而写作",我会回问"你读过我的东西么";如果他们说"是的",我会再问"那你喜欢它么";如果他们说"不喜欢",我就会说"我可不是为你写的"。

《巴黎评论》:那么,下个问题是,在写某些诗歌的时候你是否会想象有一个特殊听众呢?

奥登:嗯,你知道这事可没法儿说。要说脑袋里想着某个人的话……好吧,他们中的大多数可能早就过世了。你会寻思他们是不是会赞许,然后你也会希望——在你自己死后,也会有人来读你的东西。

《巴黎评论》:你一直是个形式主义者。今天的诗人们似乎更喜欢自由体诗。你是否认为这是对诗歌训练的背离?

奥登:很不幸,那已是很普遍的情形。可我无法理解——仅仅从一个享乐主义者的角度来看——写作者倘若完全舍弃形式的话,他又怎么享受个中乐趣呢?你去玩一个游戏,你就需要规则,否则一点不好玩。最狂放不羁的诗歌也得有个坚实的常识性基础,而这,我认为正是格律诗的优势。除了明显的整饬修正的优势,格律诗正可以将人从自我桎梏中解放出来。这里我想引述瓦雷里的话,他说过,如果一个人的想象力能被其艺术的内在困顿激发出来,他就是一个诗人,倘若他的想象力因此而变得迟钝,那他就不是。我认为很少人能处理好自由体诗——你得像D.H.劳伦斯那样有只不会出错的耳朵,来决定诗行该在哪里适时收尾。

《巴黎评论》:在读过的诗人中,有没有谁在你看来是志趣相投呢?这会儿我想到了坎皮恩[1],你与他对韵律学方都着迷。

---

[1] 托马斯·坎皮恩(Thomas Campion,1567—1620),英国诗人和医生,其诗歌风格和诗歌理论往往与音乐关联,本人也是个作曲家。作品包括《樱桃熟了》《哀歌:为早逝的亨利王子而哀泣》等。另著有评论集《英国诗歌艺术的观察》,对当时诗歌格律的实践有比较全面的分析。他的诗律研究著作《对位法的局部处理:一种最熟悉与可靠的规则》极受关注。

奥登：是啊，我确实有几个特别喜爱的诗人。坎皮恩当然是其中一位，还有乔治·赫伯特[①]和威廉·巴恩斯[②]；是的，他们对韵律学都怀有某种兴趣。这些诗人，我会乐意成为他们的友人。而像但丁这么伟大的诗人，我不会存有丁点奢望去与他建立私交。他是一位可怕的首席诗人。

《巴黎评论》：你能谈谈一首诗是如何酝酿成形的么？最初想到的是什么？

奥登：每到那时候，我脑海里会出现两样事情：一个是吸引我的主题，另一个则是与动词形式、韵律、措辞等等有关的问题。主题会寻找最确当的形式；形式也会寻找最确当的主题。它们两个碰在一起时，我就能动笔写了。

《巴黎评论》：你是从起句开始写起？

奥登：当然喽，通常你都会从起句开笔，然后一直写到结尾。可是，有时也会从脑海里的某行诗句开始，也许是最后一行。我想，我们都是有了主题构思的某个想法后才开始写的，但这个想法在写作过程中也经常会变。

《巴黎评论》：对获得灵感，你有什么辅助方法？

奥登：我从不在喝酒时写。你为什么要借助外力呢？缪斯是个性子活泼的姑娘，她不会喜欢那种蛮横粗俗的追求方式。她也不喜欢一味奉从——那样她就会撒谎。

---

① 乔治·赫伯特（George Herbert, 1593—1633），英国诗人、演说家和牧师。家境富裕，但未及从剑桥毕业就投身教会，任教区牧师的同时，以一种极为精确的语言写出了大量宗教题材的诗歌，韵律极富变化，富有独创性的想象，充满形而上学的思辨色彩。

② 威廉·巴恩斯（William Barnes, 1801—1886），英国作家，诗人，语言学家。一生写下近800首诗作，有些用多西特方言写成，其诗歌温婉独特，情感细腻敏感，对乡村生活和人物有深入的观察，对郊野风景有细致的描画。巴恩斯对语言极感兴趣，通晓希腊文、拉丁文和其他欧洲语言，著有《语言学原理》等语言学著作，与托马斯·哈代、丁尼生和霍普金斯过从甚密。

《巴黎评论》：这让我想起了那句"圆脸的蠢物，博学的仿冒者"[1]，如你在《田园诗》组诗中的一首里说过的那样。

奥登：的确如此。诗歌并非自我表现。当然，我们每个人都有自己的独特观点希望表达出来。我们希望有人读到它，并且会说："这道理我当然一直知道，但此前从未想明白。"在这里我大体同意切斯特顿[2]的说法，他说过："艺术气质是影响业余人士的一种宿疾。"

《巴黎评论》：很多诗人都是夜猫子，脾气狂躁，生活习惯又不规律。

奥登：抱歉，我亲爱的，诗人可不必都变成波希米亚人。

《巴黎评论》：艾略特《荒原》的初稿最近出版了，你为什么不赞成？

奥登：因为在他删去的那部分里，你一行都不会希望他保留，我认为这类东西会助长那些业余人士的遐想："哦，看，我也能这样写。"在一份初稿上面劳心费神，而不是去关注一首完整的诗歌，我认为这很可耻。瓦莱莉·艾略特[3]不喜欢迫于压力出版那些草稿，可一旦被发现了，她知道它们终会流传于世——所以她就自己来做，以确保尽可能地做好。

《巴黎评论》：可是，从中难道不是了解了某个事实了么？一个诗人真真确确是从"心灵那愚蠢的旧货商店"[4]开始起步的。

奥登：对他本人来说，这或许是必要的起步吧，但其他人就没有理由再去走一圈了。这里我想引用瓦雷里的话，他说，当人们一无所知的时候，他们才会脱去自己的衣服。

---

[1] 采访人所引是奥登组诗《田园诗》的第一首，小标题为《风》，以风和智慧的女神被造假者蒙骗为主题。
[2] G. K. 切斯特顿（G. K. Chesterton，1874—1936），英国多产作家，写作涵盖新闻报道、哲学、诗歌、自传和基督教教理研究，还创作过幻想小说和侦探小说。晚年皈依罗马天主教。
[3] T.S. 艾略特的遗孀，艾略特文学遗产的监护人，2012年去世。
[4] 该句出自叶芝晚期作品《马戏团动物们的逃亡》，是这首诗的最后一句。

《巴黎评论》：你在《备忘录》里已经写到了"行为学派①有效——痛苦亦能成就"。

奥登：它确实有效。但我确信，假如把B.F.斯金纳教授交到我手上，手边还配备适当的药物和器具，我一个星期内就可以让他诵读《阿萨纳修斯教义》②——是当众背诵。行为学派学者的问题，是他们总要把自己排除在自身理论之外。倘若我们的所有行为都是受条件制约的，那我们的理论自然也在彀中。

《巴黎评论》：你在圣马可广场③那些嬉皮士中看到精神性了么？你住在他们中间已经有些时日了。

奥登：我不认识他们中的任何一个，这让我从何说起？有一点我确实喜欢他们，他们试图去复兴那种狂欢精神，那是在我们的文化里明显长期缺乏的东西。但我也担心，他们一旦彻底放弃了工作，有趣也会变味。

《巴黎评论》：你新写的诗《喀耳刻》④就涉及了这个主题，特别是这段：

> 她没有让受害者变得残忍（野兽们
> 会撕咬或是奔逃）。她令他们
> 退化成了花朵和惰性的宿命论者，

---

① 十九世纪末、二十世纪初美国心理学学派，主张客观观察人的行为，并提出"刺激—反应"行为模式。该学派发展到二十世纪三十年代后，部分学者开始接受意识主导的理念。代表人物有托尔曼、赫尔、斯金纳（奥登在后文提到了此人）。
② 基督教三位一体学说和基督学的一段教义，据说由四世纪的圣亚历山大大主教所撰，今天已废弃。
③ 圣马可广场位于纽约曼哈顿东村附近，在二十世纪后半期是纽约反主流文化的集聚地。奥登当时的寓所就在这个街区。
④ 喀耳刻是希腊神话中一名住在艾尤岛上的女巫，善于用药，常把敌人和反对者变成怪物。在《奥德赛》中，奥德修斯一行人来到艾尤岛，喀耳刻下毒把他的船员们变成了猪。奥登在诗里说喀耳刻把嬉皮士们变成了花。

不会声言反对,只能自说自话。

显然,你比你所承认的更了解那一代人。

奥登:我得说,我真的很钦佩那些退出了激烈竞争、弃绝了金钱和财物的人。我做不到,我太过世俗了。

《巴黎评论》:你有信用卡么?

奥登:有一个。我能不用就尽量不用。只用过一次,在以色列,为了付宾馆账单。我打小就被教会一个事理,没有现金就不要买任何东西。欠债的想法让我恐惧。如果每个人都像我这样,我想我们的经济会整个崩溃的吧。

《巴黎评论》:你是个好商人么——你很会讨价还价么,或者诸如此类?

奥登:不。这话题我不想去考虑。

《巴黎评论》:但你确实因为你的诗歌得了该得的报酬。前几天刚在《诗歌》上看到你的一首诗,我很惊讶——每行才付五十美分的稿酬。

奥登:我当然得了该得的报酬——有谁不愿意呢?前几天我从他们那儿收到了支票,在我发现已赚到手之前,我就把它花掉了。

《巴黎评论》:你是个美食家么?

奥登:我很喜欢享受美食。在奥地利时我很幸运,因为我的朋友卡尔曼先生是个专业级的大厨,于是整个夏天我被惯坏了。我在这儿一个人住,情况就大不同喽。当你只为自己做饭时,你有时会热衷于某些东西。我有一次就迷上了萝卜。可独自吃饭,你就不愿花上很多时间,只是狼吞虎咽地赶快吃完。当然了,我喜欢好酒,但我不会为此大费周章。有一种佐餐红酒,瓦尔波利塞拉葡萄酒,我在奥地利和在这儿时都很喜欢喝。它比基安蒂红葡萄酒顺口得多，后者如果你在这儿喝到的话，味道总是像红墨水。

《巴黎评论》：你在写作过程中曾忘记过吃饭吗？

奥登：没有。我看着表很规律地作息。可如果没戴手表，我就不会知道饿！

《巴黎评论》：你所知道的最糟糕的诗句是哪些？最好是大诗人名下的。

奥登：我想它们出现托马斯·哈代的《列王》[1]中，那里边拿破仑试图逃离埃尔巴岛。有一节四行诗[2]好像是这么写的：

> 那护卫舰该会抵达
> 载着年迈的苏格兰上校，
> 逃亡会遭遇失败，
> 拘禁会永无期限。

《巴黎评论》：叶芝的"德·瓦勒拉吃掉了帕内尔的心"[3]和艾略特的

---

[1] 《列王》(*The Dynasts*)是托马斯·哈代的一部史诗剧，分为三个篇章十九幕，因其战争场景的描述过于细致、篇幅宏大冗长而不适于搬上舞台。晚年的哈代在这部作品上花费了大量精力，并自认是其杰作，但出版后评论界评价不高。
[2] 短长格五步格诗中的四行诗，韵式是abab。
[3] 出自叶芝的《帕内尔的葬礼》：

> 德·瓦勒拉吃掉了帕内尔的心，
> 嘴巴不严的煽动者没有赢得这一天，
> 民众的敌意没有撕裂这块土地。
> 科斯格拉夫吃掉了帕内尔的心，
> 大地终于心满意足，
> 抑或脱离了，那政府的掌握。

德·瓦勒拉是爱尔兰近代政治人物，爱尔兰独立运动领导人，爱尔兰内战过后，其好战的共和主义立场开始转变，成为态度缓和的保守主义者。

"为何苍老的鹰鹫要伸展它的翅翼?"① 怎么样?

奥登:都不是很糟啊,真的,只是无意中有点滑稽。这两句都可作为瑟伯②的卡通漫画的绝妙配文。作为牛津在校生,我想到了这句:"伊泽贝尔和她蹦跳的乳房/整个夏天都追着我……"想想看,瑟伯若看了这些会构思出多么精彩的漫画!嚯!嚯!嚯!

《巴黎评论》:自己的诗里面,你最不喜欢的是哪首?
奥登:《1939年9月1日》③,恐怕它已被选进很多诗选里了。

《巴黎评论》:你最骄傲的是哪首诗?
奥登:在我对莎士比亚《暴风雨》的评论里面,名为《卡列班的即席演讲》④,用散文写的诗歌,模仿了亨利·詹姆斯的晚期风格。

---

① 出自T.S.艾略特的《圣灰星期三》第一节:

　　只因我不再希望再次转向
　　只因我不再有希望
　　只因我不再希望去
　　渴望这个人的礼物和那个人的机会
　　(为何苍老的鹰鹫要伸展它的翅翼?)
　　为何我应该去哀悼
　　那惯常统治者的消亡的力量?

② 詹姆斯·瑟伯(James Thurber,1894—1961),美国幽默作家、漫画家,以他在《纽约客》发表的卡通漫画和短篇故事而知名。
③ 《1939年9月1日》是奥登在"二战"爆发前夕写的一首长诗,发表于该年10月18日的《新共和》杂志。这首诗有意追摹叶芝的《1916年的复活节》,试图寻求对历史挫败感的内心转换。奥登在发表前删去了两个小节(在奥登文学遗产管理人爱德华·门德尔松教授的《早年奥登》里,这两节得到了恢复)。奥登后来很厌恶这首诗,因为他觉得这首诗对自己和读者来说都显得过于夸耀。整个50年代里他都拒绝在个人选集中再版该诗,只在企鹅版《三十年代诗选》(1964年出版)中予以收录,并且加了一个自我声明作为附注,说选入这个诗选的五首诗都是垃圾,他为自己感到着愧。虽然奥登本人抱着如此决绝的态度否定了这首诗,但这首诗却赢得了无数读者并被广为传诵:E.M.福斯特曾写道,"就因为他写了'我们必得彼此相爱,要么就死去',他可以命令我来跟随他。"(《民主的两次祝酒》,1951年);布罗茨基1984年在哥伦比亚大学做诗歌演讲时,亦曾对这首诗做过精彩的评析。
④ 该诗为《海与镜》第三部分,卡列班系莎士比亚戏剧《暴风雨》中的人物。《海与镜》是奥登写于1942年至1944年的一部散文体长诗,同时也是对《暴风雨》的评论,全诗由《暴风雨》中的人物的一系列独白构成。

《巴黎评论》：你会不会读完一本让你很憎恶的书？

奥登：不会，我就丢开不读……哦，实际上有过一次。我通篇读完了《我的奋斗》，因为有必要了解他的想法。这可并非一件愉快事。

《巴黎评论》：你评论过自己憎恶的书吗？

奥登：很少这样。除非你是个职业书评人，或者你发现这本书的参考索引存有事实性的错误——你有责任去告诉社会大众，就像警告他们提防掺了水的牛奶一样。写些恶毒评论可能很有趣，但我不认为这种做法会对人的品性有好处。

《巴黎评论》：你收到过的最动听的赞美之辞是什么？

奥登：它以一种最不寻常的方式到来。我的一个朋友，多罗茜·戴伊①，因为参加了一次示威活动，被关进了第六大道和八号街那边的女子监狱。嗯，有个星期的礼拜天，在这个地方，女孩们排队下楼去洗淋浴。一群人被领进了门，这时，一个妓女在高声念诵："很多人无须爱也可苟活，但没有水则万事皆休……"②那是我一首诗里的句子，才刚刚发表在《纽约客》上。听到这个的时候，我知道我没有白写。

《巴黎评论》：你是否读过有关妇女解放的书？

奥登：我对此有点儿困惑不解。当然她们该去抱怨那些广告，比如女性内衣，或诸如此类的。

《巴黎评论》：男性诗歌与女性诗歌之间有没有本质差别呢？

奥登：男人和女人有截然相反的困难要去对付。对男性来说，困难在于要避免变成一个唯美主义者——避免那种不去追求真实、只关注诗意效果的言说。而女性的困难是如何与情感保持足够的距离。她们都不是唯美

---

① 多罗茜·戴伊（Dorothy Day，1897—1980），美国记者，社会活动家。
② 这行诗引自奥登的《要事优先》，作于1960年。

主义者，也不曾写过打油诗。男人是花花公子，女人则是现实主义者。如果你讲了个有趣的故事，只有女人才会问："它真的发生过？"我揣想，倘若男人们知道女人们相互间是怎么议论他们的话，人类都有可能会灭绝。

《巴黎评论》：你认为由女性来领导人类，情况会变好些么？

奥登：我认为干脆就让外交政策脱离男人们的掌控好了。男人应该继续去制造机器，而女人该去决定制造哪些个机器。女人的判断力要好得多。她们永远不会引进内燃机或任何一种邪恶机器。譬如说，大多数厨房家电都是好的。它们不会让人荒废其他技能，也不排斥其他人。与此同时，我们的领导人大多时候像是在打邻家男孩间的口水仗："我爸爸会打败你爸爸。"眼下，玩具已经变得太过危险了。

《巴黎评论》：你认识发了疯的人么？

奥登：哦，当然。我认识精神错乱的人。我们多多少少都认识。那些在精神病院进进出出的人。我认识几个躁郁病患者。我常在想，如果他们组织一个匿名的患者协会，那会对他们大有裨益。他们可以聚在一起，相互做些有益的事。

《巴黎评论》：我不觉得这会有用。

奥登：嗯，每个人有得意时也有失意时。

《巴黎评论》：如果你失心疯狂，你有想过自己会是何种情形么？

奥登：我可想象不出变疯的样子。我的想象力无法处理这样简单的事情。你可能会疯疯癫癫——但那个是不同的！有一本很有趣的书叫作《伊普西兰蒂的三个基督》[①]，说的是一座医院里有三位先生，每个都相信自己

[①] 《伊普西兰蒂的三个基督》是一份精神病治疗的案例记录，出版于1964年，由弥尔顿·罗奇克主笔撰写。这是他在伊普西兰蒂国立医院与一群精神分裂患者所做的一个关于信仰和错觉的实验。伊普西兰蒂是美国密歇根州沃什特诺郡一城市。

是上帝。这再平常不过了，除非碰到一种情形——他还真收了个门徒。

《巴黎评论》：诗人间的合作情况又如何？你一直让艾略特看你的诗么？①

奥登：不，你不能指望别人做这样的事情。他对我很好。他鼓励我。他也不嫉妒其他的作家。我在离开牛津前与他碰了面。我给他寄去了一些诗，然后他就让我去见他。他出版了我最早的公开作品——那是《两边下注》——一九二八年或是一九二九年发表在《标准》②上的。

《巴黎评论》：伊舍伍德在这个时期对你很有帮助？

奥登：哦，非常大。人在那个年纪当然要靠朋友。每人读各自的作品，然后大家一起评论它。每一代人都这样过来的。

《巴黎评论》：在牛津时，你和他有过这样的合作？

奥登：我和伊舍伍德的初次合作想必是在一九三三年或是一九三四年——诗剧《狗皮人》③。我一直很喜欢合作创作，它令人兴奋。当然，在

---

① 1927年，奥登还在牛津当学生时就寄诗投给T.S.艾略特所在的费伯出版社，出版社拒绝了，但艾略特回了封信说："我有兴趣继续关注你的作品。"1930年春，奥登又将他新写的一些诗寄给了艾略特，这回费伯出版社接受了投稿，奥登的个人诗选在当年10月出版。1934年，费伯又出版了他的《演说者》，此时奥登"不同寻常的韵律和狂野的想象力"已征服了很多读者。艾略特随后推出了斯彭德，并认为在新一代诗人中看到了"诗歌的复兴"。当时的艾略特充当了英语现代诗歌的守护神，1936年出版的《现代诗选》更是奠定了他与庞德的领袖地位，也让奥登、麦克尼斯、燕卜逊、格雷夫斯、玛丽安·摩尔、华莱士·史蒂文斯等新晋诗人确立了无可置疑的影响力。
② 《标准》杂志是T.S.艾略特主办的文学季刊，奥登的诗剧《两边下注》曾于此发表。
③ 《狗皮人》(*The Dog Beneath the Skin*) 于1935年出版，1936年上演于"群体剧院"。该剧描写了英雄阿兰·诺曼寻找蜜罐庄园失踪的继承人弗兰西斯·克鲁威爵士的旅程，他途中带着一只大狗走遍了欧洲和英国，这只狗过后被证明正是弗兰西斯·克鲁威爵士乔装改扮。此剧部分根据奥登之前两个独立剧本写就：一个是写于1930年的诗剧《弗劳尼》，大部分稿子已丢，只剩下些片段；另一个是1934年写出的《捕猎》。奥登将《捕猎》的文稿给伊舍伍德，伊舍伍德建议修改，两人最终合作完成了这部《狗皮人》。结尾有两个版本，奥登和伊舍伍德各写了一个。伊舍伍德的版本出现在出版版本里，弗兰西斯爵士谴责了村民，离开村子，加入了一个情况不明的革命运动。奥登的版本则在舞台上演，弗朗西斯爵士谴责了村民，最后被杀死。此剧讽喻了"二战"前夕普通民众的颠顿、伪善和暴力倾向，直译为"人皮狗"（譬喻藏于凡人心中的兽性）才合其意旨，但稍嫌不雅；译成《狗皮人》倒也符合克鲁威爵士扮成大狗的剧情。

个别某首诗上你不能这么干,但翻译、歌剧脚本或戏剧就可以合作;我喜欢那种工作方式,即便你只能与那些志同道合者共事——每个人都能给予他人一点激发;而当合作发挥了效用,两个相关者就变成了一个"第三人","他"与他们单独拎出来的每个都不相同。我注意到,当评论家试图去说谁谁谁写了什么什么时,他们总是会搞错。当然,任何演出性的作品必定需要合作,因为,你至少要让演员们、制作人还有上帝知道是怎么回事。

《巴黎评论》:现在回头来看,你怎么评价和伊舍伍德合写的那些早期戏剧作品?

奥登:我想它们写得都不太好。对《狗皮人》我有些私心偏爱,我想如果处理得当些,它还是挺有趣的,只是合唱段落得全部砍去。里边有些诗相当好,但戏剧性不够。在我这方面就是有点自私吧,想要写得有点诗意,却没有顾及戏剧本身,真是这样。

《巴黎评论》:你是否觉得当前的剧院状态更有益于诗剧?

奥登:我想,困难在于演员和诗歌紧密关联的传统已荡然无存了。在歌剧里,譬如说,吟唱的传统从未完全中断。而写正式诗剧——用诗歌写的戏剧——的麻烦在于,作者很容易就两头不落好:要么写的东西如此接近于散文,以至真就写成了散文——要么写的东西没有戏剧性。事实上,卡尔曼先生和我有个非常有趣的经历。我们曾为 NBC[①] 翻译过《魔笛》,而我们决定把幕间口白改成双行联韵体[②]。自然,演出中的大多数人都是歌唱家……此前从未朗诵过诗歌;只有一个角色是由专业演员担纲的。那些歌唱家,我们很快就可以教会他们怎么朗诵;他们此前从未念过,但十分

[①] NBC(National Broadcasting Company),美国全国广播公司的简称。
[②] 双行联韵体(couplet),英语诗歌中最简单的韵律处理方式之一,通常有两个押韵诗行,有同样的节拍韵律,需要精确押韵。由于句式极短,单独的双行体常被用以追求意外中断的效果。

钟之内就能进入状态，因为他们知道节拍是什么。但我们和那个专业演员的麻烦就很大。

《巴黎评论》：你是否觉得美国剧院的表演风格愈加破坏了这种朗诵能力？

奥登：他们不会原地踏步，当然了。这有点像足球比赛。诗歌是很排斥自然语调的。歌剧演唱的一大特质就是你不能装出那种自然语调。

《巴黎评论》：你是不是觉得歌剧脚本是受限的——它要求做某些牺牲……？

奥登：哦，是的。你写的诗是被阅读，被朗诵，还是被演唱？你当然得忘掉写诗时的所有惯常做法。这是一种全然不同的艺术。自然了，你需要服从作曲家。而他评判一个人，真的就看你多大程度上能激发他。而个中乐趣就在于此：会受到限制。有些东西，你冷静想来绝对是没有价值的垃圾，突然，当它被唱出来时，却变得有趣了。反之亦然。

《巴黎评论》：这让人回想起艾迪逊[①]在十八世纪初对伦敦的意大利歌剧的一句评论：再怎么说不出口的蠢话，都可以把它唱出来。

奥登：哦，这并不准确——尤其须提到的，是近年来作曲家们比以往更多地仰赖歌剧脚本的质量了。确实，自施特劳斯和霍夫曼斯塔尔[②]以来，脚本作者就不再是个纯粹的附庸了。

[①] 约瑟夫·艾迪逊（Joseph Addison，1672—1719），英国散文家，诗人。
[②] 理查德·施特劳斯（Richard Strauss，1864—1949）是德国浪漫派晚期最后一位伟大的作曲家，在交响诗及标题音乐领域中影响巨大。胡戈·冯·霍夫曼斯塔尔（Hugo von Hofmannsthal，1874—1929）是奥地利诗人，戏剧家，德语文学新浪漫主义作家。从《埃莱克特拉》（1909）这部根据索福克勒斯原作改编的歌剧开始，施特劳斯与霍夫曼斯塔尔就展开了合作，后者此后接连为施特劳斯写了五个脚本。人们一般认为，是霍夫曼斯塔尔使施特劳斯从《莎乐美》《埃莱克特拉》这类过度病态的作品转向了后期音乐的和悦风格。

《巴黎评论》：《浪子历程》①的合作进行得怎样？

奥登：卡尔曼和我预先准备好了剧本，但我之前和斯特拉文斯基先生谈过，我们对他想要的东西已略知一二。有个想法吸引了他，他觉得是个适合歌剧的有趣主题。那是霍加斯②晚期作品中的场景，在疯人院，有一个金发男子和一把破碎了的小提琴。现在我们知道，斯特拉文斯基事实上从未采用它，但他凭直觉确曾这么想过："现在这个主意挺有意思。"到最后，它压根儿没用上。

《巴黎评论》：你能描述一下你和斯特拉文斯基的工作关系么？

奥登：他总是十分专业。他接了我传给他的脚本，然后把它谱成了音乐。他总是不辞辛劳地想找准节奏音调，那对他来说想必有些犯难，因为在跟我合作以前，他从未碰过英语脚本。

《巴黎评论》：你们之间有像施特劳斯和霍夫曼斯塔尔那样通信么？

奥登：没有。关于他们俩的通信——我们非常幸运可以读到——有趣的是，他们之所以选择书信往来的工作方式，那是因为他们谁也受不了谁！

《巴黎评论》：你和斯特拉文斯基会在电话里讨论工作么？

奥登：不，我不怎么喜欢电话，总是尽量不煲电话粥。你知道有些家伙就是不想挂电话！我记起一个故事，说是有个男人去接电话，被缠住了好长一段时间。电话那头的女人说个不停。末了，他绝望了，告诉她说：

---

① 《浪子历程》(*The Rake's Progress*) 是斯特拉文斯基与奥登于1951年合作创作的一部歌剧。伊戈尔·菲德洛维奇·斯特拉文斯基（Igor Fedorovitch Stravinsky, 1882—1971），美籍俄国作曲家、指挥家和钢琴家，西方现代派音乐的重要人物。
② 威廉·霍加斯（William Hogarth, 1697—1764），英国画家、版画家，讽刺画和漫画创作者，也是社会批评家，常根据同一题材进行同一主题的连续创作。后文提及的霍加斯晚期作品系列共八幅，画于1732—1733年，随后于1735年印刷出版。画作描绘一个有钱商人的浪荡子汤姆·洛克威尔的故事：他来到伦敦，吃喝嫖赌样样玩尽，最后被关进了监狱和疯人院。

"真的，我必须挂了。我听到电话铃在响！"

《巴黎评论》：你和汉斯·维尔纳·亨泽①合作的歌剧怎么样了？

奥登：那是二十世纪早期某个"天才艺术家"的故事，为了完成他的作品，他必须盘剥其他的人。一个真正的怪物。故事发生在奥地利山区的一间小旅馆，时间在一九一〇年。围绕它的标题《年轻爱人们的挽歌》，发生过一次有趣的混淆：当它出现在某位律师的授权文件上时，变成了《年轻爱人们的过敏》。②

《巴黎评论》：你也参与了它的创作过程？

奥登：自然喽。我在允许的范围内竭尽所能，要和现代舞台监督共事，总是很不容易。

《巴黎评论》：你很享受所有那些争吵？

奥登：是的，我是很享受。我是个糟糕的急性子。

《巴黎评论》：诗歌里包含了音乐么？

奥登：只要你记得词语里的声音本就与意义不可分离，你可以用"音乐"这个词。音乐里的符号并不代表任何东西。

《巴黎评论》：写一首会谱成音乐的诗歌作品的时候，你的目的有何不同？方法上是不是也有差别？

奥登：为音乐谱词时，你须记住，三个单词中很可能只有一个能被听到。因此你必须避免复杂的比喻。适宜采用的是动词、感叹词、排比句，还有像月亮、大海、爱、死亡这些名词。

---

① 汉斯·维尔纳·亨泽（Hans Werner Henze，1926—2012），德国作曲家，其作品延续了斯特拉文斯基的风格。这个采访结束十年之后的1983年，亨泽才写出了向奥登致敬的作品《奥登歌谣三首》，可见在奥登生前，两人并没有完成具体作品的合作。
② 在英语里，挽歌（elegy）与过敏（allergy）拼写相近，故有此误。

《巴黎评论》：你为联合国写的赞美诗由卡萨尔斯[①]谱曲，你的目的和方法又是怎样的？

奥登：写联合国这个主题，你不能去冒犯任何人对人类、自然和世界的既有观念，问题在于如何尽力避免沉闷的陈词滥调。我决定做的唯一事情，就是让所有的比喻都很悦耳，因为音乐与语言不同，它具有国际性。卡萨尔斯和我有书信往来，他非常有雅量，有那么一两次，我觉得他对诗节的重读出错了的时候，他就修改他的音乐。

《巴黎评论》：你是从哪里引发了对冰岛传奇的兴趣的？

奥登：我父亲用这些故事养育了我。他的家族早先繁衍的地区，从前曾是维京军团的集结点。"奥登"这个名字在冰岛传奇中很常见，常被拼写成"奥当（Audun）"，但我们没有任何家谱或类似的东西。我母亲来自诺曼底——那意味着她有一半的北欧血统，和诺曼底人一样。我有个先祖名叫布奇，她嫁给了康斯太勃尔[②]。我能理解，家族里对她嫁了个画家很是恼怒。我看过几幅他为她画的肖像画——她以前肯定美貌出众。我还有个亲戚嫁给了一个印度人。我想，我的族人们也就只好随它去了，因为他们说一个人要么嫁个英国佬——要不就嫁个婆罗门！

《巴黎评论》：你父亲是医生？

奥登：是，他是个医生。但我母亲嫁他那会儿，医生可不是个让人尊敬的职业。她的一个姑妈在婚礼前不久曾对她这么说过："好吧，如果一定要嫁，那就嫁他好了，但没人会上你家串门子的。"

《巴黎评论》：你相信阶级差别以及社会制度和形态的差别么？

---

① 帕布罗·卡萨尔斯（Pablo Casals，1876—1973），西班牙大提琴演奏家，指挥家，以1936—1939年巴赫大提琴组曲的录音名闻天下。为联合国创作的《联合国赞美诗》是卡萨尔斯最晚期的作品之一，由奥登作词，1971年由卡萨尔斯本人亲自指挥演出。

② 约翰·康斯太勃尔（John Constable，1776—1837），十九世纪英国风景画家，对后世的印象派和现代绘画影响甚大。

奥登：某种程度上，是的；你要和其他人交谈，你有话要说——这会让事情进行得更顺利些。而我认为，实现文明的先决条件，就是展开文明对话的能力。

《巴黎评论》：很多艺术家和作家，要么加入媒体，要么使用媒体技术来创作或编辑他们的作品。

奥登：当然，它们对我从来没什么吸引力。我猜想，有些人，比如诺曼·梅勒[①]，他就挺适应的。就个人而言，我不明白文明人士怎么会去看电视，更别提买台电视机了。我更爱读侦探故事，特别是布朗老爹[②]，我不是特别喜欢科幻小说。年轻时我读过些儒勒·凡尔纳的书，但我对别的星球实在不怎么感兴趣。我喜欢星星待在它们该在的地方，在太空里。

《巴黎评论》：是不是有些媒介对你而言是特别忌讳的？
奥登：对。电视，还有所有的电影，除了喜剧片——查理·卓别林和马克斯兄弟[③]非常有趣——而所有的摇滚乐我都避之惟恐不及。

《巴黎评论》：那报纸呢？
奥登：它们很讨人厌，可你还得看报纸以便了解发生的各种事情。我设法尽可能快地看过一遍。早上翻开《纽约时报》从来不是一件让人高兴的事。

《巴黎评论》：你读过《芬尼根的守灵夜》，或试着去翻过么？
奥登：我对乔伊斯不是很熟悉。很明显他是个非常伟大的天才——

[①] 诺曼·梅勒（Norman Mailer，1923—2007），美国犹太裔作家，代表作有《裸者与死者》《夜间的军队》《刽子手之歌》等，曾获普利策小说奖等多个奖项。他热衷于社会活动，言行频频见于报章，并于1969年竞选过纽约市长。
[②] 布朗老爹是英国小说家切斯特顿在其系列侦探小说中创造的虚构人物，是一位教区教士。
[③] 马克斯兄弟是活跃在上世纪美国的一个喜剧团体，常常现身歌舞杂耍、舞台剧、电影和电视。

但他的作品实在太过冗长了。乔伊斯自己说过，他希望人们用一生的时间去体会他的作品。对我来说，生命太过短促，也太宝贵了。我对《尤利西斯》的感觉也一样。除此之外，《芬尼根的守灵夜》还不能用平常的阅读方式去读。你可以沉浸进去，但我不认为任何人可以一口气读完，并且之后还能记得住内中细节。一点点地啃当然不同。我记得，在《安娜·莉维娅·普鲁拉贝尔》[①] 单独出版的时候，我还能通读完，并且很喜欢它。大体上，我喜欢短小又有趣的小说。当然，有少数是例外；比如说，人人都知道普鲁斯特，那可一点都不短。我想我最喜欢的现代小说家是罗纳德·费尔班[②] 和 P.G. 伍德豪斯[③]——只因他俩的作品都涉及伊甸园。

《巴黎评论》：顺便说一下，你是否知道《芬尼根的守灵夜》第 279 页提到了你本人？

奥登：我知道啊。我没法说出具体的页数——但我看过那个脚注。

《巴黎评论》：你是否愿意评论一下叶芝？

奥登：我发现要公平对待叶芝很困难，因为他对我产生过一个坏影响。他曾诱惑我进入一种夸饰的文辞，对我来说，这过于简单化了。无须多言，错在我，不在他。当然喽，他是一个非常伟大的诗人，但他和里尔克都对我造成了恶劣影响。所以，我对他们两个很难做出公正的评判。

《巴黎评论》：那艾略特的影响呢？

奥登：在风格上，艾略特对其他诗人的直接影响很小，确实如此。我是说很少有人不经意读到一首诗后，会说："哦，他一直在读艾略特吧。"

---

① 《安娜·莉维娅·普鲁拉贝尔》是《芬尼根的守灵夜》第一部的最后部分，即第八章。1930 年，第八章定名为《安娜·莉维娅·普鲁拉贝尔》，由 T.S. 艾略特所在的费伯出版社出了单行本。
② 罗纳德·费尔班（Ronald Firbank，1886—1926），英国小说家和戏剧作家。奥登曾在 1961 年为 BBC 三台所做的播音节目中对费尔班大加赞赏。
③ P.G. 伍德豪斯（P. G. Wodehouse，1881—1975），英国幽默作家，公认的英国散文大师，也是极有才能的剧作家和抒情诗人。

叶芝和里尔克会产生这样的影响，但艾略特不会。他是个非常特殊的诗人，并且不可模仿。我的作品的风格样式要搬用起来就容易得多。我这么说艾略特并不带任何贬损之意。吉拉德·曼雷·霍普金斯[1]也一样——他们两个的风格都极其独特，要将它们转变为自己的敏感性并不容易。若你敢于一试，到头来只会变成个掺了水的霍普金斯。

《巴黎评论》：你认为《小老头》是艾略特最好的诗么？

奥登：又来了，总想选来选去。为什么是一首呢？显然，一个诗人希望有很多首好诗。

《巴黎评论》：好吧，那么，你认为《小老头》是一首非常神秘的诗么？

奥登：我不确信"神秘"这个词是否很准确。当然，他有些作品里蕴藏了非常奇异的想象力。这部分说明了他何以如此独特。可能在他年幼时发生了某些事情吧。这会儿我想到了他对但丁的贝阿特丽斯的一个评论，非常有启发性。虽然但丁曾声称初遇她时自己是九岁，艾略特却确信他们定然在更早时候就认识了。我想这对帮助我们了解艾略特很有价值。还有那些个意象，孩子们在苹果树下荡着秋千……必定指向了某些非常强烈的幼年想象。但他不是个乐于自我告白的诗人，所以我们也就无从得知详情了。

《巴黎评论》：艾略特的这个倾向据说受到了圣十字约翰[2]的诗歌的指引，而圣十字约翰我们确实可以说他是神秘的。你读他的作品多不多？

---

[1] 吉拉德·曼雷·霍普金斯（Gerard Manley Hopkins，1844—1889），英国诗人，后转信罗马天主教，成为耶稣会士。他死后，维多利亚时代的诗人们给予他极高的诗名。在当时的保守诗歌传统里，霍普金斯在诗歌韵律方面的实验性开拓和对想象力的运用，让他成为十九世纪后半叶英语诗歌的大胆革新者。

[2] 圣十字约翰（John of the Cross，1542—1591），反宗教改革的代表人物，西班牙神秘主义者，卡梅尔派托钵僧。他被誉为西班牙语诗歌的重要诗人，一生写作诗歌近2500首，其中《灵性颂歌》和《灵魂的暗夜》因其谨严的格律、丰富的象征和想象而最为出色。他关于灵魂孕育的诗歌创作和研究，被认为是西班牙神秘主义哲学和文学的巅峰。

奥登：他的诗歌非常出色，但确实不是我的最爱。本质上来说，因为我不认为神秘经验可以用语言描述出来。当自我消失时，语言的力量同样也会丧失。我得说他确是极其大胆——为表达那种高潮体验，他运用了最大胆的隐喻。如此，可能就必须处理好两个方面的实际情形，高潮体验与神秘要合为一体，而自我要彻底忘却。

《巴黎评论》：你是否花很多时间做礼拜？

奥登：不，只在星期天去。

《巴黎评论》：但你在神学圈子里确实有些名声，你和圣公会的学者们已经做了些事情。

奥登：哦，那只是应约提供些建议，他们想修订《诗篇》。确实，我坚决反对所谓的"礼拜改革"，而且宁愿《祈祷书》还保留拉丁文。仪式是死者和未来人们之间的联结纽带，它需要一种永恒的语言，而实际上这意味着它会是一种消亡了的语言。我很想知道他们在以色列正面临着哪些问题，在那里，他们所说的语言长久以来不为人知。

《巴黎评论》：你会说希伯来语么？

奥登：不会，我希望能懂点。很明显，这是一种不可思议的语言。另一个我希望能在我们教堂出现的是逾越节家宴①。我曾去过一两次，印象极其深刻。我们并没有那样的仪式。"最后晚餐"是一个公众活动，但不是一种家庭行为。

《巴黎评论》：结婚仪式又如何？

奥登：哦，我是完全认同婚礼的想法的，但我想，毁了那么多婚姻

---

① 逾越节是犹太人三大节日之一，于犹太教历尼散月的15日和16日举行。逾越节家宴的原文"seder"，按希伯来文的字面意思是"秩序"。仪式包含了十五个步骤，是在家里举行的庆祝活动的一部分。一般在逾越节头天晚上举行，也有在第二天晚上举行的，都是以晚餐结束。

的，却正是恋爱这种不切实际的想法。当然，有些人拥有异乎寻常的丰富想象，我想这也是常有之事。毫无疑问，这是必会发生的神秘体验。但对大部分自认为相爱的人们来说，我想情况可以描述得更简单些，恐怕也要更直言不讳。但凡此种爱情事务遇到的麻烦全都一样，到头来，总有一方会感觉糟糕或心生内疚，只因实际情形与他们书上读到的并不一样。而如果婚姻由父母一手包办的话，幸福感恐怕还要更多一些。我确实认为，配偶双方在幽默感和人生观上的一致是绝对必要的。这里，我想我赞同歌德的意见，婚姻庆典理应进行得更安静、更低调些，因为婚姻是某种重要开端。该省点力气在喧闹的典礼上，多费些心神在今后的美满结果上。

《巴黎评论》：那边一本很大的书是什么书？

奥登：是歌德的自传。一本令人惊异的书。假如有人请我写一部有关人生最初二十六年的自传，我想自己都凑不齐六十页。嘿，歌德他竟然写了整整八百页！就个人而言，我对历史很感兴趣，但对自己的过往岁月缺乏兴趣。我只对此时此刻和接下来的二十四小时感兴趣。

《巴黎评论》：你的猫叫什么名字？

奥登：我现在没养猫。

《巴黎评论》：那摩塞呢？

奥登：摩塞是条狗。

《巴黎评论》：鲁尔菲·斯特罗布尔又是哪个？

奥登：是我们的看门人的狗，一条阿尔萨斯牧羊犬。邻居里肯定有个狗娘养的家伙，因为有一天那可怜东西逃到了高速公路上，给汽车撞死了。我们和摩塞有过一次非常有趣的经历。我们已跑到维也纳去参加《浪子旅程》的首演式，那次演出通过电台现场转播。几个朋友正在收听，摩塞那时和他们待在一起。我的声音刚在广播里传出，摩塞就把耳朵竖了起来，然后它径直跑到了喇叭前——就像听到了主人的声音!

《巴黎评论》：你的猫猫们出什么事了?

奥登：我不得不送走它们，因为我们的看门人死了。它们的名字也是从歌剧中得来，鲁迪梅斯和列昂诺拉。猫也会非常好玩，它们有最古怪的表示亲近的方式。鲁迪梅斯总是在我们的鞋子上尿尿。

《巴黎评论》：于是有了你新写的这首诗，《与老鼠的谈话》①。你有自己喜欢的神话般的老鼠么?

奥登：神话般的!你究竟指的是什么啊?除了米老鼠，还有其他的老鼠么?你一定是在说虚构作品里的老鼠吧?

《巴黎评论》：正是这个意思。

奥登：哦，是的，毕翠克丝·波特的老鼠，我非常喜欢它们。

《巴黎评论》：那你喜欢米老鼠吗?

奥登：它不错啊。

《巴黎评论》：你相信魔鬼吗?

奥登：信。

《巴黎评论》：你在奥地利时住在奥登斯特拉斯。你的邻居们知道你是谁吗?

奥登：那儿的邻居知道我是个诗人。我住的那个村子出过一个有名的奥地利诗人，约瑟夫·威恩赫伯②，所以有个诗人住在附近他们挺习惯的。

---

① 《与老鼠的谈话》是奥登写于1971年的诗作。
② 约瑟夫·威恩赫伯（Josef Weinheber, 1892—1945），奥地利抒情诗人，散文家，其诗风受里尔克、安东·威尔德岗、卡尔·克劳斯影响。他在"二战"前加入了纳粹党，因受酗酒折磨，他在苏联红军攻入奥地利前夕自尽。

他是在一九四五年自杀的。

《巴黎评论》：你在纽约这儿的邻居怎么样？

奥登：我不知道。我的股票去年升了点，我知道。《每日新闻》上曾有我一个专题——这里每个人似乎都会读到。那以后他们就明白我是某某人了。能被关注到那种程度，非常不错。

《巴黎评论》：你是否认为作家在国外得到的尊崇比在这儿更多？

奥登：我不会这么说。有人问起我是做什么的时候，我曾告诉他们我是个中世纪历史学家。谈话马上就冷场了。如果告诉他们你是个诗人，你就会看到他们古怪的神色，那像是在说："好吧，他都靠什么过活呢？"在过去，一个人会为他护照上的名分感到骄傲——职业：绅士。安特里姆伯爵①的护照上只写着——职业：贵族。我觉得很准确。我的生活很幸运。我有个安乐窝，而我父母给了我良好的教育。我父亲既是个医生，也是个学者，因此，我从不觉得艺术与科学是两种对立的文化——在我家里，大家对这两者抱有了同等的兴趣。我不会抱怨。我从未迫于压力去做自己不喜欢的事情。当然，我不得不接各种各样的活儿，如果手头有点钱的话，我是不会去做的。但我一直认为自己是个工匠，而不是体力劳动者。有那么多人做着自己根本不喜欢干的工作。我没有这样，对此我充满感激。

（原载《巴黎评论》第五十七期，一九七四年春季号）

---

① 指兰德尔·约翰·索莫莱德·麦克唐纳，第八代安特里姆伯爵，生于1911年，卒于1977年。

乔伊斯·卡罗尔·欧茨

◎朱杰/译

乔伊斯·卡罗尔·欧茨是稀缺商品，是一位对她自己的作品持论甚谦的作者，尽管她的作品数量已臻如此地步，以至于她已有三家出版商——一家负责小说、一家负责诗歌，另一家"小型出版社"则负责更具实验性的作品、限量版书籍以及其他出版商无法纳入日程的书籍。尽管教学任务日重，她还是继续为《安大略评论》投入了大量精力，该杂志乃是一份文学季刊，她先生主编，而她则是特约编辑。

欧茨女士其貌不凡，纤细苗条，黑头发，大眼睛，目光里总是充满质询之意。她极具魅力，却并不上相；她的面容传递的是优雅与睿智，而既有的照片则都未能公道对待之。如果人们误以为她的态度是冷傲的——就像有时发生的那样，它实际上却是某种羞涩，三十三本书的出版、三部剧作的完工，以及国家图书奖的获得，都未能将其置换掉。

本次访谈始于一九七六年夏天她在温莎的家中，其后，她和她先生移居普林斯顿。访谈中，她的声音一如既往地柔和而深思熟虑。你可以形成此种印象，即她总是在用完美成型的句子说话。欧茨女士一边和她的波斯猫一起窝在沙发里，一边坦率地回答了所有问题。（她爱猫态度坚定，最近还往她在普林斯顿的家中领进了两只小猫）

当我们沿着底特律河岸散步时，交谈继续，她承认说她曾呆坐数小时、望着船只和地平线，将她笔下的角色构思成型。她的书房面向底特律河，在书房的书桌上，她将这些构思落实到了纸上。

一九七六年圣诞季之际，在纽约，我又提了另外一些问题，其时，欧

xx other customers in Rinaldi's to overhear. Voice shrill, laughter shrill. Must guard against excitement. ...A true gift, such women possess; "artistic arrangement of life" a phrase I think I read somewhere. Can't remember. She wants to understand me but will not invade me like the others. Sunshine: her hair. (Though it is brown, not very unusual. But always clean.) Sunshine: dispelling of demons. Intimacy always a danger. Intimacy/hell/intimacy/hell. Could possibly make love to her thinking of XXXXXXXXXXXX or (say) the boy with the kinky reddish hair on the bicycle...but sickening to think of. What if. What if an attack of laughter. Hysterical giggling. And. Afterward. Such shame, disgust. She would not laugh of course but might be wounded for life: cannot exaggerate the dangers of intimacy, on my side or hers. The Secret between us. My secret, not hers. Our friendship--nearly a year now-- on my footing, never hers. Can't deny what others have known before me, the pleasure of secrecy, taking of risks.

--With XXXXXXXXXXX etc. last night, unable to wake this morning till after ten; already at work; sick headache, dryness of mouth, throat. But no fever. Temperature normal. XXXXXXXXXXXX so bitter, speaks of having been blackmailed by some idiot, but (in my opinion) it all happened years ago, not connected with his position here in town. Teaches juniors, seniors. Advises Drama Club. Tenure. I'm envious of him & impatient with his continual bitterness. Rehashing of past. What's the point of it? Of course, he is over forty (how much over forty is his secret) and I am a decade younger, x maybe fifteen years younger. Will never turn into that. Hag's face, lines around mouth, eyes. Grotesque moustache: trying to be 25 years old & misses by a x mile.... Yet my pen-and-ink portrait of him is endearing. Delighted, that it should please even him. & did not mind the CA$H. Of course I am talented & of course misused at the agency but refuse to be bitter like the others. XXXXXXXXXXXX lavish, flattery and money. I deserve both but don't expect everyone to recognize me...in no hurry...can't demand fame overnight. Would I want fame anyway???? Maybe not. With XXXXXXXXXXXX's hundred dollars bought her that $35 book of Toulouse-Lautrec's work, dear Henri, perhaps should not have risked x it with her but genuinely thought she would like it. Did not think, as usual. She seemed grateful enough, thanking me, surprised, said she'd received only a few cards from home & a predictable present from her mother, certainly did not expect anything ffom me--"But aren't you saving for a trip to Europe"--remembers so much about me, amazing--so sweet--unlike XXXXXXXXXXXX who calls me by the names of strangers and is vile. His image with me till early afternoon, tried to vomit in the first-floor lavatory where no one from the office might drop in, dry heaving gasps, not so easy to do on an empty stomach. Mind over matter?????? Not with "Farrell van Buren"!

--A complete day xxxx wasted. Idiotic trendy "collage" for MacKenzie's Diary, if you please. Cherubs, grinning teenagers, trophies. An "avant-garde" look to it. Haha. Looking forward to lay-out for the Hilton & Trader Vic's, at least some precedent to work from and resist. ...Could send out my Invisible Soldiers to hack up a few of these bastards, smart-assed paunchy hags bossing me around. Someday things will be different. (Of course

乔伊斯·卡罗尔·欧茨短篇小说的一页手稿

茨女士和她先生正参加关于其作品的研讨会,该研讨会乃是当年度现代语言协会会议的一部分。本次访谈中的许多问题,都是借由信件回答的。她感到只有把回复写出来,她才能准确地表达她想说的话,且不会造成误解或误引。

——罗伯特·菲利普斯,一九七八年

《巴黎评论》:我们大概可以从这个问题开始——你经常被人指责说写得太多。

乔伊斯·卡罗尔·欧茨:能不能写是个相对概念。它实际上也没什么意义:归根结底最重要的,还是一位作家的巅峰之作。情况可能是这样:为了写出一些传世之作,我们都得先写出很多作品来——就好像在写出他的第一部重要作品前,一位年轻的作家或诗人得先写出数百行诗句来一样。然而,每一本书的写作,都是某种十分吸引人的经历,而且你总感觉,这就是你生来就该去写的那本书。当然,后来,随着时光的流逝,你可能会变得更为超然、更具批判性。

我真不知道该怎么说。我注意过某些持斥责腔调的批评家,在某种程度上,我也能同情他们,他们觉得我写得太多了,因为他们非常错误地相信,在试图对我新近出版的作品有所评论前,他们得先读完我的大部分作品。(至少我相信这就是他们的反应会有些暴躁的原因)然而,每部作品都是自成一个世界,且定然是独立的,该书是作者的第一本,还是第十本或第五十本书,都应该是无关紧要的。

《巴黎评论》:关于你的评论者们——你会读他们的东西吗,一般来说?你是否曾经从关于你作品的某篇书评或者文章中学到过什么?

欧茨:有时候我会读一些评论,发给我的评论性文章,我无一例外都会读的。评论性文章自身就挺有趣。当然，发现有人读了你的作品并有所回应，这总是令人高兴的；大多数时候，人们对你的理解和赞扬，都超乎预期……评论一般都是急就章，并不意味着盖棺论定。因此作家聚精会神地去读此类评论，就可能会被误导。所有作家无一例外都发现自己时不时地被痛骂；我想此类经验（假设你挺过去了）乃是极具解放意义的：人只能死一次……发表作品数量和我差不多的作家，其皮已必不可免地发展到堪比犀牛，藏在内里的，乃是一只柔弱而又充满希望的精神之蝶。

《巴黎评论》：回到你"能写"的问题——你试过用机器录入吗？

欧茨：不，说来也怪，我最近几本小说都是手写的。我为《刺客》这本小说准备了数量惊人的大量草稿和笔记，它们可能有长达八百多页——或者是将近一千页？它警示着我。《柴尔德伍德》当然需要手写。现在，每本书最初都是手写，而打字机则变成了颇为陌生的东西——拘泥于形式、非人格化。我最初的一些小说都是用打字机的：第一稿通稿，然后修改，最后定稿。我现在是不能再那样了。

用机器录入的想法，对我一点吸引力都没有。亨利·詹姆斯的晚期作品是由他口授给秘书完成的，如果他能抵制住此类令人困惑的自我放纵的话，它们本可以更趋完美。在被抄录成书面语态的散文时，日常语言那四处游荡的饶舌，通常便会得到纠正。

《巴黎评论》：你是否曾——考虑到你作品数量众多——为你以前是否写过此类场景，或为你笔下的角色是否曾说过同样的台词而焦虑过？

欧茨：显然，有些作家（我马上就能想到有约翰·契弗、梅维斯·迦兰[1]）对自己的作品从不再读第二遍，而另一些作家却会一再重读自己的作品。我怀疑我是个中间派。如果我觉得以前我曾写过某个场景或同样的台词，那我就会去查阅一番。

---

[1] 梅维斯·迦兰（Mavis Gallant，1922—2014），加拿大作家，长期生活于法国，以其短篇小说创作闻名于世。

《巴黎评论》：你的工作日程是怎样的？

欧茨：我没有任何正式的工作日程，我喜欢在早餐前的时间写作。有时候，写作进行得如此顺利，以至于我很长时间都不得休息——结果是，我会在那些好日子的下午两三点时吃早餐。我要上课的时候，通常我会在早上我第一堂课前写上一小时或四十五分钟。但我没有任何正式的工作日程，现在我正感到颇为忧郁，或说脱离了常轨，或者就是很失落，因为几周前，我完成了一部小说，现在还没开始新的创作……除了一些零散稀疏的笔记。

《巴黎评论》：你认为情绪方面的稳定对写作来说是必需的吗？或者还是不管心境如何，你都能照常工作？你的写作对你的情绪有所反映吗？那种能让你从一大早写到下午的完美状态，你如何描述？

欧茨：对"情绪"这件事，你得冷酷一些。在某种意义上，写作会创造出某种情绪。正如我所相信的，如果说艺术具有某种真正超验的功能——帮助我们从有限、狭隘的心智状态中超脱出来的手段，那么我们处于何种心智或情感状态之中，就该是无关宏旨的。一般而言，我发现这是对的：当我彻底精疲力竭时、当我的灵魂虚若无物时、当任何事情似乎都不值得你再多忍耐五分钟时，我都曾强迫自己开始写作，而写作这个行为本身，也以某种方式改变了一切。或说情况似乎如此。乔伊斯曾谈及《尤利西斯》的潜在结构，他觉得只要能成为助其"战士"跨越河流的桥梁，他就真的不在乎这结构是否合理。一旦他们越过了河流，桥塌了又有何妨？将自己作为工具，使得作品可被写出，对于这件事，人们同样可以如此说道。一旦战士们越过了溪流……

《巴黎评论》：写作一部小说之后，你会怎样？你的下一个计划是早有打算的吗？还是说你的选择更具自发性？

欧茨：写完一部小说之后，我会把它搁在一边，然后开始写短篇小说，最终是另一部长篇。当我写完那部小说之后，我会回到早些时候完成的小说，并重写其中的绝大部分。与此同时，第二部小说就躺在桌子抽屉里。有时候，我会同时写作两部长篇，尽管一般其中的一部总是使得另一部退居幕后。写作、修改、写作、修改，这样的节奏似乎很合我意。我倾向于认为，当我日趋衰老，我会被修改的艺术深深迷住，可能到了某个时候，我会害怕放弃一部小说。例如，我的下一部小说《低俗的爱》，就是在写作《柴尔德伍德》期间写就的，其修改则在《柴尔德伍德》完成之后。今年春季和夏季，我又再度做了修改。尽管我有写得轻松快捷的名声，我却对睿智，甚至是有些挑剔的修改有着强烈的好感，修改本身乃是，或者当然应该是一种艺术。

《巴黎评论》：你写日记吗？

欧茨：几年前，我开始记正式的日记。它有些像不断寄给我自己的信，主要是关于文学问题的。在此过程中，我自身经验里使我感兴趣的，是我的感情的范围之宽泛。比如说，当我写完一部小说，我倾向于认为这次写作的经历大体还是愉快且充满挑战性的。但实际上（因为我留下了细致的记录）这次的经历却是多面向的：我确曾受到间歇性沮丧、怠惰和消沉的折磨。我最近的小说中，有些篇幅我曾重写达十七次之多，而《寡妇们》这篇小说，在它发表于《哈德逊评论》前后，我都曾做出过修改，在将其收入我的下一个短篇小说集前，我又对其略做了修改——此种挑剔，可至于无穷。

然而，后来，我都忘了这些事情。我的情感结晶（或说被神秘化）为更为单纯的东西。我猜，出于不同的理由，所有记日记的人都会如此，但是我们都会对经年累月总是会浮现出来的令人吃惊的形态感到着迷——类似某种阿拉伯式花纹，某些素材在其中一再出现，就像设计精巧的小说中的构思——这一定是我们的共同点。我发现，在对你的这些回复中，我的声音与我日记中的声音相似：不写小说的时候，我借助这种声音来思考或谋划。

《巴黎评论》：除了写作和教书，还有哪些日常特别活动对你来说很重要？旅行？慢跑？音乐？我听说你弹得一手好钢琴？

欧茨：我们经常旅行，一般是开车。好几次，我们慢慢驾车穿越大陆，我们也曾探访过南方和新英格兰，当然还有纽约州。作为钢琴演奏者，我将自己定义为"热忱的票友"，这大概是对于此事最为仁慈的说法。我喜欢画画、喜欢听音乐，我也会有大量的时间无所事事。我甚至都不认为这可以被称为是白日做梦。

我喜欢做饭，喜欢侍弄花花草草，喜欢园艺（程度很低），喜欢做些简单的家务，喜欢绕着购物中心闲逛并观察人们的特征，偷听人们的谈话片段，关注人们的容貌、衣着、等等。散步和开车，是我作为作家生活的一部分，真的。我无法想象自己与这些活动相分离。

《巴黎评论》：尽管在评论和经济方面你都很成功，你还是在继续教书。为什么？

欧茨：我在温莎大学满负荷执教，就是说我教三门课。一门是创意写作，一门是毕业班研讨课（当代时期），还有一门是超大型（一百一十五名学生）的本科课程，它很有活力也令人兴奋，但它真的太过臃肿，无法令我满意。不过大体而言，温莎的老师与学生之间关系还算密切，这挺有助益。教过书的人都知道，只有当你面对某个聪明且有所回应的班级、极其细致地教过某篇文章之后，你才会真的对它有所体验。目前我正和九个毕业班学生一起讨论乔伊斯的作品，每次讨论会都挺令人兴奋（也令人精疲力竭），坦白讲，我无法想象还有任何其他事情是我更乐意去做的。

《巴黎评论》：你的教授丈夫并没有读过你的大多数作品，这在有时候也是个公开的事实。这里有什么实际的原因吗？

欧茨：雷自己的生活如此忙碌，他得备课、得编辑《安大略评论》等等，这样以他就真的没时间读我的作品。偶尔我也会给他看些评论，他也会对此做些简短评价。我想，我倒是愿意与其他作家建立某种比较随意的关系，但不知怎的没能实现。在温莎，我们有两三个人互相阅读彼此的诗作，但批评得少。坦白讲，我从没能非常充分地回应批评，因为当批评到我手里的时候，我已经被另一部著作吸引住了。另外，似乎批评家们有时候评论的，都是些我都不记得曾写过的作品。

《巴黎评论》：你住在加拿大，这是否曾让你有过遭流放或放逐之感？

欧茨：我们当然有点被流放的意思。但我想，即使住在底特律，我们也还是会被流放。幸运的是，温莎真的是个国际主义的、世界主义的社区，而我们的加拿大同行们，也并非激进且狭隘的民族主义者。

但是我想——是不是每个人都颇有些遭放逐之感？当我回到纽约米勒波特的家中，并去拜访附近的洛克波特，那里所发生的剧变，让我觉得自己形同路人；单是时光的流逝，就使得我们都成了被放逐的人。这样的情况可能颇具喜剧性，因为它确证了处于演进之中的社群之于个人的力量，但我想我们可能倾向于为此感到悲哀。温莎是个相对稳定的社区，奇怪的是，我和我先生都觉得较之其他地方，这里更让我们有家的感觉。

《巴黎评论》：你是否曾为了写作而有意识地改变过生活方式？

欧茨：好像没有过吧。我生来喜欢井井有条、按部就班、小心谨慎，且极其内向，所以无论在哪里，我的生活都颇为幽闭。福楼拜说过，要像中产阶级那样生活，但在邂逅福楼拜的说法之前很久，我就已经在那样生活了。

《巴黎评论》：你在居住伦敦期间，写出了《随便你对我干啥》。在那里，你见过多丽丝·莱辛、玛格丽特·德拉布尔①、科林·威尔逊②、艾丽

---

① 玛格丽特·德拉布尔（Margaret Drabble，1939— ），英国小说家，评论家。著有长篇小说《夏日鸟笼》等。
② 科林·威尔逊（Colin Wilson，1931—2013），英国小说家，哲学家。他的小说涉及文学、宗教、音乐等多方面题材，主要作品有长篇小说《局外生存》《受挫折的年头》等。

丝·默多克等作家——你对他们作品的评论告诉我们,你很尊敬他们。你愿意谈谈作家这个角色在英国社会与你在此间的体验之间的异同吗?

欧茨:英国小说家几乎无一例外的都是社会的观察者。(我是在最为浅表、最为有限的意义上使用"社会"一词的)除了 D.H. 劳伦斯(他实际上似乎并不全然是英国作家)这样的作家外,人们对于主体性、生存心理学、大活人的兴趣并不强烈。当然,英国不缺少很棒的小说。而多丽丝·莱辛的作品,则已无法归类:虚构性小品?自传?寓言?……还有约翰·福尔斯[①]。还有艾丽丝·默多克。

但是人们对美国小说有一种全然不同的感觉。有些人的形式观局促狭隘,而我们甘冒被他们以"无形式"相称的风险,我们更为狂放不羁,更具探索精神,更加野心勃勃,可能也更不容易被塑造,更不容易灰心丧气。我们试图将智性生活本身留在小说之外,因为我们害怕像赫胥黎或者在更低程度上像查·珀·斯诺[②]的作品那样,很好读,但最终在智性方面令人失望。

《巴黎评论》:英国版《仙境》的结尾与美国版不同。为什么?你经常对已经发表过的作品进行重写吗?

欧茨:我被迫对该小说的结尾加以重写,因为我意识到初版的结尾并不正确。我没重写过其他已经发表过的作品(当然,除了短篇小说,我会在它们被集拢成书前加以重写),如果能补救的话,我也不打算这样做。

《巴黎评论》:你曾围绕一些非常专业的领域——比如脑外科——写过小说。你是怎么研究这类背景的?

欧茨:主要是靠大量阅读。几年前,我有了些古怪的症状,使我必须

[①] 约翰·福尔斯(John Fowles,1926—2005),英国小说家,以长篇小说《法国中尉的女人》闻名于世。
[②] 查·珀·斯诺(C. P. Snow,1905—1980),英国小说家、物理化学家。他创作有长篇小说系列"陌生人和兄弟们",并曾于1959年受邀在剑桥大学里德讲座发表演讲,演讲内容后被结集为《两种文化》一书出版,在人文社科领域影响极大。

去看医生，在我到神经科医生那里问诊前还有一段时间，我就紧张而迷信地开始读起相关的杂志来。我的遭遇令我后怕，结果我也就好了……

《巴黎评论》：除了关于医学的小说，你还就法律、政治、宗教、观赏性体育项目各写过一部小说，你是有意识地在用小说来填充美国生活的"一览表"吗？

欧茨：也不算有意吧。对于医学的极大关注实际上源自我某段时间的经验，它使我触及某些关乎死亡的想法：医院、疾病、医生、死亡与苟延残喘的世界，以及我们人类与这些现象的对抗。（一位与我关系亲近的家庭成员，就是备受癌症煎熬而去世的）关于这些问题，我在感觉上刚有所进展，我试图将我所看见的，戏剧化为对于"死亡问题"的当代回应，我也由此试图对我自己的感觉进行处理。我试图将我自己与某个虚构的角色嫁接起来，而我们的结合体，又转而被与某种更大的、几乎是寓言性的境遇嫁接起来，如此，一部小说便诞生了，它写起来很难，而且我怀疑它读起来也很难。

对于法律的关切，似乎是自然而然地从我们中的许多人在六十年代就有的想法中蹦出来的：法律与文明之间的关系如何？没有法律的文明，前景如何？有了在我们的传统中发展出来的法律，文明的前景又如何？与"罪行"和"罪孽"之类更大议题交融在一起的，是诸多更具个人性的事件；如此，我便觉得我可以超越那种纯粹私人且纯粹地方化的戏剧了，后者在情感方面对我来说可能非常重要，但除此之外便没多少意义了；非常偶然地，我发觉自己正在写某个女人，在一个充斥着狂热的爷们式战斗的世界里，她习惯于不自然地保持"被动"——即使《随便你对我干啥》已经出版，该议题依然是个话题，在某种程度上，如今依然如此。

《刺客》这部"政治"小说，源自我在几年前的两种经验，那是在一个高级会议上，出席者包括政治家、学界专家、律师以及一群——不，其实不是一群——文人。（彼时的情景，我再清楚不过了）有某种对于工作的令人目眩的迷恋，就我的本性而言，我会从各种角色对包括他们自身

"工作"在内的工作的迷恋——最明显的,就是安德鲁·皮特里[1]对"改变美国之意识"的执念——的角度,来对其加以呈现(并且我认为是夸大)。《刺客》写的是妄自尊大及其后果,考虑到我们时代的特殊条件,刺客的卷入政治,似乎也是必要的。

《晨曦之子》这部新"宗教"小说,部分而言乃是一部令人相当痛苦的自叙传;但也只是部分而言。它所探察的宗教,并非机构性的,而毋宁说是主体性的、相当私人化的,如此,作为一部小说,它可能就与我前面提到过的三部小说,或与《颤抖的秋》[2]这部竞技题材的小说不同。毋宁说,《晨曦之子》这部小说开始的时候野心极大,它的结尾却非常非常谦恭。

《巴黎评论》:在某个出版物中,你称《刺客》为你最爱的小说。人们对它的评价五花八门。我经常想,这部小说被人误读了。比如,我认为小说中的"烈士"自己安排了对自己的刺杀,是吗?而在乡间居所之外,他的妻子也从未被真正攻击过;她从未离开过那地方。她的伤残全都局限于她的脑子里。

欧茨:真令人感到惊讶!你对该情节的解读正合我意。即使是好心的评论者,亦曾错过了这一要点;迄今为止,据我所知,也就两到三个人对于伊芳[3]的解读与我的本意相符。但是此一"肢解"场景的幻觉性质,还是颇为明显。而且正如小说的结尾部分所明示的,安德鲁·皮特里当然也的确是自己安排了自己的被刺。

当然,这部小说被误读了,这部分是因为它太长,而我觉得那些通常都很忙的批评家,对它的态度是敷衍马虎的。我不太确定它是否是我最爱的小说。但它的确是,或曾经是我最具野心的小说。在将那些彼此不同或

---

[1] Andrew Petrie,《刺客》一书的主人公,前纽约州参议员,死于刺杀。
[2] 《颤抖的秋》(*With Shuddering Fall*)是欧茨的长篇小说处女作,出版于1964年。小说中的男主人公是一位赛车手。
[3] Yvonne,《刺客》主人公安德鲁·皮特里的妻子。

者矛盾的篇章（以及记忆）连接起来方面，我付出了巨大的努力。你开始被此类没上正道的、令人发狂的"丑小鸭"所牵系，但我并不能真的去责怪评论者们缺乏耐心。我的小说日渐复杂，这使我日益高兴，却根本不令"文学界"高兴——情况令人悲哀，却还不至于令人麻痹。

《巴黎评论》：也不仅仅是复不复杂的问题。人们觉得你的小说变得越发急迫、主观，越发不关注这个世界的外部细节——特别是在《柴尔德伍德》里。你是故意把它写成"诗化小说"的吗？或者它就是一首长诗？

欧茨：我不认为《柴尔德伍德》没有关注这个世界的外部细节。实际上，它几乎全由视像细节所构成——自然世界、巴莱茨家的农场，以及吸引他们的小城市。当然，你说它是一部"诗化小说"，这是对的。我曾想用小说的形式来创作一部散文诗，或说一部散文诗形式的小说：诗歌的结构，以形象为中心，而人物之间的互动，则构成了小说，其结构乃是以叙事为中心的、线性的，让我激动的，就是你得去处理这两者之间的紧张关系。换句话说，诗歌专注于形象、特殊事物，或情绪、感觉，而虚构性散文作品则专注于时空中的动作。一股动能趋向于静，另一股动能趋向于动。两股动能之间存在某种紧张关系，它使得小说的写作颇具挑战性。我觉得它是一部实验性作品，但我不好意思这么说我的作品；对我来说，任何将自己标榜为"实验性"作家的人，似乎都有着某种自我意识。但一切写作都是实验性的。

但是我对为了实验而实验兴趣不大；它似乎属于一九六〇年代早期达达主义重新被发现的时候。在某种意义上，我们都是"后《守灵夜》"作家[1]，而乔伊斯，也只有乔伊斯，则投下了长长的、令人恐怖的阴影……问题在于，名家之作吸引着智性，却倾向于不去触及你的情感。我曾向我的学生大声朗读《芬尼根的守灵夜》的最后几页，当读到那辉煌壮丽而又令人心碎的结尾部分（"但是你变了，阿酷莎，你为我变了，我能感觉得

---

[1] post-*Waker* writers，"《守灵夜》"指乔伊斯的长篇小说《芬尼根的守灵夜》。

到。")时,我觉得我能理解它背后那种几乎压倒一切的美。这次的经历让我震撼,但由此认为一般读者,甚至是那些颇有见地的一般读者,会通读这数百页的厚重篇章、为《守灵夜》殚精竭虑,以领悟该书在情感和精神方面的完满及其天才,却是愚蠢的。乔伊斯的《尤利西斯》更为吸引我:它那"自然主义"和"象征主义"的优雅综合,更对我的脾胃……我试着去写这样的作品,它们可以被缺乏想象力的读者这样阅读,也可以被另一位对象征性简写及寓言性因素保持警惕的读者那样阅读。但它还是同一本书——或差不多是同一本书。它是一幅错视画①,是一部"多味"之作。

《巴黎评论》:你的寓言小品,似乎很少幽默的成分。而你的某些作品,比如《贵重的人》《饥饿的鬼魂》以及《仙境》的一部分,就其荒唐的幽默而言,似乎全是哈罗德·品特风格的。是受品特影响吗?你认为自己是个喜剧作家吗?

欧茨:从一开始,我的作品里就有某种幽默;但它隐而不彰,或说不动声色。我从不觉得品特的重要性在于他的幽默。他写的其实是悲剧,不是吗?

有一阵我喜欢过尤奈斯库。还有卡夫卡。还有狄更斯(从他那里,卡夫卡学到了某些艺术效果,当然,他将其用于不同的目的)。前面提到过,我对英式讽刺性作品有所回应。"荒诞派",或称之为"阴暗"或"黑色",或其他什么。凡是不属悲剧的东西,就属喜剧精神。小说同时受到这两者的滋养,它贪婪地吞噬着它们。

《巴黎评论》:你从卡夫卡那里学到了什么?
欧茨:开恐怖事物的玩笑。少把自己当回事。

《巴黎评论》:人们曾指责约翰·厄普代克,说他的作品里缺少暴力。人

---

① 错视画(trompe l'oeil),指利用写实技法在平面上制造出逼真三维立体效果的绘画作品。

们又经常指责你,说你对暴力描写太多。在你的作品里,暴力有何功能?

欧茨:考虑到我的写作数量,以及散布其间的那些"暴力"事件的数量,恐怕我在任何意义上都不能算是一位暴力作家吧。当然,在像《他们》这样的作品中,暴力极少,我是有意将它写成一部以六十年代的底特律为背景的自然主义小说的;真实的生活,总是要混乱得多。

《巴黎评论》:你觉得你的哪本书写得最麻烦?哪本书又让你觉得最愉快或最骄傲?

欧茨:《仙境》和《刺客》都写得挺艰难。《贵重的人》最容易。我个人很喜欢《柴尔德伍德》,因为它以某种衍射的方式,代表了一个完全由记忆和想象构成的世界、一个由不同时间混合而成的世界。其他人觉得这部小说令人钦佩,这总是让我惊讶,因为对我来说,它似乎是很私人的……这种事情作家只能做一次。

除此之外,《随便你对我干啥》给了我不少乐趣,当然,在情感上我最亲近我刚刚完成的小说《晨曦之子》。(大体而言,出于很明显的原因,我觉得我们总是最喜欢我们新近完成的著作,是不是?)然后我能想到的,是《他们》中的朱尔斯、穆琳和洛瑞塔,我想,它可能到底还不是我最喜欢的小说。

《巴黎评论》:你为谁写作——你自己?你的朋友?你的"公众"?你想象过你的作品的理想读者吗?

欧茨:嗯,像《饥饿的鬼魂》中的某些故事,我是写给某个学术共同体的,有些是专门写给某个人的。但是总体上,是写作自己写自己——我的意思是,某个角色决定着他或她的"声音",而我必须一路跟随。如果照我自己的方式,《刺客》的第一部分会简略得多。但是一旦开口,你再想让休·皮特里[①]闭嘴,就是不可能的,尽管他的那个部分既长又令人不

---

① Hugh Petrie,《刺客》主人公安德鲁·皮特里的兄弟。

快,还臃肿不堪,它还是被缩减过的。创造此类高度自觉且直观之角色的困难之处,在于他们试图感知他们身居其中的文学图景的轮廓,并像《柴尔德伍德》中的凯西一样,试图引导甚至接管叙述的方向。休不想死,所以他的部分一延再延,在处理他的时候,我真的感到气馁,这样说一点也不夸张。

《晨曦之子》,是一个向神从头到尾讲述自身的男人的第一人称叙事。所以整个小说就是一次祷告。所以理想读者就是神。其他任何人,包括我自己,都是第二位的。

《巴黎评论》:你信教吗?你觉得你的著作有坚定的宗教基础吗?

欧茨:我希望我知道该怎么回答这个问题。在完成了一部浸润着荣格所谓"神性经验"(God-experience)的小说之后,我发觉我从未对我自身以及我的信仰如此无知。当然,同每个人一样,我也有信仰——但我并不总是相信它们。信念来了又去。神分解进大量令人迷惑的因素之中——环境、爱、朋友和家庭、职业、专业、"命运"、生化方面的和谐或不和谐、天空是岩灰色还是催人眠的明亮蓝。这些因素转而又合并成某种似乎统一的东西。我们倾向于看到,或说愿意看到的,总是我们自己的灵魂在外部世界的投影——这是人类的一种嗜好,不是吗?我希望继续写写宗教性经验,但目前我感到精疲力竭、心力耗尽。我还像以前一样感到困惑。

《巴黎评论》:你提到了荣格。弗洛伊德对你有影响吗?莱因[①]呢?

欧茨:我总觉得弗洛伊德局限性挺大,挺有偏见;荣格和莱因我是最近今年才读的。在雪城大学读本科的时候,我发现了尼采,我的某些作品受到过尼采的影响(它当然比弗洛伊德的影响更具挑衅性得多),这可能是我作品的特点。对此我自己并不真的清楚。对我来说,短篇小说经常始

---

① R.D. 莱因(R. D. Laing,1927—1989),英国精神病学家,其理论受到存在主义哲学的影响。著有《分裂的自我:对健全与疯狂的存在主义研究》等专著。

于——或曾经始于，因为我现在已经基本不写它们了——角色与其环境之间某些奇妙的关联。有些短篇小说（我不会说是哪些），几乎就是从其环境、经常是乡村中演化出来的。

《巴黎评论》：你最早期的短篇和长篇，似乎受到了福克纳和弗兰纳里·奥康纳的影响。你承认这些影响吗？你还受过其他人的影响吗？

欧茨：我的阅读史已经如此之长，我所受的影响也就必然是广泛的——这很难回答。我极少提及的一个，是梭罗，我读他的时候，正处在敏感的年纪（少年初长成），当然还有亨利·詹姆斯、奥康纳、福克纳、凯瑟琳·安·波特[①]以及陀思妥耶夫斯基。古怪的杂烩。

《巴黎评论》：《仙境》这个标题，以及你作品中经常性的其他暗示，指向的是对刘易斯·卡罗尔的了解，如果不说是喜好的话。这其间关系如何？重要吗？

欧茨：刘易斯·卡罗尔的《爱丽丝梦游仙境》和《镜中奇遇记》是我最早拥有的几本书之一。卡罗尔将不合逻辑与幽默、恐怖和正义奇妙地混合在一起，这总是吸引着我，去年在我的本科生课上，我还曾非常开心地教过这些作品。

《巴黎评论》：还是个孩子的时候，你特别怕过什么东西吗？

欧茨：同许多孩子一样，我可能也怕过许多东西。未知世界？那股似乎压倒了卡罗尔某些角色的古怪偶然的变形力量是否真的可能？身体方面的疼痛？感到失落？……我的对荒诞不经之物的偏好，要么是受卡罗尔激发，要么就是被他所巩固。我从前总是，现在依然是，一个本质上淘气的孩子。这可是我隐藏最深的秘密。

[①] 凯瑟琳·安·波特（Katherine Anne Porter, 1890—1980），美国作家，著有短篇小说集《开花的犹太树和其他故事》以及长篇小说《愚人船》。

《巴黎评论》：你很早就开始写作了。是受到家人的鼓励吗？你的家庭有艺术方面的野心吗？

欧茨：晚些时候，我的父母开始变得具有"艺术性"了，但是在他们再年轻些、他们的孩子也再年轻些的时候，除了工作，他们就无暇他顾了。我父母、祖母和老师总是鼓励我要有创意。我记不得我最开始讲故事——那时是靠画画——是在什么时候，但那时我一定很小。这是一种本能，我很自然地跟着它走。

《巴黎评论》：你的大多数作品都以一九三〇年代为背景，那时你最多是个婴儿。对你的作品或愿景来说，那个十年为何如此重要？

欧茨：因为我生在一九三八年，所以这个十年对我而言意义重大。这是我父母的世界，那时他们刚成年，这也是我降生其间的世界。对我来说，三十年代似乎以一种古怪的方式继续"存在"，部分地靠我父母和祖父母的记忆，部分地靠它在书籍和电影中的呈现。但是二十年代就太遥远了——对我来说整个地远去了。我只是没有那种想象力，可以想得那么远。

我以一种自己无法完满解释的方式密切认同着我的父母。生我前他们的生活，不知怎的似乎我也是可以触及的。当然不是直接的，而是想象性的。属于我父亲或母亲的记忆，似乎也总是"属于"我的。研究旧时照片的时候，我有时候总会觉得自己和我父母是同时代人——就好像在他们还是比如说少年的时候，我就认识他们。这古怪吗？我常想。在不知道方式如何的情况下，我挺怀疑其他人对于家人经验和记忆的分享。

《巴黎评论》：我们一起在锡拉丘兹读本科的时候，你就已经是个传说了。传说在写完一部小说之后，你会把它翻过来，立即在它背面写作另一部小说。当两面都被写满时，你就会把它扔了，再去找没写过的纸。是不是在锡拉丘兹的时候，你第一次觉得自己会成为一个作家？

欧茨：我高中时就开始写作，我靠一部接一部地写来有意识地训练我自己，写完之后，我总会将它们扔掉。我还记得我写过一个三百多页、互相关联的短篇小说集，模仿的是海明威的《在我们的时代里》[①]（那时我还没读到《都柏林人》），尽管主题较之海明威要浪漫得多。我还记得一部有三条线索的臃肿小说，大致是以《喧哗与骚动》为榜样的……幸运的是，这些实验品都被扔掉了，直到此刻，我才记起它们。

对我来说，锡拉丘兹在学术和知识上都是个令人激动的地方。在那里的四年，我怀疑我逃了大半的课程，其中没有一节英语课。

《巴黎评论》：我记得你是某个女生联谊会的成员。无法想象你会是个"联谊女"。

欧茨：我的女生联谊会经验不算是灾难性的，不过有些令人绝望罢了。（我试图退出，结果发现在加入的时候，我曾签过某种法律契约）但我确曾在女生联谊会里结交了些亲密的朋友，所以这次的经历也不全都是损失。当然，我不会再这样了。实际上，有三到四件事情，我这辈子都不会再做了，这是其中之一。

《巴黎评论》：为什么锡拉丘兹女生联谊会的生活如此令人绝望？你写过它吗？

欧茨：种族和宗教方面的偏执；愚蠢的秘密仪式；对与智性探索完全无关（实际上是反对智性探索）的活动的愚蠢强调；恃强凌弱；对整个群体正面"形象"的有意追求，无论个人如何玩世不恭；对最为恶劣的美国品性的模仿——热心鼓噪宣传、唯神是瞻、无知且自以为是、对一致性的卑怯崇拜；你走下楼梯后看到的十足的糟污……大三时我试图逃避，但是女生联谊会与女院长以及大学住房办公室之间的关系，却使得逃避完全

[①] 《在我们的时代里》(*In Our Time*)，海明威的第一部短篇小说集，出版于1925年。

不可能，而且大一时我天真无知，我的确签过某种具有"法律"效力的契约……这一切都吓到我了。我还记得有个涂脂抹粉、喷着香气的往届生，她向我解释女生联谊会不收犹太人和黑人的原因："你看，我们在静湖俱乐部① 有会议，如果到时我们所有成员都没法去参加，不挺丢人的吗……那会让他们难堪，不是吗？"

毕业典礼时，我是我们班——一九六〇级——致告别辞的学生代表。我幻想着自己的致辞可以这么开头："尽管有女生联谊会协同一致的阻挠，我依然设法在锡拉丘兹大学取得学术上的精进……"

这些我都没写过，我也不会去写。这个主题太过愚蠢而琐碎。仅仅只是去关心这些年少时期的无意义之事，你就得具有约翰·奥哈拉② 式的敏感，他可是把这些都很当真的。

《巴黎评论》：我记得你大四的时候曾赢得过锡拉丘兹的诗歌奖。但是你的诗作出现得比你的小说要相对晚一些。你一直写诗吗？

欧茨：不，我实际上是后来才开始写诗的。我得承认，写诗还是有些难。小的抒情诗除外，那是一种滑稽、讽刺、费解的书写形式：它们写起来也不容易，是不是？我正在集拢一本书，我想它是我最后一本了——我是说诗作。没有人想读小说家写的诗。写写小说就够了——实际上是太够了。奇怪的是，我的诗人朋友们都很有雅量，他们还视我为诗人。如果他们无视我，我不会觉得惊讶，但是实际上他们非常支持我，并鼓励我。这就与人们对于诗人的一般看法相左，一般认为他们极其争强好胜，互相看不起对方的作品……

《巴黎评论》：你说没有人想读小说家写的诗。那罗伯特·佩恩·沃

---

① 静湖俱乐部（Lake Placid Club），美国老牌社交俱乐部，1895年始建于纽约州艾塞克斯县静湖村，因此得名。该俱乐部曾长期拒绝接纳犹太人、黑人等群体作为自己的会员。
② 约翰·奥哈拉（John O'Hara，1905—1970），美国作家，其作品以不加掩饰的现实主义风格闻名，代表作有长篇小说《相约萨马拉》《北弗雷德里克街十号》等。

伦①呢？约翰·厄普代克呢？埃丽卡·容②呢？我觉得艾伦·泰特③和詹姆斯·迪基④都是碰巧也写小说的诗人……

欧茨：我想我只是在假设对于我诗作的回应。除了罗伯特·佩恩·沃伦，批评家中有一种趋势，就是非常想将作家分门别类。因此你要么是写散文的，要么是写诗的。如果 D.H. 劳伦斯没写过那些小说的话，人们可能更会称赞他是最为伟大的诗人之一。实际上，他的诗作被人们忽视了（至少到目前为止）。

《巴黎评论》：你的第一部小说《北门边》是一个短篇小说集，你也还在继续发表短篇小说。你最爱短篇小说吗？古老的箴言说，写好一个短篇，要比写好一个长篇难，你坚持这种看法吗？

欧茨：简短的主题需要简短对待。没有什么能难过写长篇，试过的人都知道；较之一般篇幅的长篇，能写短篇是天赐之福。

但是最近这些年，我没写太多短篇小说。我不知道原因。我的所有精力似乎都被长篇拉走了。我最能写的时期可能已经过去了，我变得越来越集中兴趣于单个作品，通常是个长篇，并试着去一个部分接一个部分、一页接一页地去"完善"它。

《巴黎评论》：但是较之今日美国任何其他严肃作家，你所发表的短篇小说可能都更多。我记得当你要挑出二十一个短篇来构成《爱之轮》时，你是从发表在杂志上的九十多篇小说中挑选的，其时距离你上一次结集刚

---

① 罗伯特·佩恩·沃伦（Robert Penn Warren, 1905—1989），美国诗人、小说家、文学批评家，新批评派的创始人之一。1947 年凭长篇小说《国王的人马》获普利策小说奖，后于 1958 年和 1979 年两获普利策诗歌奖，1986 年被选为第一届"美国桂冠诗人"。
② 埃丽卡·容（Erica Jong, 1942— ），美国作家，成名作为长篇小说《怕飞》，另出版有诗集《水果与蔬菜》等。
③ 艾伦·泰特（Allen Tate, 1899—1979），美国诗人、散文家、文学批评家，新批评派代表人物。他曾于 1943 年至 1944 年任美国国会图书馆"诗歌顾问"（"美国桂冠诗人"的前身）。
④ 詹姆斯·迪基（James Dickey, 1923—1997），美国诗人、小说家，代表作有长篇小说《解救》等。他曾于 1966 年至 1968 年任美国国会图书馆"诗歌顾问"。

刚过去两年。那没被你收录进去的七十多篇小说的命运将会如何？它们会被加入以后的集子里吗？你会回过头去挑选未曾结集的作品吗？

欧茨：如果我严肃对待某篇小说，我会让它以书的形式留存；不然我就希望忘了它。诗作、评论和散文的情况亦然。我曾回过头去挑选了一些短篇，出于主题的考虑，它们未被包括进《爱之轮》中，我把它们放进了一个名叫《诱引及其他》的集子里。每个小说集都被围绕某个核心主题组织起来，人们也应该将它作为一个整体来阅读——那些小说的编排是有讲究的，并非随意为之。

《巴黎评论》：你不喝酒。你尝试过任何帮助扩张知觉的药物吗？

欧茨：没有。即使是茶（因为有咖啡因），对我来说也太浓。我可能生性相当敏感。

《巴黎评论》：你在前面提到过《刺客》中的休·皮特里。他是你作品中众多精神错乱角色中的一员。你认识真正的疯子吗？

欧茨：不幸的是，我曾经与一小群会被视为精神失常的人们熟识。有时候，也会有陌生人吸引我；我不知道为什么。

上周我去了学校，学校却不允许我上大型演讲课，因为头天夜里，我的一个毕业班学生接到了一个愤怒狂乱男子的电话，他声称要杀我。于是我不得不在系主任和学校安保部长以及温莎城市警局两名特别探员的陪同下藏起来。情况与其说令人烦恼，不如说使人尴尬。这是第一次有人如此公然明确地威胁我的生活——以前曾有人躲躲闪闪地间接威胁过我，我知道得很清楚，也就不太当真。

（打电话给我学生的男子，我们都不认识，他甚至都不住在温莎。我不知道他为什么这么恨我。但是精神错乱者真的需要理由吗……？）

《巴黎评论》：那么朋友和亲戚们少些威胁，却同样伤人的反应又如何呢——对你作品中有意或无意描写的任何反应？

欧茨：我父母（还有小孩子的我）在《仙境》中有片刻的出场，正出发去水牛城，或从那里回来了的疲倦的年轻英雄瞥见了他们。此外我的作品中就没有对于家人或亲戚的描写了。我父母都曾对我短篇和长篇中的背景有所回应（有时挺动人的），他们认得出来。但是我的写作没什么私人性，所以我在这些方面没遇到什么困难。

《巴黎评论》：除了大学里的那次事件，出名之后有什么不便吗？

欧茨：我不觉得自己有名啊，特别是在温莎这儿，这里的两家主要书店——科尔斯连锁书店——都没进过我的书。"知道"我的人都很少，更遑论读我作品的人了。这样，我在大学里就享受着某种程度的隐身性和匿名性，这在美国大学里就不可能——这也是我对这里如此有家的感觉的原因之一。

《巴黎评论》：你认识到了任何个人方面的局限性了吗？

欧茨：羞涩使得我有很多事情都做不了。还有温莎的工作量和责任之重也让我分身乏术。

《巴黎评论》：作为作家，你认为自己有任何明显或隐秘的缺陷吗？

欧茨：我最明显的缺陷是……嗯，它太明显了，谁都能辨识出来。好在我隐秘的缺陷还是隐秘的。

《巴黎评论》：成为一名女性作家的好处在哪里？

欧茨：好处！可能不胜枚举。我是个女人，这样我就不会被某一类男性批评家认真对待，他们在公开出版物中将作家分为一、二、三等，我觉得我却可以随心所欲。我对竞争没什么概念，或说兴趣；当海明威及其追随者梅勒要在拳击场上与其他天才决一胜负时，我对此甚至都无法理解。据我所知，一件艺术品永远不会被另一件艺术品所取代。生活不过是同死者的竞争，就像它是同生者的竞争一样……女人的身份，让我在某种程度上可以隐身。就像拉尔夫·艾里森的《看不见的人》。(我的长篇日记迄今得有几百页了，它的标题就是《看不见的女人》。因为人们是凭借外表来机械地评判女人的，那么女人就可以藏在外表之下——完全成为她知道自己该成为的样子，而与别人所想象的她的样子相反。我不觉得我与自己的自然外表有任何关联，我经常想，男人——无论写作与否——是否享有这种自由呢？)

《巴黎评论》：你是否觉得从男性视角出发来写作是困难的？

欧茨：完全没有。我对自己笔下男性角色的同情，与对自己笔下女性角色的同情一样多。在许多方面，我在气质上都与我笔下的某些男性角色最为相投——例如，《晨曦之子》中的内森·维克里——并且感到与他们有某种直接的血缘关系。神的国度是内在的。

《巴黎评论》：你能从某篇散文性作品中辨识出作者的性别吗？

欧茨：不行。

《巴黎评论》：你认为哪些男性作家在描写女性时尤其出色？

欧茨：陀思妥耶夫斯基、劳伦斯、莎士比亚、福楼拜……真的挺少的。但是能出色描写男性的女作家，也很少。

《巴黎评论》：你享受写作的过程吗？

欧茨：是的，我的确挺享受的。享受得还挺多。当我完成一部作品，又还没有投入另一部作品时，我就会感到有些失落、漫无目标、荒唐可笑地感伤。所有写作的人，都理解到某种信念，即我们正在参与某种共享性行动。我的角色是写，还是读或者回应，可能并不重要。福楼拜说，我们得像神秘主义者彼此信奉上帝那样，彼此热爱我们的艺术。尊敬彼此的创造，就是尊敬那深切联系着我们所有人并超越了我们的东西。

当然，在构成了我们生活的大量活动中，写作仅仅是其中一种。对我们中的某些人来说,它似乎是我们集中精力做的事,就好像我们是为此而生。我对无意识过程及其智慧有着极大的信仰,我也曾对自我的判断及其不可避免的疑虑掉以轻心,这让我学到了很多,在回答这类问题时,我从不觉得有压力。生活就是能量,而能量就是创意。即使作为个体的我们逝去了,能量依然留存在艺术品之中,它被锁在其中,等待着有人愿意花时间解锁,将它释放出来。

(原载《巴黎评论》第七十四期,一九七八年秋/冬季号)

E.L. 多克托罗

◎柏栎 / 译

这篇与 E.L. 多克托罗关于写作技艺的访谈，是这一系列中第一批公开进行的。由诗歌中心主办，在著名的纽约文化圣地第九十二街 YMHA[①] 的演讲厅举行。大约有五百名观众参加。简短介绍后，多克托罗和他的采访者出来面对面坐在讲坛当中的两张椅子上。正式访谈结束后，邀请观众提问。事实上，下面第一个提问就建议说，对这样的访谈来说，公众论坛也许并不是最佳场所。第五排有个迷迷糊糊的女士问："你怎么会去写德勒斯登的风暴大火？"怀着曾在多所大学（萨拉·劳伦斯学院、普林斯顿大学、耶鲁戏剧学院、纽约大学，等等）执教的耐心，多克托罗礼貌地告诉他的提问者，她大概想到的是库尔特·冯内古特的《五号屠场》，那里面德勒斯登的风暴大火写得"极美，其他人没有理由再去写了"。这一交流引发的紊乱过后，观众的提问就比较贴切了。这些问题连同回答都放在本次访谈的末尾。

甫一见面，多克托罗给人的印象是有点儿内向。不过虽然他嗓音轻和，他说的话还是能清晰入耳，吸引你的注意力。他的表达有几分揶揄（《纽约时报》将其形容为"淘气"），但毫无疑问的是他要说的话里蕴含了很多想法。采访过程中旁听的众多观众似乎并没有令他有丝毫的不适。

——乔治·普林普顿，一九八六年

[①] YMHA 全称 Young Men's Hebrew Association（希伯来青年会），系美国犹太裔社群组织。位于纽约曼哈顿第九十二街的这处 YMHA 多简称"92nd Street Y"或"92Y"，始建于 1874 年，是当地文化地标之一。

《巴黎评论》：你曾经告诉我，作家最难写的东西是家常便笺，比如叫人来收衣服去洗，还有给厨子的指示。

E.L. 多克托罗：我想到的是以前我要给一个老师写的便笺，因为我有个小孩有天没上学。那是我女儿卡洛琳，她当时是两年级还是三年级。一天早上我在吃早饭，她提着午餐盒、雨衣还有其他东西过来了，说："我需要一张给老师的请假条，大巴车几分钟后就到了。"她给了我一本便笺本和一支铅笔，她还是个小孩子时就做事考虑周到。于是我写下日期，开写道：亲爱的某某老师，我的女儿卡洛琳……接着我一想，不行，这样不对，显然这是我的女儿卡洛琳的口吻。我撕掉这页，从头开始。昨天，我的小孩……不行，那也不对，太像证词了。我一直写到外面喇叭响，小孩慌张起来。地上已经落了一堆纸团，我妻子说："难以置信。难以置信。"她拿起便笺本和铅笔，一挥而就。我是想写出无懈可击的请假条。这是一次非常有意思的经历。写作是很困难的事，尤其是短小的东西。

《巴黎评论》：你在干非家常工作时，比如写长篇小说，实际上会有多少修修补补要做？

多克托罗：我觉得我写的东西修改起来都不下六遍八遍。我通常写一本书要好几年。《世界博览会》是个例外。写得特别顺畅，七个月就完工了。我觉得这个事是因为上帝要给我一本书作为奖励。

《巴黎评论》：你在写作时是否感觉到祂在与你说话？

多克托罗：没有，没有。噢，我觉得祂只是认可某人活儿干得不容易，那么就奖励他一本书吧。但是福克纳写《我弥留之际》花了六星期。司汤达写《巴马修道院》花了十二天。这证明上帝曾对他们说过话——如果需要证明的话。十二天呐！要不是上帝那就完全出于表现欲。

《巴黎评论》：在《世界博览会》中，你做了一个非常有趣的转换：从罗丝、唐纳德和弗朗西斯姨妈的视角转换到主角的视角。所以你其实有好几个声音。从一个声音换到另一个声音难度大吗？

多克托罗：之前几年我对所谓的口述历史学家的作品感兴趣。大家把自己的生活讲给口述历史学家听，是有一种特定形式的，我觉得我想出了这种形式。《世界博览会》的基本做法是，这是一部回忆录，用主角的声音是为了达到这种效果。我的想法是加入家庭中其他成员对口述历史学家的讲述，把这个声音逼真化。我要写成读起来就像对着录音机说话的样子。你总是想打破虚构和现实之间的界限。这种声音干扰的另一个好处是在持续的叙述中提供一种节奏或是顿止，我觉得这样做挺好。

《巴黎评论》：所以在声音的各种形式中有不断的变化和转换。

多克托罗：对我来说更有意思的变化是和主要叙述者有关的，就是主角埃德加，他越来越多地回忆自己的童年，从孩提到少年，使用的是一种口齿伶俐的儿童声音。后来措辞变了，语调变了，好像埃德加慢慢地被他的回忆所占据。所以我觉得，那个人是用小孩的高音调来回忆，有种双重声音的效果，我不知道我会写成这样。

《巴黎评论》：你不知道？这都是怎么设计出来的？

多克托罗：介不介意我松开领带？

《巴黎评论》：请便。

多克托罗：这不是设计出来的。从来没有设计过。作为作家，我学会的一件事是要去信任写作这件事。把自己放在写作的位置上，去发现自己在写什么。《世界博览会》我是这么写的，其他所有书也都是这么写的。创造书就像发现某个东西。当然，在某个点上，你能算出已经有了什么前提，正在做什么。但肯定的是，这活儿一开始，你就真不知道接下来会发生什么了。

《巴黎评论》：什么东西会先来？是某个人物吗？你说到了前提。那是什么意思？是主题吗？

多克托罗：这个嘛，什么都有可能的。或许是一个声音，一个影像，也可能是背水一战的深刻体验。举个例子，写《拉格泰姆》的时候，我拼命想要写点什么。当时我在新罗谢尔的家里，正对着书房的一面墙，于是我开始写那面墙。这就是我们作家有时候会遇到的情况。然后我写和那面墙相连的房子。那房子是一九〇六年造的，你看，于是我就想到了那个时代，当时百老汇大街是什么样：电车开过大街，开到山脚下，人们夏天穿着白衣服避暑。当时的总统是泰迪·罗斯福。一件事情生发出另一件事，于是那本书开头了：从背水一战到了这些影像。《鱼鹰湖》正相反，那只是我在离开艾迪隆阿克多年之后重新回来时的一种振奋情怀，一种极其强烈的地点感……当我看到一个标志，是个路标：鱼鹰湖，这一切就到位了。所以什么都有可能的。

《巴黎评论》：你是否会想好一个计划是如何结尾的？

多克托罗：那会儿没有，还没有。写作不是高度理性的。这很难解释。我有个说法，似乎可以满足大家。我告诉他们，这就像在夜里开车，你永远只能看到车灯那么远，但你能这样开完全程。

《巴黎评论》：你有多少次开进死胡同？

多克托罗：唔，如果是死胡同的话，就写不出书了。这种情况也是有的。重新开始。但如果真的走到半路，可能会晃进排水沟，冲出篱笆开进田野，等等。偏离马路时你不会立刻知道。如果在第一百页梗住了，那可能是在第五十页就走偏了。所以你瞧，得原路返回。听起来这活儿挺危险，确实如此，但有一个极大的好处。每本书都有自己的个性，而不是作者的个性。它在自说自话，而不是作者在说话。每本书都与众不同，因为作者并没有赋予每一本书同一个声音。我觉得这就是让作家活下去的东西。我刚读过最近出版的海明威的书，《伊甸园》，其实是他没有写完的一本书的片段，他在这本书里和其他书里一样，是用海明威的声音在说话。

他赋予每一本书同样的策略，这种策略像是他无意间撞到的，他在自己写作生涯的很早阶段就开始这样了。这在他早期是很成功。但是在他写作生涯的最后十年或二十年，这个妨碍了他，限制了他，打败了他。你瞧，他一直都是海明威的写法。当然了，在他的鼎盛时期，那不是坏事，对吧？但如果说要进入更广阔的心灵，他这样就不对路了。

《巴黎评论》：那改变了你吗？举个例子，《鱼鹰湖》里的声音与《拉格泰姆》里面的声音很不一样。你是不是把自己变成了一个角色？

多克托罗：哦，我觉得这种参与就像演员扮演一个角色。角色发生变化，演员的声音和行动，他的形体，甚至装扮，所有东西都会变的。

《巴黎评论》：但是坐在房子里，你的举动并不像——举个例子——《鱼鹰湖》里的无业游民，帕特生的乔。

多克托罗：哦，你怎么知道？

《巴黎评论》：我不知道啊。

多克托罗：写作是一种社会能够接受的精神分裂症。你能做一大堆可怕的事而逃之夭夭。我有一个孩子曾经说过："爸爸总是藏在他的书里。"这是可怕的真相，自然也只有小孩子才说得出来。

《巴黎评论》：但你在你的书里没有明显表现出来吗？我是说，《诗人的生活》里的那位是谁？

多克托罗：我不知道。可能那人是我，或者部分是我。在以前两本书里，我确实使用了自己的记忆作为材料。但那不是说我写的是传记。《诗人的生活》的叙述者乔纳森，在我看来是个角色，不是我自己，不是我在镜子里看到的那个家伙。在《世界博览会》里，我给年轻的男主人公取了我的名字，埃德加，但我也不觉得他是我。使用自己生活里的素材，就像使用已有材料一样。写书就是作曲，你把它们作出来。你把音乐作出来，这种音乐就叫小说。

《巴黎评论》：举个例子，这是不是说《拉格泰姆》虽然有种种特别的历史回忆和事实，其实它是被引申过的真相？

多克托罗：啊，不是的，没有引申，合适的用词是发现，或者揭示。那本书里的东西都是非常真实的。

《巴黎评论》：举个例子，你是怎么发现西奥多·德莱塞在《嘉莉妹妹》出版后非常沮丧，租了一间屋子，把大量时间花在摆放椅子上的？这是一个很特别的细节。

多克托罗：我对作家的苦楚知之颇详。我对这个话题很有兴趣。德莱塞写了这部出色的小说，一九〇〇年发表的，在当时这是美国人写出来的第一部优秀的长篇小说，到现在还是。这部小说令人惊叹。他为书里的那个睿智的七旬老人找到了一个声音，一个叙述声音。我不知道他是怎么找到的，他开始写书的时候才二十八岁。尽管如此，这是一个见多识广、阅历丰厚的人的声音。这本书成就卓著，但它的出版商双日出版社不喜欢它，他们害怕这本书。所以他们埋没了它。于是出版社自然什么都没干，我想只卖出去四本。要是换了我在那种处境也会疯的。德莱塞在布鲁克林租了一间装修好的房间。他在屋子中间摆了一张椅子，坐在上面。椅子的角度似乎不对，他把它调整了好几次，然后又坐上去。但还是不对。他不停地把椅子转来转去，想把它调成一个什么样——想要纠正他自己和宇宙的关系？他做不到，所以就不停地一圈一圈转。他转了好一阵子，最后进了威切斯特郡怀特普莱恩斯市的一家疗养院。不过我感兴趣的不是他进疗养院的过程，我只对那个转椅子的人感兴趣。于是就有了《拉格泰姆》中那间屋子里一直在尝试调整自己的德莱塞。

《巴黎评论》：举个例子，为了描述 J.P. 摩根，你是否在图书馆里花了很多时间？

多克托罗：对于摩根的研究主要是看爱德华·史泰钦给他拍的好照片。

《巴黎评论》：只看这个？

多克托罗：哦，我还需要他掌管的众多公司的名字，还有铁路等等，于是我想我应该要查一下。不过我的研究是怪兮兮的。在《拉格泰姆》里头，我经常要去为我即将要编造的某个谎言寻找一个确切的源头，但却发现那并非谎言，也就是说，已经有人捷足先登了。

《巴黎评论》：作为一个小说家，你是否觉得从历史提取素材——我们知道你很依仗这个——然后加以较小的篡改，有特别大的诱惑力？

多克托罗：嗯，你知道，这没什么新鲜的。我自己很喜欢莎士比亚篡改历史的方式，还有托尔斯泰。在这个国家里我们对历史的态度很天真。我们以为历史是牛顿那板上钉钉的力学世界，在那里一切一目了然，我们可以对着它调好自己的手表。但历史更像是弯曲的空间，无限压缩的时间。它是原子内永远的混乱。当里根总统说纳粹党卫军和他们杀害的犹太人一样都是受害者，你会不会把这叫作篡改？日本教育者重写历史书，能抹去他们侵略中国的尴尬史实和一九三七年在满洲国犯下的暴行？奥威尔把这些都告诉我们了。历史就是战场。一直在打仗，因为过去控制了当下。历史就是当下。所以每一代人都会重写历史。但大多数人把历史当作其最终产品，神话。所以不尊重神话，玩弄神话，放进来一些光线和空气，把它放回历史中去，就是冒着被视为歪曲真相的危险。我说《拉格泰姆》里的一切是真实的，我这句话是认真的。我尽可能地写得真实。比如说，我认为我对 J.P. 摩根的看法比他授权的传记更接近于此人的灵魂……事实上，如果想要一份坦白的话，摩根是不存在的。摩根、爱玛·戈尔德曼、亨利·福特、伊芙琳·内斯比特，所有这些人都是虚构的。在这本书里的历史人物是妈妈、爸爸、塔特、小男孩和小女孩。

《巴黎评论》：你写作时心中有一个读者吗？

多克托罗：没有，这事只是存在于语言当中，活在句子中间。比如说，写《但以理书》时，我很清楚地有个想法，应该做些什么。但除此以外我心里没有读者，因为我甚至都不知道在起初几个月我在干什么。其实《但以理书》我写了一百五十页后又扔掉了，因为写得太差。我意识到自己在写一本烂书后就十分沮丧，这让我找到了真正的声音。我随随便便坐下来，开始打些字，几乎是嘲笑自己这还能算个作家，然后这就成了《但以理书》的第一页。我在那种痛苦的方式中想明白的是，应该写这本书的是但以理而不是我。我一旦得到了他的声音，就可以写下去了。写作就是这样一种挣扎。头脑里没有空间放下一个读者，除了存身其间的语言，什么都不想，头脑就是书的语言。

《巴黎评论》：你是怎么想到这个的？你是何时进入你说的这种语言，在大学里吗？你说过凯尼恩学院的人都在思考写作，就像俄亥俄州立大学的人都在思考足球一样。

多克托罗：其实我说的是凯尼恩学院的人搞文学批评就像俄亥俄州立大学的人踢足球一样。我们做文本批评。我是跟约翰·克罗·兰色姆[①]学的诗学。一首华兹华斯的八行诗，我能写二十页的论文。当然那是很有价值的训练。学会了英语这门语言的准确的力量。举个例子，我学会把拉丁词和盎格鲁-撒克逊词叠合起来的效果。但批评是另一种头脑行为。那种头脑里的分析行为并不是写作时的路子。写作是把东西凑到一起，加以综合，把之前从未结合过的东西结合起来。所以总而言之，虽然我的训练很有价值，但却把我领到了语言的错误方向。我花了好几年时间去写东西，去重新寻回那种无知感，我小时候对写作就是那种感觉。我大约九岁时就觉得自己是个作家。

---

① 约翰·克罗·兰色姆（John Crowe Ransom，1888—1974），美国学者、文学批评家和诗人，新批评派的代表人物。他曾长期执教于凯尼恩学院，是著名文学评论刊物《凯尼恩评论》(国内多译《肯庸评论》)的创始编辑。

《巴黎评论》：九岁？这种感觉是怎么呈现的？

多克托罗：每次我读到什么，不仅能看到情节，还似乎会看出很多创作的内情来。我好像有两个头脑，我喜欢情节，想知道接下来发生什么，不过同时也知道写作者在纸页上干了些什么。我把自己看作是作者某种意义上的弟弟。我随时准备帮他解决问题。所以你瞧，我其实不需要把东西写下来，因为阅读的过程就是我的写作。在我动笔写东西之前很多年，我就认为自己是个作家。这样开始并不坏。这模糊了读者和作者之间的界限。你想想看，你作为读者而拿起的任何一本书，如果是本好书的话，就是一条印刷好的环路，让你的生命沿着环线流淌过去。所以当你读一本书，你就参与了作者头脑里的事情。你把自己的创作能力同步了。你想出来这些词句，这些词句的声音，你把自己认识的各种人代入各种角色，不是代入作者的经验，而是代入你自己的经验。所以很难在本体论的层次上来区分读者和作者。我小时候不知怎么就进入了这个同时是读者和作者的领域。我对自己说我就是作者。我写了很多好书。我写了拉菲尔·萨巴蒂尼[①]的《铁血船长》，这是我的得意作品之一。

《巴黎评论》：有趣的是，很多人都受到《铁血船长》的影响啊，诺曼·梅勒也谈论过很多这部作品。

多克托罗：真的吗？我受宠若惊。他读过威尔·詹姆斯[②]的《牧牛小马斯摩奇》吗？那是我最喜欢的作品之一。

《巴黎评论》：这种类似双管炮的结构是否意味着你一直是个观察者？就是说，你是不是整天都在观察事物，然后对自己说，啊，这个能写进书里吗？

[①] 拉菲尔·萨巴蒂尼（Rafael Sabatini，1875—1950），小说家，拥有意大利与英国双重国籍，以英语写作。后文提及的《铁血船长》(*Captain Blood*)是他创作的一部探险小说，出版于1922年，在当时极为畅销。

[②] 威尔·詹姆斯（Will James，1892—1942），美国西部小说家，儿童文学作家。《牧牛小马斯摩奇》(*Smoky the Cowhorse*)出版于1926年，是他最出名的儿童文学作品。

多克托罗：不是，完全不是。我不觉得自己是个观察者。我感受事物，而且得从我自己的感触、直觉里去追溯产生这些感触、直觉的地方，这样去写。我和大多数人一样。我总是不明白发生在我身上的事是怎么发生的。我得过后再去重塑这件事，就像侦探一样。

《巴黎评论》：但我是说如果你某天晚上去赴宴会，有一对夫妇发生了一场特别的争吵，你会不会把这事储存起来？

多克托罗：嗯，我可能会储存起来。当然咯，我可能要先走出那间屋子。确实看到了一些东西。但我想说，不能一转过身就用起这些材料。事实上，任何用得太快的东西都是不靠谱的。需要时间。举个例子，我听过一个故事，新泽西郊区的一个管家偷偷摸摸生了个孩子，把小孩抛弃在附近另一家的花园里——她把新生儿裹起来埋在了花园的地里。孩子被发现时还活着，那个女人也被找出来了，这是个很令人悲伤的故事。嗯，我听说这个故事之后二十年，把它给了《拉格泰姆》里面的萨拉，这部小说的背景是一九〇〇年的新罗谢尔。它就是这么写出来的。收集所有这些东西，并不知道哪一样会被用起来，都是些旧衣破烂货。

《巴黎评论》：你认为一个作家应该有多少经历？比方说，你是否觉得可以从新闻业开始？还是把一个作家送去战场，或别的什么地方？

多克托罗：你好像觉得作家有个选择，选择在这里写作或在那里写作，或跑去战场。这也许是一个中产阶级美国人的问题，因为在大多数地方，作家没得选。如果他们成长在美国的西班牙人区，或者被送到了古拉格，那么他们就被赋予那样的经历，由不得他们要不要。甚至在这里，我们也是对被赋予的东西做出回应：我似乎是这样一代人中的一个，不知怎么错过了我们时代残酷的集体经历。我当时年纪小，没法理解大萧条和"二战"的打仗。而"越战"时我已经过了征兵的年纪。我总是独来独往。或许出于这个原因，我赞同亨利·詹姆斯想说明的东西，他举了个很好的例子：一个过着避难生活的年轻姑娘，在军营旁走动，从窗口听到了一段士兵的对话。詹姆斯说，在这个基础上，如果她是个小说家，她就能回家写出一篇非常准确的关于从军生活的小说。我一直很赞同这个想法。我们要能够进入其他人的体内，要能够转化非亲身经历的事，非亲眼目睹的确切的时间地点。分散痛苦，是对艺术的一个佐证，不是吗？写作老师总是对学生说，写你知道的东西。那当然是你要做的事，但另一方面，不写的话，怎么知道你知道什么呢？写作就是了解事物。卡夫卡知道什么？保险业务？所以那种建议是愚蠢的，那前提是你得去战场得去打仗。好吧，有些人去了有些人没去。我从自己的生活里得到的经历非常有限。事实上，只要有可能我就避免经历，大多数经历都不好。

《巴黎评论》：你能描述一下《鱼鹰湖》的缘起吗？有一首诗贯穿整本书。

多克托罗：你说的这首诗是我对那本书写的第一笔。我从来没有觉得那是首诗，我以为那只是碰巧没有占满整行的几行字。我按照节奏断行，这样可以把它大声读出来。我当时不清楚自己正在写可以大声朗读的东西，我觉得是因为我喜欢两个词连读：鱼鹰——湖。开始的景象是在夜里，一列私人列车沿着单轨铁道穿越阿迪朗达克山脉，车上还有一伙歹徒，有个漂亮姑娘没穿衣服，对着镜子站着，手里拿着一条白裙子，在看是不是该穿上。我不知道这群歹徒哪里来的。我知道他们要去哪里——去那个有钱人的营地。很多年前，有个富豪发现了美国东部山区里的这片荒野。他们建造了这些特殊的营地——C.W.波斯特、哈瑞曼、摩根，他们把荒野变成自己的福地洞天。所以我就想出了这样一个营地，还有这些歹徒，这些卑劣的人乘着私人火车去那里。我就这样开始了。我在《凯尼恩评论》发表了这些材料，但我还没想明白。我一直想着这些景象，寻思这些是从哪儿来的。时间是二十世纪三十年代，正是还能拥有私人火车的最后的时代，好比现在有些人拥有私人喷气式客机。接下来就是大萧条，所以看到这神奇火车的人显然就是个流浪汉，一个无业游民。于是我有了我的人物，乔，在那个寒冷的黑夜里，看见蒸汽机头的头灯从拐弯处过来，晃了他的眼，接着火车过去，就看到那些人围着绿呢台面桌子喝酒，那个姑娘站在卧铺车厢里拿着裙子。天亮时，他沿着铁轨朝着火车开去的方向走。他偏离主题跑了，我也一样。

《巴黎评论》：按照你的方法，你怎么知道哪里是结局呢？

多克托罗：书进行着结局就不可避免。减少选择，速度就会快起来。而且还有搭便车的欣喜，就像滑雪冲下山坡一样。在到达最后一幕之前，你已经知道那是什么了。有时候知道最后一行字是什么。但即使这些都没有，即使提前到了结尾，你还是会爆发出一种快慰，喜悦从眼里溢出来，明白终于完成了。然后你想要确定，你瞧。你需要肯定。你问一个喜欢读这本书的人看看是否能行。我记得当我写完《但以理书》时，我们住在南加州海边的房子里，有一间屋子的窗子是滑动玻璃门。我问妻子愿不愿读初稿。她说她很乐意。我就让她坐下来读，阳光穿透这些大玻璃门，我去海滩上散步。那是一个星期天，海滩上人很挤，他们真能利用加州的海滩，每一寸都用上了。海滩后面靠近马路的地方有人在打排球，放风筝。男孩子扔橄榄球，掷飞盘。还有晒太阳的，孩子们拿着沙桶，好多都是一家子。跑步的人在水边溅起一路水花。有在岩石缝里潮水留下的水坑里寻找小贝壳的。还有游泳的。远处是穿着湿漉漉泳衣等在冲浪板上的冲浪者。再远处是浮潜的，他们的旗子在水里一耸一耸。最远处的浮标外面，划水的人犁开水线。半空中是滑翔伞。远处天边有成群结队的帆船。这些都在天光下。就像一幅勃鲁盖尔①的画，一幅南加州的勃鲁盖尔。我走了几个钟头，想着我的书，心里担忧——在加州明亮的天光下担忧那本阴暗的书，很大程度上那是本关于纽约市的书。它写完了吗？写得好吗？傍晚我回到家，房子已经没在阴影中了，海伦还坐在那张椅子上，初稿底朝天堆在桌上，她没法说话，她在哭，脸上大颗大颗泪珠滑下来，这是最难以置信的时刻——我从未体验过这等快乐。

---

① 彼得·勃鲁盖尔（Pieter Bruegel，约1525—1569），佛兰德斯画家，擅长风景画。

《巴黎评论》：你写完后有多少自信？我猜想妻子的眼泪是有帮助的。

多克托罗：哦，那会儿已经付出了时间精力的高昂成本，能那样我就心存感激了。然后外面的世界如潮涌来，想过的一切东西都停了下来，我的头脑变得正常。只担心会不会有人去买这本书，出版商是否会正常出版这本书，担心书皮、印刷，还有版权会不会出问题，要担心一切。但不管这书收到什么形式的反馈，不管读者是喜欢还是不喜欢，没有什么比得上写书的体验。就是这个把你拉回去。

《巴黎评论》：你每天在这项乐趣上花多少时间？

多克托罗：我要说我一天工作六小时，虽然真正的写作可能只花十五分钟或一个小时，或三个小时。从来不知道这一天会怎么过去，只是想做你打算做的事。我用单倍行距打字，在一页纸上尽量多地放入这本书的版图。所以如果用单倍行距、小边距，一页大概是六百个字。如果我写完一页，就很高兴，一天的工作完成了。如果写两页，就超额完成了。不过写两页总是有危险的，那就是第二天什么都写不出来。

《巴黎评论》：什么会毁掉这种乐趣？这问题不一定是针对你，是针对作家。我记得我们有一次和约翰·欧文一起吃饭，我们聊起酒精是怎么毁掉了那么多美国作家。

多克托罗：作家的生活充满危险，他做的任何事对他都有坏处。他身上发生的任何事都是坏事：失败是坏事，成功也是坏事，没钱是坏事，有钱也是坏事，是大坏事。没什么是好事。

《巴黎评论》：除了写作本身。

多克托罗：除了写作。如果他射杀鸟，动物，还有别的他能找到的东西，你就得给他射。如果他/她喝酒，你就得给他/她喝，除非工作受影响。对我们所有人来说，努力写作和作为一个人过日常生活的能力之间有一种密切关系。所以我们有自毁的高风险。我们写作就是为了自我惩罚？

为了犯法？我不知道。

《巴黎评论》：但这显然并不适用于你的情况。

多克托罗：嗯，时间会说明一切。我有些缺点，其中之一是节制。

《巴黎评论》：你喜欢与其他作家作伴吗？

多克托罗：喜欢，如果他们是我朋友的话。

《巴黎评论》：有没有人看过你还没写完的东西？

多克托罗：一般在初稿写完之前，没人会看到。有时候我会公开朗读一部分初稿，看看感觉如何，从听众那里得到反馈。但我会尽量把稿子守到最后。

《巴黎评论》：你当过很长时间的编辑，是吗？编辑和写作技艺之间有什么关系？

多克托罗：编辑教会我怎么把书拆开来再拼回去。学到价值——张力的价值，在纸上保持张力，如何保持张力，学会如何发现自我沉溺状态，为何不需要这种沉溺。学会怎么举重若轻地处理各种素材，这是读者做不到的。读者看到的只是一本印刷书。但是当你作为编辑看到一部初稿，你会说，哦，这是第二十章，但其实应该是在第三章。你对这本书了若指掌，就像外科大夫对人的胸腔了若指掌，里面有血液、内脏还有别的一切。你对那些东西很熟悉，你可以把它们翻来翻去，还对护士说脏话。

《巴黎评论》：你接受过建议吗？

多克托罗：没有。

《巴黎评论》：好了，有人提示我说也许某些观众想对多克托罗先生提问。

观众[戴墨镜男士]：你认为作家或艺术家对那些声音传不出来的人有什么责任吗，比如安德烈·萨哈罗夫①？你觉得自己是不是一个应该发言的人？

多克托罗：嗯，是的。现代主义让我们认为写作是一种终极个人主义。但事实上每个作家都为某个群体说话。举个例子，如果你读马克·吐温，就知道在那声音背后是整个民族。我不是说非得有民族性和地理性，但作为作家，一旦知道你不是仅仅为自己说话，就会有那种感觉。记得大伙儿等在纽约码头等船带来最新的狄更斯连载的事吗？他们朝船员大喊："小耐尔②死了吗？"维克多·雨果逝世的时候，整个法国都在哀悼。这就是我的意思。存在着深厚的联系。作家不是在真空里炼成的。作家是见证者。我们需要作家是因为我们需要有人来见证这些可怕的世纪。小说家总是写亲密关系，写个人关系。因为在二十世纪出现的最重要的个人关系之一就是个人与国家之间的关系，我们得写这个，我们中有些人已经写了。政府和人民变得非常亲密，大多数时候对人民有害无益，这已经成为生活的一个真相。

观众[年轻学生]：你是否觉得创意写作硕士班在全国如雨后春笋是一件危险的事情？

多克托罗：你是写作班学生吗？

观众[同一个学生]：事实上我正在考虑要不要去参加……

多克托罗：嗯，是有危险。"二战"以来，大学变成作家的有力支持者。刚开始是诗人为了生存而弄出这个项目的。罗伯特·弗罗斯特吸引了大批听众来听他的朗诵会。狄兰·托马斯来过第九十二街希伯来青年会的这个讲台。突然间出现了这个全新的可能，诗人的这项发明抵得上电脑芯

---

① 安德烈·萨哈罗夫（Andrei Sakharov，1921—1989），前苏联核物理学家，苏联氢弹之父，公民自由的拥护者，支持苏联改革。1975年获诺贝尔和平奖。
② 查尔斯·狄更斯长篇小说《老古玩店》里的人物。

片。诗人在大学里任教职,教诗歌。然后他们邀请其他诗人来朗诵。一个关系网形成了。写作班出现了。诗人建立了这个可供替换的诗歌交流体系。我们小说家不怎么关注这个。诗人之间交友比我们密切得多。而我们一般是和出版商联系。所以我们较晚才搞这个。但不管怎么说我们也搞起来了。全国到处都是写作班。一个很大危险是,搞创作培训的不仅是作家,还有写作老师。换句话说,有些人参加了创意写作硕士班,拿到了创意写作硕士学位,立刻在另一个学校得到职位,教其他年轻人去拿创意写作硕士学位。于是整个事情都变了——写作教师培养写作教师,这很糟糕。一方面你看到,大体上说,现在的年轻写手比以往更有技术上的自信。如果你读过福克纳的第一部小说,你就知道我的意思。那书写得又糟糕又笨拙。大多数受过学院训练的初出茅庐的写手都比他更有技巧。另一方面,学院训练出来的作家视野缩小了,他们作品和关注的场合大体上都是卧室、起居室、家庭。大门是关着的,百叶窗是拉下来的,好像外面没有街道,没有镇子,没有高速公路,没有社会。这就是危险所在。但是接着你会开始想到所有那些出身学院写作班的优秀作家,他们是多么有价值,我们有了他们是何等幸运,于是你没法一股脑儿地谴责这个体系。[对观众席里的那位学生说]你为什么不去请教一下《易经》再做决定呢?

观众[黑衣男士]: 你有没有刻意地去追求一种风格,或者把你的书写得更加有结构?

多克托罗: 我不想要风格。这个我之前说过,我想要让一本书自我创作。我想作家一旦清楚自己的风格,就完蛋了。因为接着会发现自己的局限,听到头脑里自己的声音,到那个地步不如关门歇业好了。所以我倾向于认为我没有风格,我让书自己写出来,找到它们自己的声音——它们的声音,不是我的声音。所以我觉得,我希望,能抱着这个幻想直到最后。

观众[同一位男士]: 很多作家有确定的风格,是吗,比如亨利·詹姆斯?

多克托罗：是的！看看他把事情办得多糟。

观众［第六排的女士］：你写剧本和写小说的过程有什么不同？你会再写剧本吗？

多克托罗：剧本和书开始的方法差不多。我无意间读过毛泽东在一九三五年战场上对他的军队所作演讲的翻译稿。感觉特别熟悉。我觉得他的写法和格特鲁德·斯泰因很像。为了看看到底有多像，我找到了我那本斯泰因随笔集，随手翻开。他们都重复使用名词而不用代词。事实上他们重复一切——没有什么只说一遍。每次重复，句子都会部分变化，于是就出来一种段落而不是句子的整体感。所以我推断，一个由十亿人的领袖和格特鲁德·斯泰因共享的修辞方法是值得尝试的。当然，后来发现，是一个汉学家告诉我的，不仅是毛泽东的文章，而是所有从汉语直译过来的文章都跟格特鲁德·斯泰因很像。但不管怎么，我还是着手了。我发现自己写的是一种独白。独白者对一切人事都心怀愤懑，是个典型的牢骚汉。然后我开始用同一种修辞去听他所有这些判断和说法的对立面。我把这些写下来，给争辩方安上名字，把所有东西弄妥。至于那个牢骚汉，我觉得只有安上我自己的名字才公平。有上一段就有下一段，这些对白成了一个剧本，里面有个人对着一场晚宴开枪，差不多是绑架了这次宴会，把嘉宾们都绑了起来，还有他们的小孩，等等。剧本通常不这么写的，也不是典型的美国剧，不是家庭传记，没什么悲悯情绪。人物不谈论他们的童年，他们依他们的思想来演戏，说话很正式。这部剧在公共剧院演了六个星期。我有一个很棒的演员班子。克里斯托弗·普卢默[①]在里面，迈克·尼科尔斯[②]是导演，演得棒极了。那些评论者——或者是纽约剧场里被当作评论者的那些人——讨厌这出戏。现在这戏在大学和地方剧院里很热门，

[①] 克里斯托弗·普卢默（Christopher Plummer，1929— ），加拿大演员，1965年凭借电影《音乐之声》成名。
[②] 迈克·尼科尔斯（Mike Nichols，1931—2014），美国导演、制片人、编剧，导演代表作为1967年的青春片《毕业生》。

我只要有空就去看。总而言之是美好的体验，我希望再也不要干了。

观众〔挥手的男士〕：这剧叫什么名字？

多克托罗：它叫《餐前酒》(*Drinks Before Dinner*)。

观众〔戴红围巾的女士〕：你是否曾因为把一个故事在写下来之前说给别人听而失去了这个故事？

多克托罗：有的。当你讲故事的时候，就是在写了。你把它送到了空气里，故事讲完了就没了。

《巴黎评论》：真是这样吗？你觉得能用的故事，都没法在宴席上讲了？

多克托罗：偶尔会要炫耀一下。气氛相当好，想给某个人留下印象。于是抓起那些秘密、私事中的一桩，放在餐桌上。讲完了，这事儿就完了，你再也不能去用了。这样做是很鲁莽的。也许你并不打算真的去用它，不是真的需要它。因为有些故事我们拿在手里但永远不会去用，很多对我们更有价值的都还没有用到。但总的来说最好要约束自己。

《巴黎评论》：这条规矩真够特别，因为那么多短篇小说十分精彩，正适合在晚宴聚会上讲述。我想到你那个在长岛高速上抢劫、雪佛兰撞了梅赛德斯的故事。这故事是在《诗人的生活》的独白里。

多克托罗：但我在写之前没有说过这故事，因为如果我讲了，就没法写下来了。

《巴黎评论》：你在宴会上按捺住讲这些故事的冲动，一定很可怜。

多克托罗：另一方面，你永远不知道我什么时候会开枪。

（原载《巴黎评论》第一〇一期，一九八六年冬季号）

威廉·特雷弗

◎管舒宁/译

让威廉·特雷弗初获声誉的是他的第二部长篇小说《老男孩》（1964）；不过，最知名的或许还是他的短篇小说集，包括《我们醉倒在蛋糕上的那天》（*The Day We Got Drunk on Cake*，1968），英国皇家文学学会奖获奖作品《丽兹酒店的天使》（*Angel at the Ritz and Other Stories*，1976），以及《爱尔兰消息》（*The News from Ireland*，1986）。他的其他长篇小说还有：惠特布莱德奖小说类获奖作品《戴恩莫斯的孩子们》（*The Children of Dynmouth*，1977），《命运的傻瓜》（*Fools of Fortune*，1983），以及新作《花园的寂静》（*Silence in the Garden*，1988）。

二月里一个寒冷的早晨，天下着毛毛雨，特雷弗与我在埃克塞特火车站见面。他穿着粗花呢厚大衣、戴着配套的猎鹿帽的样子在站台上让人蓦地一惊。尽管我的火车已经让他等了将近一小时，当我到达的时候，他却微笑着，甚至像外交使节一般为英国铁路的低效率向我致歉。

特雷弗同妻子简住在德文郡青翠的郊外一座废弃的磨粉厂里。一年里有几个月他们住在托斯卡纳，还不时地回爱尔兰，他的出生之地。采访是在他们维多利亚式的农屋里进行的，壁炉里生着一小堆火。边桌上，带流苏的灯罩底下，整整齐齐地摞着书，除了几幅雷杜德[①]画作的印刷品，墙上别无他物。韦奇伍德陶瓷蓝的丝绒窗帘，窗户朝外开着，底下便是绵延

[①] 皮埃尔-约瑟夫·雷杜德（Pierre-Joseph Redouté，1759—1840），比利时画家，以各种精美的花卉水彩画闻名于世。

起伏的丘陵。特雷弗倦怠地坐进一张扶手椅,交叉起两条长腿,露出的表情就像是一个人为一次漫长,且有危险可能的飞行之旅刚刚系好了他的安全带。

将近六十岁了,威廉·特雷弗却如年轻人一般清瘦。他上身穿着开衫毛衣,系粗花呢领带,下身穿灯芯绒裤子,恰似一位和蔼的乡村校长。特雷弗先生深陷在丝绒坐垫里,说了将近有四个小时——有时侃侃而谈,若是问题太过私人化,则会闭口不言。说起他自己的时候,他是那样的超然度外,让人以为他仿佛是在谈论一个他依稀记得的、在派对上遇见过的人。几个小时后,我们停下来享用一顿丰盛的午餐:火鸡肉馅饼、自制蔬菜汤、奶酪和水果,还有一瓶美味的蒙特普尔恰诺红酒。

采访结束的时候,天已经黑了,我们喝了一杯以示庆贺。录音机刚拿走,特雷弗先生就手拿满满一杯雪利酒,笑盈盈地供认道,早在二十年前,他就曾被派去为《巴黎评论》做一个采访。事实上,他没能让沉默寡言到令人生畏的安东尼·鲍威尔[①]说出一个字来。几乎是立刻,他回忆道,两人承认了这一失败,于是,大半个下午他们就在令人难受的寂静中在庄园的地面上走来走去。虽然我同情他的尴尬,但无论如何我又庆幸那段记忆促使他成为一个如此尽职的采访对象。

——米拉·斯多特,一九八九年

《巴黎评论》:离开大学后,您从事过什么?

威廉·特雷弗:从都柏林三一学院毕业后,我努力去找工作,但那个时候——一九五〇年代的爱尔兰——要找份工作可谓不易。末了,我在

[①] 安东尼·鲍威尔(Anthony Powell,1905—2000),英国小说家,著有十二卷本长河小说《随时间起舞》。《巴黎评论》的鲍威尔访谈最终由另一位采访者完成,刊载于其1978年春/夏季号。

报纸上看到一则广告，说是某人的孩子需要一个家教。广告的末尾还暗示"适合修女"，很有意思，不过我竟得到了那份工作。于是，我就每天搭乘巴士前往二十五英里外的乡村，去教那个弱智的孩子。她母亲又把邻居的小孩也带来，一个小小的学校就形成了。

《巴黎评论》：为什么他们要找个修女？

特雷弗：因为修女手头有时间。这是一份半天的工作，收入也足够过日子。我干了差不多有一年光景。我那时对写作还不感兴趣。婚后我便辞了那份工，在爱尔兰北部一所学校教了一年半书，后来学校倒闭了。那以后我们不得不离开爱尔兰，因为我找不到其他工作。在决定尝试依靠雕塑谋生之前，我在英国的一所学校教了大约两年书——在拉格比附近的米德兰兹。我来到这个国家的西部开始创业，颇有点"无名的裘德"的意思，做了一名教堂雕塑师，就那样生活了七年。后来，我们的第一个孩子就要出生了，显然，这些钱维系不了三口之家，于是我放弃了那份工，找到一份广告文案的工作——可真够幸运的，因为我对这个一窍不通。那时我三十岁了。我们搬到了伦敦，我做了几年的广告文案，但随时都有可能丢饭碗。

《巴黎评论》：怎么讲？

特雷弗：因为我实在不精于此道。我就是从那个时候起开始写短篇小说的。他们给了我一台打字机，我一杯接一杯地喝着茶。因为这些广告很受重视，他们允许我为了一个广告花费个数天。举个例子，要是我在为某种涂料写四行话，两天的时间他们休想看到半个字。我无法认真地干那活，于是就开始写小说。那会儿我写了《老男孩》，我想还有另外两部小说。

《巴黎评论》：在工作时间写吗？

特雷弗：不完全是。不过我曾用公司的机器复印过我的一部小说。当时同在那家机构的诗人加文·尤尔特[1]曾在他的一首诗里提及此事:"后来我们共事于诺特利——那里没有所谓的精英需要你卑躬屈膝 / 我记得特雷弗(在女士的帮助下)复印了一整部小说 / '我知道你们工作得都很晚。'总经理说道 / 他照例喝着他的杜松子加奎宁水再去睡觉。"到头来我说服他们允许我一周工作两天,但我滥用了这项特权。某个周末,我和简去了布鲁日,一去不回。在米德兰兹,情急之中我已经放弃过一家公司。只要面临被炒鱿鱼的危险,我就会辞职。我同老板的关系总是处不好。

《巴黎评论》:在广告公司工作,有什么让您开心的地方吗?

特雷弗:只存在于回忆中。不过所有的经历对写作都有益——除了肉体的病痛。办公室生活很有意思。人们的举止与他们跟家人在一起时大相径庭。我记得我有回不得不去参观伯明翰附近的一家工厂,生产螺丝的。要不然,我永远都不会遇见做螺丝的,而且碰巧我对人们做的这个工作也感兴趣。而且我又老担心要丢饭碗,这一点,亦是一种有益的情感,值得记忆。

《巴黎评论》:您出过好文案吗?

特雷弗:哦,没有。我弄出来的文案差劲极了。我觉得要正儿八经地为什么轮船螺旋桨啊、啤酒啊,还有航空公司写东西可够难的。我怎么也想不出简短醒目的广告语。不过广告并非我生活的一大部分——我做老师的时间也很长,若是仍要挣一份薪水,我会选择教书,我寻思。

《巴黎评论》:您都教过什么?

特雷弗:或多或少倒是都教过一点。我最喜欢教数学,因为我对数字天生不敏感,所以同情那些跟我一样的孩子。我对拥有那种才能的人敬佩至极。我在美术和英语方面的能力让我有些自恃才高,因而觉得那些课程

---

[1] 加文·尤尔特(Gavin Ewart, 1916—1995),英国诗人。

相当地枯燥无味。"为什么美术教室的墙壁上画满了丑陋不堪的女人?"一次有个校长问我。"而且有几个鼻孔里还插着可怕的香烟屁股?"我解释说那是我叫孩子们把他们所能想象的最丑陋的女人画出来。不幸的是,这些画像没有一张能比校长的妻子更难看。我喜欢孩子身上的这种淘气劲儿。

《巴黎评论》:您真的做过养鸡场场主吗?

特雷弗:不,我从来没有做过养鸡场场主;我很抱歉不得不说没有。我还曾经在一份美国的报纸上看到我很擅长打马球,这可太逗了。我这辈子都没打过马球。

《巴黎评论》:您萌生出当作家的念头是在什么时候?

特雷弗:我很小的时候就想当作家了。我读过好多惊悚作品。十岁的时候就想着写惊悚小说了。想当作家的念头持续了好长一段时间,后来,在一位美术老师的影响下,我又迷上了雕塑。于是,我不再寻思着要当作家,事实上,正儿八经地从事写作是很晚的事情。学生时代我没有写过什么东西。

《巴黎评论》:在您开始认真从事写作的那会儿,您都读些什么书?

特雷弗:我从惊悚小说和侦探小说那儿毕业了,开始读A.J.克罗宁[1]、弗朗西斯·布雷特·扬格[2]、塞西尔·罗伯茨[3]——那些中产阶级趣味作家的书。我觉得这些书真是妙极了,不过后来,我转而投向萨默塞特·毛姆,我一直都崇敬他——尤其是他的短篇小说,再后来,我开始阅读那些我过去不曾接触过的爱尔兰作家,因为不知出于什么原因,我们在

---

[1] A.J.克罗宁(A. J. Cronin,1896—1981),英国小说家,代表作有长篇小说《帽商之堡》《城堡》等。
[2] 弗朗西斯·布雷特·扬格(Francis Brett Young,1884—1954),英国小说家、诗人、剧作家,创作有"莫西亚小说系列",讲述十九世纪末二十世纪初英格兰中部地区的社会生活。
[3] 塞西尔·罗伯茨(Cecil Roberts,1892—1976),英国记者、诗人、戏剧家和小说家,与毛姆等人相交甚契,生前创作有多部长篇小说,但评论界对其评价不高。

爱尔兰并没有读到过他们。或许是本土产物的缘故，我们忽略了他们，我大概是从乔伊斯开始的，某段时间我读的是狄更斯和维多利亚时代的小说。我读得如饥似渴，满心欢喜，意识到没有阅读就无法动笔。

《巴黎评论》：您的写作风格极为稳定——那时您尝试过各种路数吗？您认为您的作品变化很多吗？

特雷弗：没有，我认为所有的文学作品都是实验性的。看似很明显的实验性作品在像我这样的传统作家看来其实并不那么实验性。我一直在实验，只不过实验是隐蔽的。有点像抽象艺术。你看一幅抽象画，你再看一幅文艺复兴时期画作的特写，会发现两者同样的抽象之处。

《巴黎评论》：您写《老男孩》那会儿，有什么作家、美术家朋友吗？

特雷弗：直到那个时候，我在美术圈子里的朋友还是要大大多于文学界的朋友；那时我其实并不认识什么作家朋友。不过我向来对归属派别之类的事情不以为然。不知怎的，我对那个不感兴趣。我交朋友是因为我喜欢他们。我不喜欢小团体之类的说法。

《巴黎评论》：《行为准则》是您的处女作吗？

特雷弗：那其实只能算是一个不完整的片段，当时我手头紧，写了挣点钱而已。严格地讲它是我的第一部小说，比《老男孩》要早一点，但《老男孩》是我的第一部正式作品。

《巴黎评论》：拿去出版的时候碰到过什么困难吗？

特雷弗：太奇怪了，居然没有。其他事情倒老是不顺——比方说想在画廊里争得一席之地。有几个短篇是发表在杂志上的——《伦敦杂志》《大西洋彼岸评论》，还有一两本花里胡哨的刊物——接着嘛就是有人举荐给了一位编辑，或者是这位编辑读到了它们，于是他建议我写长篇小说。实际上，为写作《老男孩》，他预付了我五十英镑。这部小说给我带来了好运，因为它被改编成了电视剧和广播剧，不知怎的还有人觉得它有趣，于是我开始写起了评论，还写了一部舞台剧。这就是机遇或者说好运，至少它对我之前的十年或者说十五年潦倒的各式生活是一种补偿。

《巴黎评论》：《老男孩》问世的时候您多大？

特雷弗：我想书是一九六四年出版的，那么我应该是三十六岁。

《巴黎评论》：我读到过说是伊夫林·沃认可《老男孩》的出版……有这回事吗？

特雷弗：他读了那书，说喜欢，于是乎书的护封上就引用了他的话。

《巴黎评论》：您对自己的起步很有自信吗？

特雷弗：我不这么认为。我觉得自信对于一个作家来说是一件很危险的事情。我倾向于以一种脆弱、紧张、犹疑的状态写作，要不断地尝试，千万不要自以为搞定了一切。

《巴黎评论》：您认为自己是爱尔兰文学传统的一部分吗？

特雷弗：这通常是令爱尔兰作家颇为不悦的一个问题，因为他们感觉这个问题暗示爱尔兰作家就好比是来自比方说利物浦啊、约克郡啊这些地方的作家，使人想到的是一种地方上的、区域性的权威。

《巴黎评论》：而不是相反？

特雷弗：实际上，正好相反。我一直称自己是一名爱尔兰作家。我是少数几个真正喜欢这一称谓的爱尔兰作家中的一个。我既是爱尔兰人，我就觉得自己属于爱尔兰传统。倒不是说身为爱尔兰人有多重要，重要的是怀有爱尔兰地方观念——这点我不过是碰巧了解，因为我就来自那里——并且让它变成世界性的。

《巴黎评论》：在您成长的道路上，您可曾崇拜过什么爱尔兰作家？

特雷弗：要说我心目中的爱尔兰偶像，我能想到的就是那些爱尔兰政治领袖了。那时候的爱尔兰作家不及他们现在这么有名望。我孩提时代正是叶芝和萧伯纳最为活跃的时候，但他们当时的地位不及现在。我学过的诗能记起来的，除了《茵尼斯弗利岛》[1]，就是英格兰或者苏格兰的诗了。我非常喜欢乔伊斯，特别是《都柏林人》。但是我从来没有想过什么文学偶像之类的。

《巴黎评论》：您在写作中感觉有责任或者说义务去处理爱尔兰的政治形势吗？有时您处理过这个问题——比如在《命运的傻瓜》还有《爱尔兰消息》里，政治专制是叙述基础，但您也同样浓墨重彩地去描写乡间主妇的争吵和她仔细涂抹的唇膏。

特雷弗：我并不感觉那是一种责任。假如你是爱尔兰人，假如你曾经生活在爱尔兰这段非常历史时期——爱尔兰的近现代史时期，它势必也会影响到你。你不断地反省它、凝视它。不管你乐不乐意，它会悄悄地潜入你写的东西里；你就任它在看似对劲的地方发展。正如你所说，你其实已经回答了这个问题：有时候它在那里，对你而言是有意味的，有时候就是就事论事。我对家庭主妇的唇膏和在北爱尔兰危机中遭难的家庭有着同样的强烈情感。之所以如此描写爱尔兰，不过就是因为爱尔兰是我的祖国，我熟悉它。我的意思是，不管炸弹是落在博洛尼亚还是德里，我一样感到恐怖。无论是无辜的意大利人或是美国人的死亡，还是在爱尔兰发生的什么，我一样感到心碎。

《巴黎评论》：身处国家的动乱中，很难知晓一个人被卷入或者说受影响的程度究竟有多深，特别是间接地——您说起责任感用的是"潜入"（creeping in）似乎很贴切。

---

[1]《茵尼斯弗利岛》(*The Lake Isle of Innisfree*)，叶芝创作于1888年的一首诗作，共三段十二行。

特雷弗：你作为一个人被卷入其中，但是你作为一个人被卷入其中这一情形通常对写作没有好处。作家与人是两个根本独立的存在体。你作为一个人的思考方式与你作为一个作家的思考方式是不同的。身为作家，唯有当你真的感觉到这个东西里头具有故事因子，你才会去用它。否则，对于作家而言，它着实是引不起你兴趣的。你或许会对某样事物感觉强烈，但是那种强烈的情感可能对你没有什么用，没什么故事可讲。而你之所以能讲出一个故事，正是因为它创造了一个好故事。而你讲述它，是因为这就是你与人交流的方式。讲个好故事要胜过徒有强烈的情感却讲了一个烂故事。这是个模糊的区域，这个问题——难以言传。像我这样的人之所以写作，是因为反之我们就无从表达。我们的表达就是我们的作品。围绕这一点的所有问题——至少对我而言——要分析起来都是异常困难的。一旦开始分析，我便会感觉自己变成了一个学究似的，检视着自己的一举一动，这可太叫人难受了。这是一个奇特的三角——人，作家，分析家。我努力保持第一种状态，至于末一种，那不是我的范畴。

《巴黎评论》：您认为您作品中那种强烈的悲剧感是或多或少成因于爱尔兰危机四伏的状态，还是来自您对爱尔兰人所遭苦难的了解？

特雷弗：这个问题很难得出一个答案。我感觉自己并非以那种异常的方式受到影响。我不曾意识到我是吸收了什么，而后穿越艺术之网，再从另一头冒出来。我觉得我的悲剧感倒更有可能是源自我的童年。我这样说是因为国家——我是说人们的祖国——与人际关系没有关联，倒是你在童年时代的观察所得与之大有关系。这就是我所认为的悲剧感和喜剧感的源头所在。爱尔兰的纷争，那种悲伤，对于小说家而言是极好的背景，但显然对我而言那并非什么灵感来源。或许别的作家会做出相反的回答。

《巴黎评论》：您为什么这么想？

特雷弗：哦，引起我注意的似乎是存在于两个人或者是三个人之间的某种东西，假如他们特定的幸福或者痛苦是因为某种政治原因而存在，这种政治因素才会被加入进来——但是人与人之间的关系仍是我的首要关注点。我一直在试图摒弃一种大的因素，比如说政治的，不过有时候这很难。人的因素，对我来说，远比政治因素来得有趣。

《巴黎评论》：您曾经说："你得离开爱尔兰，才能真正地理解它。"此话怎讲？

特雷弗：这实在是一个过于接近某样事物的问题。直到二十岁出头，我还没有出过国，我琢磨，要是我一直待在科克郡一个像斯基伯林这样的镇子里，我就不会以你看待它的那种方式去看待它——就好比从望远镜错误的那头去看东西一样。我也就不会参照其他国家去看待爱尔兰了。我认为这适用于任何国家，而不仅仅是爱尔兰。很多作家都得益于流放。

《巴黎评论》：难道爱尔兰没有什么特别之处、独特的品质，那些个把你还有其他著名的流放者驱逐出去的东西吗？

特雷弗：没有。要说我被驱逐出爱尔兰的原因只有一个，就是我在那里找不到工作。我并不想离开爱尔兰。我原本是要待在那里的。我没有雄心勃勃地为了"从远处正确地看待爱尔兰"而离开，只不过是离开这一偶然事件使得我去看它。要是我留在那里，要是我在那里开始写作，我之后兴许会让自己闯出来。我可能会说，脱离是因为当局者迷，或者是我根本就无法去写它。我不知道那样会是什么样子。有很长一段时间我并没有写爱尔兰。我写的书被认为很英国化，尤其是在美国，那当然是因为我在写的这个国家对我来说非常陌生、非常有趣。我不是很了解英国，而这事反过来也是一样：我离得不太近，我在一段合理的距离之外。我觉得英国社会很陌生，但是我能够合理而准确地捕捉它。接着，写过几本书之后，我意识到爱尔兰落入了我的透视画面，于是我开始写起爱尔兰。

《巴黎评论》：您是在南爱尔兰长大的新教徒，这一点有没有促使您以一种激烈的方式审视宗教信仰？

特雷弗：没有。如今，对我来说显而易见的是，在爱尔兰身为一名新教徒倒成了一种帮助，因为它开启了我作为局外人的进程——这一点我觉得所有作家都不得不如此，开启了我们努力拨开迷雾的进程。我不属于一九二三年之后的新天主教社团，也不属于"爱尔兰优势阶层"。我是一个小镇上的爱尔兰新教徒，一个"蕾丝窗帘"新教徒[①]。可怜的爱尔兰新教徒是一小片被夹在过去的——拥有大房子的乔治王朝时期的爱尔兰及其所有的余风——和新的、喧嚣的天主教国家之间的人群。假如我属于其中的任何一派，就算对其一无所知，就算我从没想到过它，我原本也能把事物看得更清楚一些。当我描写一个比如天主教徒旅行推销员的时候，我几乎就会感觉自己回到了那个时代——回到一个观察点。当我描写优势阶层的时候，我又开始了观察。伊丽莎白·鲍温[②]就写过她家从当地的镇子，米切尔斯镇，也就是我出生的地方，雇用男孩站在网球场四周捡拾网球。要是年龄合适的话，我也会是那些新教徒小男孩中的一个。这些不失为一种帮助的"剖面图"数不胜数。当然，这感觉就像在回顾那一小群境遇不好的爱尔兰新教徒。从某种程度上迫使人们背井离乡——实在像极了一个作家所应遭受的，无论他喜不喜欢。

《巴黎评论》：您是把宗教放在一个社会背景里去说，而不是就宗教谈论宗教。

特雷弗：我并不是来自你所说的一种特别宗教化的背景。但爱尔兰是个宗教国家，过去每个人都去做弥撒、上教堂。一切都是理所当然的。这对人实在是谈不上什么影响力，除非有人觉得身为新教徒有什么异样。

[①] 十九世纪末二十世纪初，英语俗语中对爱尔兰人（尤其是爱尔兰裔美国移民）有"蕾丝窗帘爱尔兰人"（lace curtain Irish）/"窝棚爱尔兰人"（shanty Irish）之分，前者指被盎格鲁—撒克逊新教徒社群所接纳的社会地位较高群体，他们多放弃在爱尔兰占主导地位的天主教而改信新教，因此也被称为"蕾丝窗帘"新教徒。

[②] 伊丽莎白·鲍温（Elizabeth Bowen，1899—1973），爱尔兰女作家，其长篇小说《心之死》被《时代》杂志评为1923年以来百部最佳英语小说之一。

《巴黎评论》：您的作品中有不少牧师。

特雷弗：爱尔兰有许多牧师——还有许多修女。我上的第一所学校就是女隐修会学校，我非常喜欢那些修女。我同天主教会关系密切，尽管我从未认真地想要加入进去。英国的一些作家，比如格雷厄姆·格林，伊夫林·沃，之所以成为天主教徒，是因为他们感到了挫败。但爱尔兰作为宗教国家，人们虔敬的一面比起英国来要可信自然得多。

《巴黎评论》：您信教吗？

特雷弗：我其实并不认为自己有那么虔诚……我只去过爱尔兰的教堂。我不喜欢英国的教堂。我在英国的时候面对天主教教义感觉很有压迫感——倒不是说我会对它有什么想法。我一直觉得，英国的新教徒同军事扯不清。此地的教区总教堂充盈着军葬礼。它是武装力量建立的一部分，是炸弹、光荣册之类的东西。它是个奇怪的混合体。爱尔兰的新教徒教会却像个皱缩的、枯萎的小教堂，令我心系神往。

《巴黎评论》：您的作品中有一种强烈的信念的东西在里头，人际的纷争忍耐，生活的负重担当。它是一种人道主义还是精神的信念？

特雷弗：我觉得它不是人道主义。我认为它不过是一种对上帝自然的信仰。我想这个出现在我的书里是理所当然的。我一直讲我的书是宗教性的；但不曾有人同意我的说法。我想"上帝的烦扰"这类东西时不时地会出现在我的书里。人们经常攻击上帝，说他是怎样一副凶神恶煞的模样。这是徒有虚名的宗教；一般说来，那些嘴上说说的人不是信教的人，但就是有一种迷惑的、折磨人的、令人不堪其烦的东西。

《巴黎评论》：小说《别人的世界》就是如此，比如朱莉娅对弗朗西斯的女儿乔伊的担心。

特雷弗：正是这个意思。

《巴黎评论》：您对当代作家有何看法？

特雷弗：当代作品我读得不多。我读之又读的是狄更斯、乔治·艾略特，还有简·奥斯丁。我一直喜欢美国的作家，尤其是美国的短篇小说家。我欣赏F.司各特·菲茨杰拉德、海明威、福克纳、约翰·厄普代克。我还喜欢卡森·麦卡勒斯、玛丽·麦卡锡、田纳西·威廉姆斯——喜欢他的散文甚于他的剧本。爱尔兰作家嘛，我尤其钟爱乔治·穆尔①、詹姆斯·斯蒂芬②，还有乔伊斯的小说，我一直提到他的。我极少读翻译作品，因为我觉得我会错过许多东西。但普鲁斯特我倒是读了又读，还有莫里亚克。

《巴黎评论》：您欣赏美国作家的哪些品质？

特雷弗：一种清新，还有直率。

《巴黎评论》：当代英国作家呢？

特雷弗：我尤其欣赏晚期的伊丽莎白·泰勒。欣赏格雷厄姆·格林、艾维·康普顿-伯内特③、安东尼·鲍威尔，V.S.普里切特的短篇。无论如何，检验是否喜爱一部文学作品便是看你有没有重读过它。这些作家我都重读过，还有亨利·格林④和伊夫林·沃。他们创造出的人物全都牢牢地附在我的幻想中，就跟真实的人一样。当代爱尔兰小说嘛，我看的多是短篇——几乎每个作家的。

《巴黎评论》：英国对您的写作有什么特别的影响吗？

---

① 乔治·穆尔（George Moore，1852—1933），爱尔兰小说家、诗人、艺术评论家，其作品对后起的詹姆斯·乔伊斯深具影响，被认为是第一位伟大的现代爱尔兰小说家。
② 詹姆斯·斯蒂芬（James Stephens，1880—1950），爱尔兰小说家、诗人，生前曾改写大量爱尔兰神话和童话故事，其中尤以《爱尔兰童话》一书为人称道。
③ 艾维·康普顿-伯内特（Ivy Compton-Burnett，1884—1969），英国女作家，著有长篇小说《男仆与女仆》《母与子》等。
④ 亨利·格林（Henry Green，1905—1973），英国作家，创作有长篇小说《聚会》《活着》《爱》等，其作品对厄普代克等人影响很大。

特雷弗：我想要是我没有移居到英国的话，我就不会用同样的方式写作了。我觉得就文学作品来说，英国式的古怪是最吸引我的——正是这一点促使我去琢磨和思考这个国家。

《**巴黎评论**》：《老男孩》中的那种古怪您是怎么得来的？您在英国的公学教过书吗？

特雷弗：其实我不得不去想象——这种方法是小说家随身装备的一部分——我所记得的那些男孩老了会是什么样子。我发现去琢磨某某人将来会怎么样是件很好玩的事。他们变得就像……当年坐在课桌前的小男孩那样。我从来都不认可这个原则，说作家应当首先写他熟悉的东西。我认为这是一条错误的信息。

《**巴黎评论**》：爱尔兰式的古怪与英国式的古怪有何不同？

特雷弗：难以言说——这就像是在问英国式幽默与爱尔兰式幽默有何不同一样。对于标准的英式古怪，你得到的印象是干巴巴冷冰冰，而爱尔兰式的古怪则更为奇特，更为疯狂。英式古怪是那种你几乎不曾注意的东西，直到冷不丁地发觉自己正处于一种古怪的感觉中。爱尔兰式古怪则截然不同；你很容易一下子就意识到。英式古怪有一种乡村的褊狭——就像一个打理得干干净净的园子，你突然发现里头的花坛并非它看上去的那样。英式古怪有种衣冠楚楚的味道，而爱尔兰式古怪却是杂乱无章的，有时甚至是闹哄哄的。英国版的奇异在于它几乎是遮遮掩掩的。我根本不信那种一望便知的英国式古怪，不信那种每天晚上都要上酒吧，以可爱的怪老头形象著称的人。我一直疑心那兴许是自造的。我真正相信的是那种对自己的古怪浑然不觉的人。然后他会说些如此离奇的事情，让你感觉他或许生活在一个和我们所生活的这个世界毫无关系的星球。

《**巴黎评论**》：您对短篇小说的定义是什么？

特雷弗：我觉得它是一种惊鸿一瞥的艺术。如果把长篇小说比作一幅复杂精细的文艺复兴时期的画作，短篇小说就是一幅印象派绘画。它应当是真实的迸发。它的力量在于，它略去的东西，要不是很多的话，正好和它放进去的等量。它与对无意义的全然排斥有关。从另一方面来讲，生活，绝大多数时候是无意义的。长篇小说模仿生活，短篇小说是骨感的，不能东拉西扯。它是浓缩的艺术。

《巴黎评论》：您认为您的爱尔兰小说与您的英国小说和意大利小说有根本上的不同吗？

特雷弗：是的。爱尔兰小说里有一种其他小说所没有的共同感。在爱尔兰小说里，人们往往会互相聊，而在英国小说里，人们是指桑骂槐。英国人更加拐弯抹角，我们爱尔兰人则更直接。如同任何一种洞察，这倒并非有所指，但经常是不同国家的人身上的这些小事情透露出很多东西，在小说里给人留下深刻印象。爱尔兰很老式，几乎属于另一个时代，大约落后英国五十年——它又是第三世界国家，冬天下雪。那里的事情发生得很快，旧有的价值观连同那些变化，形成了一种有趣的混合体。

《巴黎评论》：您从来没有创造过一个英雄人物，这是为什么？

特雷弗：因为我觉得他们很无趣。英雄人物着实不属于短篇小说。弗兰克·奥康纳说过："短篇小说讲的是小人物。"我同意。比起黑白分明的成功，我觉得人身上怯懦的一面倒是来得更有趣、更好玩。

《巴黎评论》：时间在您的短篇和长篇小说里都扮演着角色——人物过去发生的事情，岁月流逝的作用。那种往昔有多重要呢？

特雷弗：我写的有很大一部分都是心灵上的一种对童年飘飘荡荡的回忆，基于一件小事或某一瞬间。通过对昔日的一次偶遇及其后的一个插曲的隔离，你试图去建造一种现实生活，从那种意义上来说，不利用时间，你是无法创造一种生活的。我更多的是把短篇小说想象成一幅肖像画。

《巴黎评论》：时间是破坏者还是保护者？

特雷弗：兼而有之。它治愈也摧毁，取决于伤口的性质，它其实是揭露了性格。有苦痛也有复苏；若没有时间，两者都不会发生。除了人，时间是我们笔下最有意思的东西——我写的每样东西都和它有关。时间就像空气；它始终在那里，改变着人们，塑造着性格。记忆也塑造性格——你回忆事物的方式决定了你是什么样的人。人们很难将自己身上极度隐私的一面拿出来与人分享。我经常描写的就是这种艰难。

《巴黎评论》：为什么？

特雷弗：我不知道，我这样说是因为我不想误解它。真实是最重要的东西，假如你忽略了它，你的作品最后将会被毁掉。

《巴黎评论》：您把您的许多作品改编成了舞台剧、电视剧还有广播剧，对于强加于您笔下人物的那些演员的面孔和声音，您作何感受？

特雷弗：在故事的传播过程中，人们活生生的肢体表现会产生一种"急动"，它改变了故事的传动装置。观众用不着费很大力气，你也不再处理他们想象力中那生机勃勃的部分。他们原本沉浸于描写的那部分想象力彻底进入了休眠。你让观众脱身出来。另一方面，在我看来，广播倒是要强一些，置于听众及其想象力之间的，不过是演员的声音。

《巴黎评论》：迁居到德文郡这里究竟有没有改变您的写作？

特雷弗：真的没有。根本没什么两样。在哪儿生活或工作对我来说都不要紧。我上午工作，在哪儿都行——旅馆啊，随便什么地方。

《巴黎评论》：您几点起床？

特雷弗：哦，我过去四点起床，大部分工作——特别是在夏天——是在四点半到吃早餐前这段时间里完成的。不过一段时间以前，我不再这么做了——因为它马上给我颜色看了。如今我八点差二十分开始，一直工作到十二点，晚些时候可能还会再干一点。

《巴黎评论》：您在打字机上写东西吗？

特雷弗：是的，也手写。我经常修改东西。我发现，你看的版本越多，比方一个章节的开头——写在蓝纸上的、白纸上的、打出来的、手写的——末了你改得也越好。俗话说你必须得熟悉你做的事情，方能将整个儿烂熟于胸，这是条相当漫长而曲折的道路。过了一段时间，你能准确地知道这点儿、那点儿都在什么地方，也就不足为奇。但更重要的，说实在的，是你就此能够彻底地了解人物。你知道哪天他做过某某事，她最喜欢的花是什么，她脸上的皱纹是什么样的。长篇也好，短篇也好，除非我花了很长时间，否则我做不到这一点。两者间一个很大的区别在于，长篇小说对于我来说是个迥然不同的、一直到最后都需要瞻前顾后的对象。而短篇小说在远还没有结束之前，你就能巡视一番，感知它有可能的结果。我得为长篇小说编出大量的未经加工的材料，再从中剪辑成一部小说。我写长篇的方式就像拍电影一样。我用一把剪刀来做文字剪辑。在《命运的傻瓜》里，有个人物消失了多年；我知道他去哪儿了，我原先都写了，又舍弃了。但如若我不知道他的所行、他的所在，我也就没法写这部长篇了。不过这是个极端的例子。中庸点的话，比方说，是知道那些书里不曾告诉你的一星期内某个人的动向。

《巴黎评论》：您实际上是全都写下来，再弃置不用？

特雷弗：我反反复复地写插曲、场景，直到最后它们对我而言变得彻底地明白无误。对于一个读者来说，去知道那些所有的细节是很无聊的，所以，在你选出你需要的那些之后，那些细节到头来就萎谢了……但你是知道他是如何在一间特别的屋子里踱步的，他走后，她做了什么，或者又发生了什么。当然，弦外之音与那些白纸黑字恰恰同样重要，因为对它们的略去是有意为之的。你对读者省去了她走进厨房煮了一只鸡蛋这个事实。你不想面面俱到，因为给读者留一点想象的空间也很重要。

127

《巴黎评论》：经常有读者给您写信，诉说他们读您小说的感受吗？

特雷弗：是的。

《巴黎评论》：您与他们保持通信吗？

特雷弗：这着实办不到，太费时间了。与那么多人保持通信可太难了。

《巴黎评论》：您最喜欢自己的哪部作品？

特雷弗：我最爱的作品总是我新近写好的那一部。我猜这就同你在短时间内喜欢一个新生儿一样，因为它很脆弱。其余的现在都长大、变结实了，可以自己四处走动了。其实谈不上有什么最爱。但如果我始终不喜欢一部小说或者说觉得别扭，一般说来这意味着那部小说没什么好的。

《巴黎评论》：您觉得从一个女人的视角去写东西困难吗？

特雷弗：不，我不觉得困难。这就像写上了年纪的人，而你自己却并不老一样——写《老男孩》那会儿，我还年轻着呢。仅仅写个人的经历对我来说会是很沉闷的。我写老年人是出于一种好奇感。我想知道老了会是什么样，想知道当你四肢被捆住的时候穿过房间会是什么情形。同样道理，我想知道做女人会是什么样子，所以还是那句话，我是出于好奇写的。现在我自己都变老了，我打算多写写孩子，因为我距离自己的孩提时代已经那么遥远了。这个过程稍微有些不同，但出于同一种痴迷。

《巴黎评论》：您是否有过这样的感觉，觉得自己在绞尽脑汁，拼命要把人物装进脑子，却发现自己找不到使他们活起来的东西？

特雷弗：是的，我是那样的，经常如此。实际上，我陷入一个似乎是讲不通的故事，通常就是因为那个原因它讲不通。我构思的人物不想被探究，我什么也做不了。我发现我在对自己说，我在这个人物身上找不到什么有趣的地方。他属于别的什么人。通常接下去发生的事情便是这个人成了一个小小的龙套。而我发现故事——或者是故事中的其他人物——要比我一开始构思的这个人物更让我感兴趣。

《巴黎评论》：这种让您得以进入各色人物——无论其年龄、性别还是背景——的方式，差不多可以说是要让人错乱的。您可以轻而易举地进入这些人物的内心，这听起来有点像恶魔一般；所有这些人的不同生活方式您是如何知晓的呢？就像会说腹语的人一样，他能把自己的声音放进任何东西中。是不是有这么一说，越是优秀的作家，越是感觉有必要用更难的方式扩展自己，必须要创造出更加异乎寻常又错综复杂的人物？我一直想知道您是如何去理解人物的，您对他的动机理解有多深，为什么一个女人穿的是樱桃红，是什么照亮了他们的世界。您是怎么做到的？

特雷弗：哦，显然对于我来说，要做到这一步的唯一途径就是观察。我想别无他法。你要做的观察可不仅仅是在火车上遇见什么人，聊几句再走开。我的意思，说白了，就是对你所注意的那些人的一种积累。我觉得小说家身上具有某种东西，使得他们可以随时观察事物，并将其储备起来。你注意到樱桃红了。作家们都是无用信息收集者。他们和善良、稳健、聪明的平民百姓相反，平民百姓收集良好信息并将其妥善利用。小说家记住的是细枝末节，其中有些甚至称得上是恶毒的，却是极其有力的。它是一种无休止的记忆的方式。很多很多年之后又回想起一张脸，就跟你拍过一张照片似的。那一刻，就好像你已经在以为：我非常熟悉这个人。你可以认为自己具有某种非凡的洞察力，但实际上，它恰是一种非常勤勉的想象力。大概就好比你心里的一种持续的压力，以一种好奇的、爱打听的方式轻轻地啃噬着你、折磨着你。当然了，这一切发生的时候，你正在捣鼓着颜色，这儿画一行，那儿画一行地设计着某样东西，而距离原点越来越远。真相浮现了，你创造出来的这个人物已经是截然不同的另一个人了——一个有自己特质的人。

《巴黎评论》：您说过，在开始创作一部小说的时候，动笔之前，这部小说经常是始于一个有形的事件，某件您看到的或是无意中听到的事情，它点燃了您心中的某种东西。

特雷弗：许多时候差不多是这样，但实际的情况是小说的缘起不尽相同。记忆中的一位老师，某个日后可能会和你的生活有关系的人，抑或是某件大不了的小事。你开始写了，在写的过程中经常会有这样的情况，无论你从何处开头，你都会迷失。还有些时候，故事也不知打哪儿来的：你永远也找不到源头。我记得有次坐火车，大概在往酒吧走的时候，我注意到一位妇女和一个男孩在一起旅行。男孩穿着校服，女人呢，显然是他的家长。我至今还记得她脸上的那种疲乏。之后——可能是好多年之后——我写了部短篇，叫《回家》。

《巴黎评论》：在您动笔之前，知道一部短篇小说如何收尾吗？

特雷弗：我前面所说的我能够巡视一番就是这个意思。我可以看个大概——仅仅是个大概，结局可能会怎样。对于长篇我做不到这一点。长篇小说就像一座大教堂，你着实无法想象一座大教堂的形态。我喜欢暗示、预兆这种东西，对于一部新的短篇小说来讲。我喜欢建造作品的"点"这一整套事情，虽然短篇小说不需要"一片地"，但必须得有一个"点"。我其实是一个短篇小说家，凑巧写了几部长篇而已。再无其他旁门左道。

《巴黎评论》：对自己的长篇小说，您有没有特别满意的？
特雷弗：没有，我对任何事情都不会特别满意。

《巴黎评论》：对这些作品最终呈现出来的样子您自己感到过惊讶吗？
特雷弗：是的，主要是因为变化太惊人了。在你写作一部长篇的时候，你自己的立场，还有某些人物的重要性，似乎都发生了变化；一些人物变得很重要，一些人物变得微不足道，还有些小事情根本就没发生。而短篇小说就不会发生这么多问题。短篇小说更易预见，因为你大概知道自己的走向，所以不会有这么多变数。只有当你意识到自己搞错了，你才会感到惊讶。这就是我的意思，通过试验，同时也是由于自信的缺乏——假如你不允许自己犯错，你就哪儿都去不了。从某种程度上来说，你总是在试着犯错。你试着犯错是为了找到行事的正确方法，所以接着你就可以说，那个，至少，是行不通的。这是非常耗神的。

《巴黎评论》：在您试图对某些特别复杂的人物——比如《戴恩莫斯的孩子们》中的那个十几岁的男孩——的动机进行判定，或者想象其内心的时候，是需要格外地用心，还是自然流露？

特雷弗：不，我觉得这完全不是一种要绞尽脑汁的事情。我觉得，实际上，也够奇怪的，要是你绞尽脑汁，用力过猛，倒是会得不偿失。我觉得你应该对它非常放松不要有束缚。它是一种直觉，无论如何，我就是一个直觉型的作家。我想，要是我正襟危坐，目不转睛，绞尽脑汁去琢磨一个精神变态者的样子，恐怕不行。我喜欢事情不经意地发生。这就像胡思乱想为什么一个朋友突然间变得举止怪异，或者说你是想象不出他做坏事的样子的。

《巴黎评论》：您特别擅长描写中年女性，写她们的白日梦等等。有时我会纳闷，难不成您前世是个中年妇女？

特雷弗：我不知道你有没有注意到，中年女性讲起话来特别有启示性。而我又是个极好的倾听者。我有时会被一个女人对我说的话迷住——有时候这些话其实很无聊、很日常。她选择的是那些有趣的细节，为什么她选的是这个而不是那个，为什么她要告诉一个陌生人。当然，男人做的也是同样的事。好了，要紧的是，人们就在那里。他们等着被瞧见，你要做的就是琢磨他们。我觉得你是可以理解一个神经病的。倒不是说我对那个社会阶层特别感兴趣；不过是因为我一直觉得英雄人物，或者说有魅力的人物过于闪耀了。其实，我的确也常写那些极富魅力的人——多数是中年女性，但那种魅力是虚伪的。因为这一点，我觉得这事很有趣。

《巴黎评论》：要是我可以把您的作品归纳成某种说法，似乎就是人们对事物妥协。首先我想知道您是否赞同，其次，您是否认为那便是我们最终要做的，一种让步，或曰一种接受？

特雷弗：你是指一种退而求其次的解决之道？

《巴黎评论》：有时候可以用这种方式，但有时候实际上又不止如此，以这种方式去接受着实也是一种勇敢的壮举。

特雷弗：是啊。我想是有点这个意思。从我这个角度说，我认为它不是一个有意识的结论。我觉得我在写一部揭示人们妥协于某样事物的小说时，并不曾那样考虑过。我依旧在琢磨他们会做什么，依旧相信这就是发生的事情，因为我知道它发生了。这或许就是一名直觉型作家——我不知道还能用别的什么词——与一名理智型作家之间的不同。我没有这样或那样的信息要传达；我也不讲什么哲理，除了人物发现的他们自身的处境，我不强加给人物任何东西。对于我来说，这样进行就足够了。众所周知我不大做评析，而是保持极度的安静。甚至连这个也不是一种选择；它不是我刻意去做的，不过是我的行事方式罢了。假如我尝试用别的方式去做，估计会乱了套。我只能聚精会神于擅长之事。

《巴黎评论》：您认同一些评论家称您笔下的人物有一种"绝望"感吗？

特雷弗：哦，有些人物自身就相当绝望。还有些是发现自己处于绝境中。能帮上他们的东西显然不多，这是事实。但一般说来，这就是活生生的现实。希望是有一定量的，不是无休止供应的。它可不是玫瑰给世界着色，如同许多人希望的那样。但是，我的短篇和长篇里的人物都并非是极度的绝望；就如你刚才说的，他们妥协了，而妥协本身就是一种成就。并非是连一丝希望也没有。它不是一种彻底的悲观，我认为。实际上，它甚至可以说是一种微弱的乐观。

《巴黎评论》：我在某处看到，您把自己描述成一个忧郁的人，这点是如何显露的？是贯穿您写作的一种状态、气质吗？

特雷弗：我不记得我曾说过自己是一个忧郁的人——我要换一种说法，还是用养鸡场来说吧。一个忧郁的养鸡场主在我看来像是有点自杀的意思。我想，只有懂得一些有关幸福、忧郁的事——这几乎是人性所能接触到的所有一切——你才能写小说。我不相信一个快活无比的乐天派可以当短篇小说家。较之其他，你更多的是因为挣扎于文字——试图去表达有时是难以表述的东西时的那种挣扎——而被弄得很忧郁。那倒可能是一件忧郁的事情。身为小说家，每当你进入白昼，势必也要触碰夜的黯淡。如果我纯粹是个忧郁之人，我想我根本不会写小说。我想作家不会允许自己长时间地无节制地沉沦下去。作家比人们想象的要无趣得多。他们用打字机，会旅行。他们像职员一样坐在书桌前。我们写的东西兴许有意思兴许没意思。任何艺术家都是如此；我们是工具，是才华展示的器械。我们是局外人；我们在社会中没有位置，因为社会是我们观察、论述的对象。其他人在世界上闯荡。他们爬上梯子，登到顶端。他们雄心勃勃，他们追寻权力。我当然没有什么雄心，对权力也丝毫不感兴趣。我想小说家不会有这种倾向。当然，也不会像一名公务员或是工程师那样。小说家不是以这种方式去要的；他们的需求是不同的。我个人喜欢不为人注意。我喜欢既作为一个作家，又作为一个普通人，在世界的背阴处闲荡。我不爱抛头露面，事物的中心是一个观察的所在，而非被包含其中。我停留在其上，而非存在于其中；我想知道那儿发生的事，记录下我所见，因为那似乎是我的职责。我把事物记录于纸上，拼成一种风格，而所有这一切都是再普通不过的行为，或者说看起来是。假如我能分析这一切，假如我真的能讲述它，我想我根本不会在写作。它侵犯到银发老妇、孩子、老头，那些让我不断向前、让我感到快乐的人，但是我不知道我是如何做的。而且我相信，神秘感是绝对需要的。要是你问我为什么，我还是没法告诉你。

《巴黎评论》：阿基博尔德·麦克利什[①]曾指责菲茨杰拉德和海明威表现得如同光彩照人的记者，在他们目睹的所谓"终极现实"的外围跳着舞、做着笔记。麦克利什称，对于作家来说，重要的不是好奇和观察，而是对人自身的深刻理解。您怎么看？

特雷弗：非常有意思的是，当他说到做笔记的时候，他让这事显得很滑稽；可事实上，做笔记无非是因为人们记不住事。我不怎么做笔记，但作家一般随时都会做，为了提醒自己记事。讲到"在外围跳着舞"，他恰恰准确形容了小说家应该做的事。你像报社记者一样地开始，就我个人而言，我最后一个想了解的才是我自己。我一直觉得艺术家的佳典范是亨利·摩尔。亨利·摩尔就是那种不喜抛头露面的人。就算是看着他，你也能感觉到他似乎在退缩，总是急着要回到他的工作上去。他反对将艺术家描绘成那种浮夸喧闹的形象。我对自己一点兴趣也没有。

《巴黎评论》：评论家们对您的作品表现出惊人的拥护与热情。对此您作何反应？您相信他们吗？

特雷弗：我年轻时候，和所有年轻作家一样，通常会去读评论，但是我现在不怎么读了。所以，要是你告诉我他们曾全都气势汹汹地反对我，我也不会知道。要是我在国外，跟着到了一批评论，把它们读个遍倒是挺有趣的，不过我现在都不出门了，也不买报纸，特别是书出版的时候。有时候，评论家说了一堆好话，其实他们是搞错了，如同反对你的人也会搞错一样。但那不是说讨人喜欢的评论家要比其他人好。特别优秀的评论家也有，他们并不总是讨人喜欢，他们非常公允尖锐，对自己的所行一清二楚，你也明白他们非常正确。但你自己几乎总是更为苛刻的。

《巴黎评论》：您觉得自己身为作家有什么短处吗？

特雷弗：这就又要回到分析这个问题上来了。我当然有缺点，但我并

[①] 阿基博尔德·麦克利什（Archibald MacLeish，1892—1982），美国诗人、作家，曾三次获得普利策奖。

不特别想去识别它。

《巴黎评论》：您写作的时候是开足马力的吗？

特雷弗：哦，不。我永远也不会用那种说法。是慢慢、慢慢地踩油门。不，事实上，你永远都说不准自己会不会全盘皆输。只有时间会告诉你。我绝对相信，事情要顾后。相信回顾、经验和变化，事事都如此；写作也一样。我写得很快，但同时也很慢，因为我是长时间的坚持不懈。写完一部短篇，我会把它放在一边，几个月都不去碰它。当我再次拿起它、读它，有时感觉自己就像另外一个读者。我会做些重写，再把它放到一边。这就是自信心倒过来起作用的地方。作为一名工匠，你必须对自己的手艺有信心，我想。不能相信你每次都会做对，但对于自己，你必须要有信心。只有我真正知道这是怎样运作的，因为是我创造了它。

《巴黎评论》：您觉得现在成为一名作家与您刚出道那会儿有什么不同吗？

特雷弗：不应该有不同。作为作家要是你有话要说，就像詹姆斯·瑟伯会做的，就应该设法发表出来。我着实认为对于作家来说，这并没有变得更难，实际上，正相反。

《巴黎评论》：那么您认为文学并没有因为电视、电影、录像的光芒以及对娱乐的渴望而失势？

特雷弗：我觉得有危机。这个问题如何作答，从某种程度上说取决于你的心境；要是你为这事生气，你就会说："我希望能更严肃些。"严肃写作，我指的是从托马斯·哈代到 P.G. 伍德豪斯，从契诃夫到肖恩·奥法莱恩[①]以来的一切。如今，文学在流行样式方面的压力取代了那些，我猜想那是某种有娱乐饥渴感的大众需要的东西。流行样式这东西属于外套衣

[①] 肖恩·奥法莱恩（Sean O'Faolain，1900—1991），爱尔兰短篇小说家。

架之类的。对于文学——对于任何艺术——它是消极的。某些渐渐兴盛于英国文坛的奖项搞出一个更像是文学马戏团的东西。赢得这类奖项固然美妙,所有的钱都毫无保留地用于艺术也是一件好事,但奖项呀、畅销书榜单呀,还有流行趋势呀,都倾向于告诉你去读什么,这是在寻找你自己要读的书,给予的是阅读的一半乐趣。诱惑与虚饰不属于文学。文学就是托马斯·哈代,他一点儿也不时尚。他在多塞特郡呕心沥血,生活悲惨,写出了了不起的作品;说到底,唯有作品是最重要的。如今,书籍在渐渐被强行推上脱口秀的手推车,比起阅读,讲得更多。

《巴黎评论》:有这种时候吗,就是您可以想象作为作家自己想要做什么,目标又是什么?

特雷弗:哦,老实说,我压根不会有这样的目标。我没有什么笼统的雄心。我真的不想做任何陈述。我把写小说视作一种印象的创造,那种印象会将自己传递给他人。这便是我全部的追求。

(原载《巴黎评论》第一百一十期,一九八九年春季号)

马里奥·巴尔加斯·略萨

◎魏然 / 译

这次采访里，马里奥·巴尔加斯·略萨提到，他原本坚持每天早晨在书房写作，一周七天都是如此，绝不中辍。然而，一九八八年秋天，他决意暂时放下自己长期严格坚守的日程，作为自由党候选人，参加秘鲁总统竞选。对于秘鲁政治，巴尔加斯·略萨一贯直吐己见，他有多部小说以秘鲁政治为主题。不过，直到近期几轮大选，他总是拒绝在政府供职。竞选活动期间，他说到，竞选政治的语言总是充溢着虚情作态和空洞辞藻，对此他实难接受。多党选举之后，一九九〇年六月十日，他败给了阿尔韦托·藤森。

马里奥·巴尔加斯·略萨，一九三六年生于秘鲁的阿雷基帕，一座南方小城。巴尔加斯·略萨尚在襁褓时，其父母离异，他随外公一家，迁居玻利维亚的科恰班巴。一九四五年他返回秘鲁，入莱昂西奥·普拉多军校，其后就读于利马大学，修法律课程。十九岁那年，他娶了比自己年长十四岁的姨妈胡利娅·乌尔吉蒂·伊利亚内斯。这是他的第一次婚姻，这件事后来成了小说《胡利娅姨妈与作家》（1982）的主要情节。结束利马的学业后，巴尔加斯·略萨选择离开秘鲁，去国外流亡。在长达十七年的流亡生涯里，他当过记者和讲师。也正是在流亡期间，他开始写小说。巴尔加斯·略萨的第一部小说《城市与狗》，一九六三年在西班牙面世，小说是基于他的军校经历写成的。巴尔加斯·略萨的小说还有《绿房子》（1963）、《酒吧长谈》（1969）及《世界末日之战》（1981）等。

巴尔加斯·略萨还是一位剧作家、散文家，曾参与拍摄秘鲁电视台的一档访谈节目，每周一期。他已荣膺多项国际文学奖项，一九七六年至一九七九年间，曾担任国际笔会会长。他育有三个子女，与第二任妻子帕特丽西娅住在利马，从他们的公寓里可以俯瞰太平洋。

——苏珊娜·亨内维尔、里卡尔多·奥古斯托·塞蒂，一九九〇年

《巴黎评论》：你是一位著名作家，你的读者对你的作品是很熟悉的。那么，能否谈谈你自己都读些什么书？

马里奥·巴尔加斯·略萨：过去这几年，我的阅读经验比较奇特。我注意到，同代人作品读得越来越少，反而越来越关注以前的作家。我读过的十九世纪作品远远多于二十世纪的作品。最近，相较于文学，我的时间更多花在阅读随笔和历史上。至于为什么读这些书，我倒没有仔细想过……有时是因为写作这个行当。我的写作计划联系着十九世纪：我要写一篇关于雨果的《悲惨世界》的文章，还计划根据弗洛拉·特里斯坦的生平写一部小说。特里斯坦是个法裔秘鲁人、社会改革家，还是一位后世所说的"女性主义者"。不过可能另有原因：十来岁的时候，你觉得享受这世界的时间都在前头，无休无止，可年过五十，你就发现日子屈指可数，必须精挑细选。可能就是这个缘故，我不大读当代作家的东西。

《巴黎评论》：不过，在你读过的当代作家之中，有没有让你特别崇敬的？

略萨：我年轻时，曾经是萨特的热忱读者，还读了不少美国小说家的作品，特别是"迷惘的一代"——福克纳、海明威、菲茨杰拉德、多斯·帕索斯，尤其是福克纳。年轻时读过的作家里，有少数几位至今我仍旧看重，他算其中一位。重读他的作品，从来没让我失望过，重读其他作家，间或也有这种感觉，比如海明威。现在我不会再读萨特了。跟此后我

的阅读相比,他的小说过时了,失去了主要价值。至于他的论文,我觉得大部分都没那么重要了,只有一篇是例外,那就是《圣热内:喜剧家或殉道者》,我至今还喜欢。萨特的文字充满着矛盾、模糊、言不及义和旁逸斜出,而福克纳的作品永远不会出现这些情况。福克纳是头一位迫使我阅读时手握纸笔的作家,因为他的写作技术让我震惊。他也是头一个我有意识地重构他作品的小说家,比如我会追踪时间组织方式,辨识时空如何交错、怎样打破叙事,以及他从不同视角讲故事,创造暧昧含混效果,赋予故事深度的能力。作为一个拉美人,我觉得读福克纳,对我而言非常有用,因为他的书蕴藏了一个描述技巧的宝库,可供我拣选,而我所要描述的世界,从某种意义上讲,跟福克纳笔下的世界,差别并不那么大。当然此后,我也带着强烈的激情阅读十九世纪的小说家:福楼拜、巴尔扎克、陀思妥耶夫斯基、托尔斯泰、司汤达、霍桑、狄更斯、梅尔维尔。我到现在还是十九世纪作家们如饥似渴的读者。

说到拉美文学,很奇特,直到在欧洲生活之后,我才真正发现了她,才开始怀着巨大的热情阅读拉美文学。我要在伦敦的大学里教这门课,这个经验很宝贵,因为它迫使我将拉美文学作为一个整体来考察。从那时起,我研读博尔赫斯——我对这位作家还算比较熟悉,研读卡彭铁尔、科塔萨尔、吉马朗埃斯·罗萨①、莱萨马·利马②,整整一代作家我都进行了研读,除了加西亚·马尔克斯。我是后来才发现加西亚·马尔克斯的,甚至还写了一部关于他的著作,那就是《加西亚·马尔克斯:弑神者的历史》。我还阅读十九世纪的拉美文学,这也是因为授课需要。我意识到,我们拉美有一些极为有趣的作家——这方面,小说家们或许还比不上散文家和诗人。譬如萨米恩托③,他一部小说也没写过,但依我之见,他是拉美

---

① 若昂·吉马朗埃斯·罗萨(João Guimarães Rosa,1908—1967),巴西小说家,巴西文学院院士,其创作以短篇小说为主,著有长篇小说《广阔的腹地:条条小路》和四部短篇小说集。
② 何塞·莱萨马·利马(José Lezama Lima,1910—1976),古巴诗人、小说家,拉美文学代表人物,创作有长篇小说《天堂》等。
③ 多明戈·福斯蒂诺·萨米恩托(Domingo Faustino Sarmiento,1811—1888),阿根廷社会活动家、作家、政治家,阿根廷共和国第七任总统。他出版于1845年的非虚构文学作品《法昆多》被誉为拉美文学的基石。

这片土地上诞生的最了不起的说书人之一,他的《法昆多》是一部杰作。但假如我只能举出一个名字,那么我不得不选博尔赫斯,他创造的世界,对我来说是绝对称得上独具匠心。除了原创性,他还与生俱来地拥有出色的想象力和独一无二的文化修养。当然,他还创造了一种博尔赫斯式的语言,某种意义上,这种语言突破了我们的传统,开启了另一番气象。西班牙语这门语言,有一种繁复、盈溢、丰沛的个性。使用这门语言的大作家们往往喋喋不休,从塞万提斯到奥尔特加·伊·加塞特、巴列-因克兰[①],再到阿方索·雷耶斯。博尔赫斯跟他们不一样,简洁、凝练、准确。西语作家中,博尔赫斯是唯一一位想法和语词的数量近乎相等的作家。我们这个时代堪称伟大的作家当中,博尔赫斯算是一个。

《巴黎评论》:你和博尔赫斯关系如何?

略萨:我第一次见他是在巴黎,六十年代初我在巴黎生活。他在那儿的研讨班上讲授幻想文学和高乔文学。后来,我为供职的法国广播电视局采访过他。至今回想起来,我还很有感触。那次访谈之后,我们又见过几次,在全世界不同地方,有一次是在利马,我请他吃晚餐。用过晚餐,他让我带他去洗手间。小便的时候他突然问,你觉得那些天主教徒,他们是认真的吗?可能不是。

我最后一次见他,是在布宜诺斯艾利斯,他自己的寓所;那时我在制作秘鲁的一档电视节目,为此我去采访他。我有种印象,似乎我提出的一些问题叫他有些愠怒。更奇怪的是,他后来竟发火了,就因为我采访之后的一句话。当然,采访过程中我极为专注,不仅因为我敬佩其人,而且我对他这样一个有魅力而又纤弱的人,心里怀有一份亲近之情。当时见他家里墙皮剥落,房顶有裂缝,我就说没想到他的寓所这么朴素。显然,这话深深冒犯了他。此后,我又见过他一次,他刻意疏远我。奥克塔维奥·帕斯告诉我,我对他寓所的评价,让博尔赫斯很不痛快。可能伤害过他的

---

① 拉蒙·德尔·巴列-因克兰(Ramón del Valle-Inclán,1866—1936),西班牙诗人、小说家和剧作家,代表作有四部曲小说《四季奏鸣曲》和戏剧《波西米亚之光》。

事，只有刚才讲的这一件，除此之外，我对博尔赫斯只有颂扬。我不认为他读过我的书。按他自己的说法，四十岁过后，他再没读过任何一位在世作家的书，只是不断重读以前的同一批书目……可他却是我非常崇敬的作家，虽然不止他一位。巴勃罗·聂鲁达是一位卓越的诗人。还有奥克塔维奥·帕斯，他不仅是一位伟大的诗人，还是了不起的散文家，在政治、艺术和文学各方面都有自己的见解。他的兴趣爱好包罗万象。阅读帕斯的作品，至今还是我巨大的享受，而且他的政治理念跟我很接近。

《巴黎评论》：在你所欣赏的作家当中，你说到了聂鲁达，他是你的朋友。他是个什么样的人？

略萨：聂鲁达热爱生活。他对所有事物都怀有狂热的兴趣——绘画、几乎所有艺术门类、书籍、古籍善本、佳肴美酒。就餐饮酒，对他来说，几乎能带来神秘体验。聂鲁达是个了不起的受人爱戴的角色，而且充满生命力——当然啦，只要你忽略不计他还写过赞美斯大林的诗。他生活的世界，几乎可以说还处在领主的时代，一切都让他欢心畅快，他的生活甜蜜殷实、活力盎然。我曾有幸在黑岛过了一个周末，那感受真是好极了！一套社交装置围绕着他运转：一群仆从烹饪洒扫，嘉宾络绎不绝。聂鲁达的社交圈子有趣极了，特别有烟火气，没有一丝知识分子的清高孤傲。聂鲁达恰好是博尔赫斯的反例，博尔赫斯似乎从不喝酒、抽烟、享受美食，有人甚至觉得他从来没做过爱。对他来说，那些完全是次要的，即便他做过，也是出于客套，因为观念、读书、冥想和创造才是他的生活，他过着纯粹的思想生活。而聂鲁达属于若热·亚马多和拉斐尔·阿尔贝蒂[①]那个谱系，他们相信文学源于生活的感官经验。我还记得在伦敦给聂鲁达祝寿的那一天。他打算在泰晤士河的一艘游船上办生日宴会，很幸运，他的一位崇拜者，英国诗人阿拉斯泰尔·里德就住在泰晤士河的一艘船上，所以我们就给他举办了一场宴会。气氛热烈时，他站起来说要调一杯鸡尾

[①] 拉斐尔·阿尔贝蒂（Rafael Alberti，1902—1999），西班牙诗人，与洛尔卡、塞尔努达等人同为"二七年一代"的代表人物。

酒。那可是全世界最昂贵的酒，我不知道他用了多少瓶唐培里侬、多少种果汁，上帝才知道还有别的什么配料。当然，调出来的酒棒极了，但喝一杯你就要醉倒。所以那天我们在场的人都醉了，一个不剩。但即便这样，我还记得他当时告诫我的一番话；许多年之后，这番话被证明确是真知灼见。那时候有一篇文章——具体关于什么我记不清了——让我情绪很低落、很愤怒，因为它不仅侮辱我，还造我的谣。我拿给聂鲁达看。宴会当中，他预言说，你要成名了。我告诉你后面什么情况在等着你：你越是有名，这样的攻击就越多；一句赞扬，紧跟着就是两三次羞辱。我有个盒子，里面塞满了一个人能禁得起的所有的侮辱、歹毒和污蔑，哪一种恶名我都逃不掉：小偷、性倒错、叛徒、恶棍、戴绿帽子的……一样都不少！要是你成名了，你也必须遭受这一切。聂鲁达说的是实话，那些预言后来全都验证了。我不止装满了一个盒子，那些竭尽羞辱之能事的批评文章，塞满了我的好几个行李箱。

《巴黎评论》：那么，加西亚·马尔克斯呢？

略萨：我们原本是朋友。有两年在巴塞罗那我们做过邻居，住在同一条街上。后来，因为个人原因和政治原因，我们疏远了。不过最开始的分歧来自个人原因，和他的意识形态信仰没关系——当然我也并不认同他的政治信仰。我认为，他的写作才能和政治智慧不在一个档次。可以说，作为一个作家，我十分佩服他的作品。刚才说过，我写了一本六百页的书研究他的作品。但是其人我并不佩服，也不赞同他的政治信仰。我以为那些不过是投机的、用来博取关注的言辞。

《巴黎评论》：据传闻，你们俩在墨西哥一家电影院门口打过架，你刚才提到的个人问题与此有关吗？

略萨：在墨西哥，我们确实起过冲突。但这个话题我不屑多谈；这事引起了不少猜测，我不想再给拨弄是非者添加素材了。假如有一天我写回忆录，或许可以把真相讲出来。

《巴黎评论》：是作者挑选作品主题，还是主题挑选作者？

略萨：就我所知，我相信是主题挑选作者。我总有一种感觉，某些故事会降临到我身上；你无法忽略它们，因为这些故事以某种隐秘的方式，联系着你最根本的人生经验——这不容易解释。举个例子，我还是少年时在利马的莱昂西奥·普拉多军事学校待过一段时间，那段经历带给我一种写作的真正需求和着魔似的欲望。从许多方面说，那都是一段极端伤痛的经历，标志着我少年时代的结束——再一次发现我的国家里，社会暴力肆虐，到处都是苦难，构成社会的是决然对立的社会、文化和种族派别，它们时不时爆发出凶险的恶斗。我猜这段经历对我产生了影响；非常肯定的是，它赋予了我创作和发明的需求。

直到现在，我的所有作品大体都是这样。我从没觉得我可以理智、平和地下决心写一个故事。相反，某些人或某些事会骤然降临到我身上，要求我特别关注，有时候这种体验来自梦境或阅读。这就是为什么我经常讲到在文学创作过程中，那些纯粹非理性因素具有重大的意义。我相信，这种非理性也能传递给读者。我希望，别人读我的小说，也会有我阅读那些我所钟爱的作品时的感受。让我心仪的小说，不是通过智慧或理性触动我，而是让我心驰神往。有些故事可以完全击垮我的批评能力，让我沉浸在悬念之中。我爱读这类小说，也爱写这类小说。我认为融合到行动和故事里的思想因素非常重要，在小说中也必不可少，但故事不能靠观念吸引读者，靠的是色彩，靠的是它激起的情感，靠的是它能产生的悬念和神秘。在我看来，小说的基本技巧就在于如何创造这种效果，换句话说就是尽可能缩短、甚至消弭故事和读者之间的距离。在这个意义上，我是个十九世纪的作家。小说对我而言，依旧是冒险小说。读这种小说，就需要我刚刚描述过的那种特定方式。

《巴黎评论》：你小说里曾经具有的那种幽默感似乎消失了？最近几部小说似乎和《胡利娅姨妈与作家》中的幽默风趣相差很远。今天写出那样的幽默文字是不是很困难？

略萨：我从来不会琢磨，今天是要写一本有趣的书呢，还是一本严肃的书。只是近些年我写作的主题好像不大容易往幽默上靠。我不认为《世界末日之战》《狂人玛伊塔》或是我写的剧本，它们的主题可以被处理得诙谐风趣。不过《继母颂》呢？那本书还是有不少幽默的，是不是？我从前对幽默"过敏"，因为那时十分天真，相信严肃的文学不苟言笑；假如想在小说里讨论严肃的社会、政治或文化问题，幽默可能是非常危险的。那时候，我以为幽默会让我的故事显得肤浅，给我的读者留下这些不过是游戏之作的印象。就因为这个缘故，我一度排斥幽默，这极有可能是受了萨特的影响。萨特一贯敌视幽默，至少他写作时如此。可有一天我发现，为了在文学中呈现特定的生活经验，幽默可以是一种相当有力的工具。写《潘达雷昂上尉与劳军女郎》的时候，我领悟到这一点。从此我就明白，幽默是一笔巨大的财富，是生活的一种基本要素，因此对文学也特别关键。假如有一天，幽默再度成了我小说的重要角色，那我绝不刻意排斥。其实，已经有了这样的作品。我的剧本也一样，尤其是《凯西与河马》。

《巴黎评论》：能跟我们介绍一下你的工作习惯吗？你如何写作？一部小说是怎么酝酿出来的？

略萨：首先得做一场白日梦，只在头脑中反复思量某个人或某个情景。然后开始记笔记，简要写出叙事线索：某人进入场景，然后离开，他做了什么事。等动笔写小说时，我会列出故事大纲——这份大纲不需要严格遵守，等进入写作进程后再做总体调整，但有了这份大纲我才能动笔。而后我把故事连缀起来，全不费心去思考风格的问题，只是不断地写、重写一样的场景，构想出全然矛盾的情境……

基本素材对我有帮助，帮我定下心来。但创作过程里，写这部分最难。在这个阶段，我非常慎重，往往不知道将出现什么样的结果。初稿是在焦虑状态下写出来的。一旦完成初稿，可能一切都变化了——初稿耗时长久，《世界末日之战》的初稿写了近两年。那时候，我就知道故事已经在那儿了，就埋没在被我称为"我的熔岩"的初稿底下。那真是一片混沌，但小说就在里面，埋没在一堆死气沉沉的要素、可能会去掉的冗余场景，还有那些从不同视角、通过不同角色重复多次的场景里。初稿乱作一团，只有我自己读得懂。可故事正在深处孕育着。你得把它和多余的东西剥离开，洗涤干净，这部分工作最叫人高兴。从那时起，每次写作的时间可能越拖越长，写初稿时的那种焦虑和紧张消失了。我想，可能我喜爱的不是写故事本身，而是重写、编辑、修正……我觉得那才是写作中最有创造性的部分。我从不知道一个故事什么时候才能写完。原以为花几个月就能写出的短篇，结果可能消耗我几年的时间。当我开始感到再不赶快煞尾，小说就会反过来控制我，这时候小说就要写完了。当我达到饱和，当我竭尽全力，当我即将承受不住时，故事就算完成了。

《巴黎评论》：你是用笔写，还是用打字机，或者交替进行？

略萨：工作起头时，我用笔写。我一般在上午工作，一天里最初几个小时，我一般在用笔写作。早晨几个小时是最有创造力的。但我从来没法这样工作两个小时以上——手会写酸。然后我把手写的东西打出来，边录入边修改；可能这就是重写的第一阶段。但我总是留下手写的几行，第二天就能从前一天结束的地方开始打字。启动打字机能制造一种特殊的动感——就像热身练习。

《巴黎评论》：海明威也用同样的办法，总是留下写了一半的句子，重新提笔时可以接上前一天的思路……

略萨：没错，他认为永远不要把头脑里的全部写下来，这样第二天开头更容易。对我来说，最难的部分总是开头。早晨你得重新搭上思路，为此难免焦虑……可如果先做点机械性的事，工作就已经开始了，机器也就转起来了。但不论如何，我会保持严格的工作日程。每天清晨到下午两点，我都待在书房里。这几个小时对我而言是神圣的。但我也不是一直奋笔疾书；有时我在修改，或做笔记，但总是在有条不紊地工作着。当然，有些日子创作顺手，有些日子很糟糕。但我每天都要工作，即使没有任何新想法，我也会花时间修改、做笔记，等等……有时我会重写已经完成的片段，哪怕只是改改标点。

周一到周六，我集中写手头的小说，星期天上午写杂志文章、短文随笔。我尽量把这类工作限定在星期天这段时间，好让它不影响一周其他时间内的小说创作。有时候，我边听古典音乐边做笔记，只要里面没有唱词。自从我的住所喧闹起来，我就开始了这种安排。早晨我一个人工作，谁也不进我的书房。甚至电话我也不接。要是不这么办，生活即刻沦为人间地狱。你无法想象我要接到多少电话会多少客。大家都认识这栋房子。我的住所已经很不幸地变成了公共空间。

《巴黎评论》：这种斯巴达式的作息安排从不间断吗？

略萨：似乎没间断过，我不知道自己能否用别的方式工作。假如坐等灵感降临，那我一本书也写不出来。对我而言，灵感来自有规律的劳作。这套按时计日的作息安排，不管是不是令人欢欣快乐，至少让我能投入工作。

《巴黎评论》：记得维克多·雨果，还有其他不少作家，都相信灵感的神奇力量。加西亚·马尔克斯说他和《百年孤独》搏斗了很多年，后来有一次他坐车去阿卡普尔科，在路上这部小说一下子从脑子里跳了出来。你提到对你来说，灵感是遵守纪律的结果，那你有没有听说过著名的"灵光一现"这种说法？

略萨：我没遇到过这种情况。我的写作过程要慢得多。起初相对模糊，处在惴惴不安的状态，谨慎而好奇。在迷惑和模糊的状态下，有种东西引起了我的兴趣、好奇心和精神，而后它就转变成了工作、读书卡片和故事大纲。再后来，等手边有了提纲，我开始理出思路，那种发散、模糊的东西仍旧存在。所谓"灵光一现"只出现在写作当中。任何时候，唯有辛勤劳作才能释放……这种敏锐的洞察力与兴奋感，这种兴奋感能带来启示、答案和灵光。等我专注于某个故事已有一段日子，终于触碰到它的核心了，那时候就会真切地发生变化。故事不再是冰冷的、与我不相干的，相反，它变得那么有生命力、那么重要，仿佛我所有的经历都和手头的创作有关。这个时候，我的见闻、阅读，似乎都以这样或那样的方式帮助我写作。我仿佛成了吞噬现实的贪食者。可为了达到这一步，必须首先经历工作对我的洗礼。长久以来，我都过着双重生活，手边的事情无数，但心里始终惦念着写作。当然，有时会着魔太深，显得有些神经质。这时候就得看场电影，放松一下。紧张工作一天之后，往往内心激荡不已，这时候看电影对我很有助益。

《巴黎评论》：回忆录作家佩德罗·纳瓦[①]甚至会画出他笔下的人物——他们的面孔、发式、服装。你会不会也这么做？

略萨：不，我不会这么做，但有时我会列出人物传记表。这取决于我感知角色的方式。虽然有些时候，角色确实活生生地呈现在我眼前，但我还是会通过他们表达自我的方式，或者角色与周遭事物之间的关系来确定他们。有时，人物的确是通过身体特征而得到定义的，你不得不把它写在纸上。但尽管你可以为一部小说做各种附注，可我认为到最后记忆选择了什么，那才算数。能被记住的，才是最重要的。这就是为什么考察旅行中我从不带照相机。

《巴黎评论》：那也就是说，在某一段时间内，你笔下的人物相互没有关联？每个人物都有他或她自己的个人史？

略萨：一开始，一切都冰冷、造作、死气沉沉，而后一点点地鲜活起来，人物之间相互连缀，建立了关系。这部分工作妙不可言，让人着迷：你开始发现，磁力线天然的就隐藏在故事当中。但在达到这一点之前，只有工作、工作、再工作。日常生活中，某些特定的人或事，似乎能填补空白、满足需求。猛然间，你清楚认识到，为了完成手头的作品，你到底需

[①] 佩德罗·纳瓦（Pedro Nava，1903—1984），巴西作家、内科医生，巴西文学史上最重要的回忆录作家。

要知道些什么。但作品中表现出来的东西绝不总是忠实于原型人物,它们往往改头换面、似是而非。不过,这种"碰头"的情况要等到故事到达一定境界时才发生,那时,一切条件已经把故事滋养得差不多了。有时,这是一种指认:噢,这就是我要找的那副面孔,这就是那种腔调,这就是那种讲话的方式……可有些时候,你的人物会失去控制,这事儿经常发生在我身上,因为我写的人物从来都不是从纯粹理性思考中诞生的,他们都是创作时更强大的本能力量的表达。这就是为什么有些人物即刻变得重要起来,或者似乎在自我发展,而另外一些人物则下降到陪衬的角色,虽然我一开始并不是这么打算的。写作过程里这部分最有趣:你意识到某些人物在呼吁,要求更显著的位置;故事在遵循自身规律铺展,这些规律你决不能践踏。很明显,作者没法随心所欲地团捏他的人物,人物享有相当程度的自治地位呢。这个时刻也最叫人兴奋,你在自己的创造物中发现了生命,你必须对生命怀有敬意。

《巴黎评论》:你的不少作品都是旅居国外的时候完成的,这或许可以被称为自愿放逐。你曾说过,维克多·雨果也是在流亡国外时写出了《悲惨世界》,这种经历对写作助益良多。远离"现实的晕眩"或许能给重塑现实带来帮助。你会不会觉得现实让人茫然晕眩呢?

略萨:确实如此,在这个意义上,我从来没写过紧贴着我的东西。贴得太紧,就意味着无法从心所欲地写作。写作时要享有充分的自由,让你能够改造现实,变换人物,让他们以不同的方式行动,将个人要素引入叙事,引入纯粹的自出心裁的东西——这些很重要,绝对必不可少。这就是所谓创造。假如现实就摊在眼前,对我来说,反倒成了约束。我总是需要保持一点距离,时间上的距离,或者更好的是,时空都保持距离。在这个意义上,流亡是有益的,也由于流亡,我发现了写作的纪律。我发现写作是一项工作,而且通常,可以说是你的责任。距离总是有用的,乡愁对于作家有重大的意义。一般来说,写作对象不在场,反而丰富了记忆。例如,《绿房子》中的秘鲁不是单纯对现实的记述,而是一个被迫离开故乡、怀着对故乡痛苦渴望的人的乡愁思恋的对象。同时，我以为，距离能创造一种有用的视角。现实把事情变得复杂，让我们晕眩，而距离可以捋清现实。要搞清什么重要、什么次要，从中做出选择是很难的。唯有距离才能帮我们做判断，它廓清了本质与短暂事物之间必不可少的等级。

《巴黎评论》：几年前你发表过一篇散文，你说文学是一种激情，这种激情是排他性的，要求毫无保留地牺牲一切。"第一等的任务不是生存，而是写作。"这让我想起葡萄牙诗人费尔南多·佩索阿的句子，他曾说道："航海是一种必需，生活却未必如此。"

略萨：你可以说写作是一种必需，而生活未必如此……或许应该讲讲我自己的一些事，好让大家更理解我。文学对我一直很重要，从小时候起就是这样。但即便求学时读了不少书，也写了挺多东西，我也从没想过有一天会完全投身文学，因为那时候，专事写作对一个拉美人来说是很奢侈的事，对一个秘鲁人尤甚。那时我还有其他目标：想从事法律工作，或者当个教授、记者。虽然写作对个人是根本性的事，但我接受把它放在不重要的位置上。等读完大学，我拿着奖学金到了欧洲之后，我认识到假如今后还这么定位，那我就永远也成不了作家；唯一的办法，就是下定决心，不止把文学当成嗜好，而是当成自己的主业。直到这个时候，我才决定完全献身文学。由于那时候没法靠文学养活自己，我决定去找份工作，但条件是让我有余裕的时间来写作，而不会占用我的全部精力。换句话说，我是根据作家这个定位来谋职的。我觉得，这一次下定决心，标志着我一生的转折，从那时起，我就有了写作的力量。那是一种精神层面的转变。这就是为什么说，文学对我而言是激情而非职业。当然，它也是一份工作，因为我以此为生。可即使写作不能糊口，我也会继续写下去。文学不只是稻粱之谋。我相信，如果某一个作家决心把一切献给这份职业，那就要倾其所有为文学服务，而不是以文学服务于其他，这一点是至为关键的。有些人志不在此，只把文学当补充或点缀，甚至是一种博取声名和权力的手段。倘若是这种情况，他们在创作中将碰到阻碍，文学会反身报复，这样的人也无法自由、大胆、原创地写作。这就是为什么我要强调，投身文学必须毫无保留。我的情况是个奇特的例证，下决心从事文学时，我本以为我选择了一条艰难的生活道路，从没想过凭着文学可以养活自己，更别说过上富足的日子。这似乎是个奇迹，至今我也不能全然释怀。为了写作，我原本并没抛下什么根本性的东西。还记得，去欧洲之前，在秘鲁时，因为不能写作，我那时多么懊丧、多么不愉快。我结婚很早，所以不得不碰上什么工作就干什么。我曾经同时兼着七份工！实际上，我当然没法写什么东西。只有星期天、节假日能写上几笔，但大部分时间都花在跟文学无关的乏味的工作上，这让我特别沮丧。现今，每天清晨睁开眼，想到竟然能把一辈子的精力都花在给自己带来最大快乐的事情上，还可以靠它生活，而且活得还不错，我就感到惊喜不已。

《巴黎评论》：文学有没有让你成为有钱人？

略萨：没有，我不是个有钱人。假如你拿作家的收入和企业总裁的收入作比较，或者跟别的行业里那些声名显赫的人，譬如秘鲁的斗牛士或顶级运动员的收入作比较，你就会发现，文学还是个薪酬菲薄的行当。

《巴黎评论》：有一次你提到，海明威每完成一本书，他就会感到空虚落寞、悲喜交集。你写完一本书的时候是什么感受？

略萨：完全同感。我写完一本书时，会觉得空虚、难捱，因为这部小说早就成了我的一部分。一天接一天，我发现自己与小说之间已经剥离开了，仿佛是一个酒鬼被迫滴酒不沾。一部小说不只是一件附着物，它仿佛是生活本身，被突然从我身上撕扯下来。只有一种办法可以治愈，那就是立即投身到其他工作里，由于我早就列出了成百上千的计划，所以这也不难。我总是立马转向新的工作，毫无间歇，我从不听凭上一本书和下一本书之间的空白点肆意深化。

《巴黎评论》：我们刚才提到了一些你崇敬的作家和作品。现在来聊聊你自己的著作吧。好几次,你说到《世界末日之战》是你最得意的作品,现在是不是还这么想?

略萨:我在这部小说上,倾注的心血最多,自我投入也最多。这本书我花了四年时间才写成。我为此做了大量研究,读了很多书,克服了巨大的困难,因为这是我生平第一次描述我祖国以外的不同的国家,时代也不同于我所处的时代,书里人物的谈吐也不是书本上能找到的。不过,从没有任何一个故事能让我这样激动不已。写作过程中的一切都让我着迷,从我阅读的书目,到穿越巴西东北部的旅行。这就是为什么我对这本书有一种独特的柔情。这个主题也促使我去写一部自己一直都想写的小说,那就是历险小说,其中,冒险应该是根本性的——不是单纯的幻想中的冒险,而是跟历史、社会的问题意识有深刻联系的冒险。这或许就是我把《世界末日之战》当作自己最看重的小说的原因。当然啦,这类判断往往是十分主观的,因为作家没有能力客观地看待自己的作品,来给作品排序。这部小说成了我想要超越的可怕的挑战。一开始,我非常焦虑不安。资料庞杂,让我头晕目眩。初稿很长,篇幅是最终小说的两倍。我自问,我怎样才能协调这样一大堆的场景和上千个小故事呢。这当中有两年,我总是感到焦虑。随后我出发旅行,穿越整个巴西东北部地区,走遍了内陆腹地,这次旅行成了转折点。在此之前,我已经写出了一份大纲。事先我就安排好,掌握一定研究材料作为基础,想象这个故事,然后出门旅行。结果旅行证实了许多事,也给其他部分带来了灵感。我还得到许多人出手相助。最开始,我并不打算把这个主题写成一部小说,而是想给鲁伊·格拉[①]的电影写剧本。那时,我认识的一个熟人,是派拉蒙公司在巴黎的主管。他有一天给我打电话,问我想不想给派拉蒙即将投拍的一部格拉导演的影片写剧本。他的电影我看过一部,叫《温柔猎手》[②],我非常喜欢,于是,我就到巴黎跟格拉见面。他向我解释说,他头脑里想讲的那个故事,以某种

[①] 鲁伊·格拉(Ruy Guerra, 1931—),在巴西工作的葡萄牙电影导演。
[②] 《温柔猎手》(*Ternos Caçadores*),格拉在1969年执导的一部影片。

方式和卡努杜斯战争[①]有关。我们不可能拍一部关于卡努杜斯战争的影片，这个主题太宽泛了，但我们想拍的电影，以某种方式联系着这场战争。那时候，我对卡努杜斯战争一无所知，甚至都没听说过。我开始研究它，读相关材料，而我最初阅读的一批葡萄牙语资料当中，就包括欧克里德斯·达·库尼亚[②]的《腹地》。在我的阅读生涯里，读这本书是一次重大启示，就如同小时候读《三个火枪手》，成年以后读《战争与和平》《包法利夫人》和《白鲸》一样。《腹地》是一本真正伟大的书，它带给我一种根本性的经验。我完全被它震慑了，它是拉丁美洲贡献出来的最伟大的作品之一。说它伟大有许多原因，最重要的是，它是一本"拉丁美洲精神"手册——在这本书里，你将第一次发现拉丁美洲不是什么。拉丁美洲不是舶来品的集合；她不是欧洲，不是非洲，不是前西班牙征服时代的美洲，也不是土著社会——但同时，她是所有这些的混合物，这些元素通过一种严酷、有时甚至是暴烈的方式共生在一起。几乎没有别的作品能以《腹地》那样的思想和文学高度，捕捉到所有这些要素构成的世界。换句话说，我能写出《世界末日之战》，真正应该感谢的人是欧克里德斯·达·库尼亚。

我觉得，实际上，我读了截至当时所有关于卡努杜斯战争的出版物。我先是写了一个电影脚本，但这部电影没拍成，原因是碰到了许多电影行业内部的问题。计划已经很有进展，制作都已经开始了，可有一天派拉蒙突然决定不投拍这部影片了，于是影片就没能面世。鲁伊·格拉很失望，但我却可以继续关注这个长久吸引我的题目，原来的目标本来就不足道——一个电影脚本终究太单薄了。于是我继续阅读，继续研究，很少有哪次写作经历能带给我这种巅峰一般的兴奋感。有一段时间，我曾经每天持续投入十到十二小时在这部书稿的写作上。但我仍旧担忧巴西人会怎

[①] 1897年，一群叛乱的村民，在弥赛亚式的神甫安东尼奥·马西埃尔的率领下，攻占了巴西巴伊亚州腹地的卡努杜斯城。马西埃尔被时人称为"劝世者"，以他为首，起义者宣称卡努杜斯是一个独立国家。警察和军方多次尝试消灭起义军，均告失败，但这场起义终被巴西战争部派遣的远征军镇压，史称"卡努杜斯战争"。

[②] 欧克里德斯·达·库尼亚（Euclides da Cunha，1866—1909），巴西记者、作家，记述卡努杜斯战争的非虚构著作《腹地》是其代表作。

看这本书，我担心有人觉得这是在干预巴西人自己的事……尤其是一位经典巴西作家已经写过这个题材了。这本书确实遭到一些负面评价，但总体而言，评论者对它很宽容，反响热烈——读者中间也是如此。这些反应让我很受感动，觉得努力没有白费。

《巴黎评论》：你怎样看待针对卡努杜斯的各式各样的误解呢？共和派人士觉得在起义中，可以发现君主制拥护者和英帝国主义扶持的反叛势力，而叛乱者自己却相信，他们是在跟魔鬼作战。可不可以说这是某种意识形态的隐喻？

略萨：也许卡努杜斯对拉美人的意义就在这里，因为对现实的狂热解读造成了我们相互之间的闭目塞听，这种盲目也在妨碍我们看清现实和理论设想之间的冲突。拉丁美洲的悲剧就在于，在历史的许多节点上，我们的国家陷入分裂和内战，发生了大规模的镇压和屠杀，例如卡努杜斯战争就是其中之一，而其根本原因就是这种相互之间的盲视。这也许就是我对卡努杜斯战争着迷的一个重要原因，它提供了一个我能够放到实验台上、观察事情本末的具体而微的现象。但显然，这是个普遍现象：狂热和不宽容，沉重影响了我们的历史。不管是弥赛亚式的叛乱、社会主义和乌托邦式的起义，还是保守党和自由党之间的斗争，狂热和不宽容比比皆是。假如不是英国佬暗中作梗，就是美帝国主义者、共济会在捣鬼，甚至是魔鬼作乱。我们没有能力接纳不同的意见，这种不宽容给我们的历史留下了烙印。

《巴黎评论》：你曾经这样写过，你的其他作品从没像这本书那样，达到了小说离经叛道的理想状态。这样说是什么意思？

略萨：我认为小说是一种倾向于过度的文体。它会不断增长，情节就像癌变一样扩散。倘若作家沿着小说给出的每一条线索往前走，小说就会变成一座丛林。讲述完整的故事，是这种文体本就具备的野心。虽然我相信你必须在某个时刻终结你的故事，以免它无尽地蔓延，但我还是认为，讲故事是在尝试企及一种"全景小说"的理想。毫无疑问,在我的所有小说中,在这方面走得最远的一部,就是《世界末日之战》。

《巴黎评论》:在《狂人玛伊塔》和《世界末日之战》中,你说过,你要在充分洞悉真相的情况下撒谎。能解释一下这句话吗?

略萨:为了编织小说,我往往不得不从一个具体的现实开始。不知道是不是所有小说家都是这样,但对我而言,现实的蹦床必不可少。这就是为什么我要做调研,还跑到事件的发生地去观察,但这么做不是为了简单地还原真相。我知道还原真相是不可能的。即使真的试图还原,那也不会有好结果,写出来的东西肯定会变得迥乎不同。

《巴黎评论》:在《狂人玛伊塔》的结尾,叙事者说,如今,小说的主人公在经营一家酒吧,那些对叙事者至关重要的事件,主人公的记忆已模糊不清了。这是真事吗?是不是真有这样一个人物?

略萨:是的,他真实存在,尽管他和书中角色不完全一样。我对这个人物做了不少修改和增添,但这个人物大部分和原型是一致的——原型是一个激进的托派分子,曾经多次被捕入狱。当我对他做访谈时,我惊讶地发现,我所认为的他生命中的关键时刻,此刻对他来说已无关紧要了——那不过是他复杂一生中多次冒险里的一次;就是在那次交谈里,我获得了写作最后一章的灵感。在谈话中,我意识到自己比他更了解这件事,这真让我惊异不已。某些事他已经忘了,还有些事他从来就不知情。我认为最后一章很关键,它改变了全书的意义。

《巴黎评论》:跟我们讲讲《胡利娅姨妈与作家》里的彼得罗·卡玛乔吧,那个给电台写广播连续剧、后来把自己的故事情节混淆起来的作家。

略萨:彼得罗·卡玛乔从来没存在过。五十年代初,我为一家电台工作时,认识了一位在利马的中央广播台写广播连续剧的人。他真是个厉害角色,能像一台剧本机器那样运转:无数个情节段落,他驾轻就熟,一挥而就，几乎用不着花时间重读写成的稿子。我对他特别着迷，或许因为，他是我认识的第一位职业作家。但真正叫我迷醉的是，从他那里，广阔的世界就像呼出一口气似的奔逸而出。当他开始做彼得罗·卡玛乔在书中所从事的工作时，我完全被他吸引住了。但某一天，他写的故事开始互相重叠纠缠，同时，广播电台收到一些听众来信，提醒他们，广播剧里冒出了一些不该发生的情况，比如某个人物从一个故事窜到了另一个故事。这些事，让我动了创作《胡利娅姨妈与作家》的念头。但很明显，小说中的人物经过了多重变形；他和原型人物已没多大关系了，那位编剧作家实际上没疯。我想，他只是离开电台，放假休养去了……结果不像小说里那么有戏剧性。

《巴黎评论》：以你自己为原型的人物——小巴尔加斯，他也经历着某种荒诞的生活，就像卡玛乔笔下的连续剧人物；在这个意义上，可不可以说，小说里出现了一种元语言？

略萨：可以这么说。动笔写《胡利娅姨妈与作家》时，我原本只打算写彼得罗·卡玛乔的故事。可等我深刻投入这部小说时，我才意识到故事已经发展成了一个思维游戏，而且不太可信。然而，就像我此前说的，我对现实主义抱有一种狂热。所以，为了寻找彼得罗·卡玛乔故事里荒诞性的对应物，我决定创作另一段更加现实主义的情节，把小说锚定在现实当中。而且，由于当时我本人就生活在某种肥皂剧似的环境里——也就是我的第一次婚姻，我就把这个更加私人化的故事跟原来的故事勾连起来，在幻想世界和一个几乎是纪实性的世界之间创造一组对立。在努力实现这个目标的过程里，我才意识到，写作虚构作品，想要完全纪实是不可能的，某种非现实的暗示，常常违背作者本人的意愿，偷偷掺进来。个人故事也开始像另一个故事，变得颠倒混乱。语言自身有改造现实的能力。因此，小巴尔加斯故事里的自传元素，仿佛遭到传染似的，发生了深刻的变形。

《巴黎评论》：在近年写的几篇文章里，你提出了不少相当消极的论断。比如一九八二年，你曾写道："文学比政治重要。只有在反对险恶的政治诡计，不让政治诡计干预文学创作这个意义上，作家才应该介入政治。"这种政治之于社会进步的看法，不算是悲观论断吗？

略萨：并不是这样。我的意思是，针对那些更长久的事物，文学所能做的胜于政治。作家不能把文学和政治等量齐观，否则，他就成不了作家，可能也成不了政治家。我们必须记住，政治行为是暂时的，而文学却要长久存活下去。你不能为了当下写作，假如希望一部著作对未来产生影响，就必须考虑到时间的功效，而这些情况从不或绝少出现在政治行为当中。不过，尽管我这么说，我却一直都在发表对政治环境的判断，或是通过文章和行为，使自己卷入政治当中。我相信，作家们无法隔绝于政治，尤其像在我的国家——秘鲁这类国家里。这类国家的问题非常严峻，经济形势和社会形势总是显出波谲云诡的面貌。作家以这样或那样的方式，提出批评意见，阐述自己的观点，用想象力帮助解决难题，这是非常重要的。我想，作家应该让人们看到——因为在这一点上，他们跟所有艺术家一样，比普通人更敏感——自由，对社会和个人有多么重要。我们都渴求公正，但公正永远不该脱离于自由。而且，我们永远不该接受这样的观念，认为在某些时刻，可以假借社会正义和国家安全之名而牺牲自由——极左的极权主义者和极右的反动势力，都想劝服我们接受这种观点。作家们知道自由的价值，因为他们每天都能感知，创作和生活本身必需何种程度的自由。因此，作家们应该像捍卫合理报酬、捍卫工作权那样，捍卫他们必不可少的自由。

《巴黎评论》：不过，我前面引用的话，是你对政治用途的消极看法。作家应不应该或能不能够让自己仅限于提出反对意见？

略萨：我认为，作家参与、评价和介入，这些是很重要的，但同等重要的是，作家不能让政治侵入、破坏文学领域和作家创作的领域。一旦出现这种情况，就会扼杀作家，使他沦为一个纯粹的宣传鼓动家。所以，作家要给自己的政治活动定出一条界线，同时又不放弃、不甘被剥夺表达观点的责任，这一点是很重要的。

《巴黎评论》：那么，一位经常表现出对政治持怀疑态度的作家，怎么会成为一九九〇年秘鲁总统大选的候选人呢？

略萨：国家有时会进入紧急状态，比如战争，这种情况下，你别无选择。秘鲁今天的境况是灾难性的。经济崩溃，通货膨胀率突破纪录。在一九八九年前十个月，大众失去了一半的购买力。政治暴力达到极致。悖谬的是，在极大的危机当中，也出现了朝向民主和经济自由、实现巨大转变的可能性。我们可以借机反思自一九六八年以来，秘鲁所奉行的集体主义、社会主义模式。为了重塑我们这些年为之努力斗争的东西，我们不该错失良机：那就是，实行自由主义改革和创造真正的市场经济。更不必说更新秘鲁的政治文化这项任务了；旧有的政治文化是引发这场席卷全国的危机的罪魁祸首。这些原因迫使我克服了此前独善其身的立场，让自己卷入政治纷争——归根结底，还是相当不成熟的幻想。

《巴黎评论》：作为一个作家，你认为自己最大的优点是什么？最大的缺陷又是什么？

略萨：我认为自己最大的优点是持之以恒：我能够极其勤奋地工作，取得原先以为自己无法企及的成果。至于最大的缺陷，我想是缺乏自信吧，这件事把我折磨得苦不堪言。我需要用三到四年时间，才能写出一部小说——而其中大部分时间，都消磨在自我怀疑当中。时光过去了，但情况并没有改善；相反，我觉得自己越发自我批判、缺少信心。或许这就是我没变得自负起来的原因：愧疚之心太强了。但我知道，我会一直写下去，直到死亡降临那一天。写作是我的天性。我的工作是我生活的基准。假如我不写作，那么毫无疑问，我肯定会举枪打爆自己的脑袋。我想写出更多、更好的作品。我想尝试胜过以往的更有趣、更精彩的冒险。我决不承认最好的岁月可能已经逝去了，我决不承认，哪怕证据摆在眼前。

《巴黎评论》：你为什么写作？

略萨：我写作，因为我不快乐。我写作，因为它是一种对抗不快乐的方法。

（原载《巴黎评论》第一百一十六期，一九九〇年秋季号。本访谈由苏珊娜·亨内维尔从西班牙语翻译为英语。）

艾丽丝·门罗

◎梁彦/译

从纽约到加拿大安大略省的克林顿镇没有直达飞机。克林顿是个只有三千居民的小镇,艾丽丝·门罗一年中大部分时间住在那里。六月的一天,我们一早从纽约的拉瓜迪亚机场起飞,到了多伦多,租了辆车,开了三个小时——公路变得越来越窄,而乡村的景色则越来越鲜明。黄昏将至的时候,我们停在了门罗家门口,门罗和她的第二任丈夫格里·弗雷姆林就住在这里。后院很深,有个种满奇花异草的花园。门罗解释说,她丈夫格里就出生在这栋房子里。艾丽丝·门罗在厨房里做了一顿简单的晚餐,飘散着当地调料的香味。饭厅里从地板到天花板都放满了书;而在其中一侧,放着一张小书桌,上面是一台旧式打字机。这就是门罗写作的地方。

晚饭后不久,门罗带我们到了哥德里奇镇——一个大一点儿的镇子,是郡政府的所在地。她安排我们住进了伯德福德旅馆,就在法院广场的对面。旅馆是一座十九世纪的建筑,房间很舒服(双人床、没有空调),看上去像是艾丽丝·门罗某部小说里的图书管理员或早期抵达当地的某位教师曾经住过的地方。接下来的三天,我们在她家里聊天,不过,却从未把谈话录下来。正式采访是在我们旅馆的小房间里进行的,因为门罗希望"这类公事不要在家里进行"。门罗和她丈夫两人各自出生长大的地方离他们现在住的房子方圆不过三十来公里;他们熟知我们经过的、赞美过的、甚至是在里面吃过饭的每一栋房子的历史。我们问附近有什么样的文学社区,他们告诉我们,尽管哥德里奇镇有个图书馆,不过,最近的一家像样点儿的书店在斯坦斯福德镇,离这里还有约五十公里。我们又问,镇上有没有其他的作家。她开车带我们经过一幢年久失修的房子，有个男人坐在屋后的走廊上，光着上身，伏在一台打字机上，周围游荡着几只猫。"不管是下雨还是晴天，他每天都坐在那儿，"门罗说，"我不认识他，不过，我真是好奇死了，他究竟在写些什么。"

在加拿大的最后一天上午，我们按照门罗提供的路线，开着车寻找她出生长大的房子。她父亲建造了那所房子，还在那里养貂。在几次拐进死胡同之后，我们终于找到了它。那是一座漂亮的砖房，在一条乡间小路的尽头。它面朝一片开阔地，上头还停着一架飞机，看上去像只是短暂停靠一下。从我们的位置看上去，很容易想象出迷人的天空，飞行员带着乡村妻子一起离开的情景，如她在《白色垃圾》(*White Dump*，1968) 里面描述的那样；或者是那篇《我是怎样认识我丈夫的》(*How I Met My Husband*，1974)，年轻的特技飞行员就在这样的一片田野里降落。

正像这幢房子，也像安大略的景色（它很像美国中西部地区），门罗并不庄重严肃，她很亲切，带着一种安静的幽默。她是七部短篇小说集的作者，包括正要出版的《公开的秘密》(*Open Secrets*，1995)，她还发表过一部小说《女孩和女人们的生活》(*Lives of Girls and Women*，1971)。她得到过加拿大总督文学奖（那是加拿大最负盛名的文学奖项），她的作品也是《美国最佳短篇小说选》里的常客（理查德·福特在他最近编辑的那一辑中收入了门罗的两个短篇[①]），还曾多次获得欧·亨利短篇小说奖；同时，她也时常在《纽约客》杂志发表小说。尽管获得了这些可观的成功，门罗在谈到小说创作的时候，还是流露出某种敬畏和不安全感——那是你在刚开始写小说的人身上才会看到的。她全然没有某些著名作家的炫耀或者自夸，很容易让你忘掉她其实也是他们中的一员。在谈到自己的作品时，她倒不完全是说自己的写作非常容易，而是说要写得好是有可能的，好像任何人只要足够努力，就能做得到。离开的时候，我们也受了感染，

[①] 《美国最佳短篇小说选》每年出版一辑，理查德·福特曾任 1990 年度《美国最佳短篇小说选》的特约编辑。

and suchlike dreary stuff. And thank the Lord, one of them was a divinity
student. A different kind of young man went into the church in those days
if you remember.Good-looking and ambitious, rather the type who might go
into politics now. This one was set to be a success. He wasn't so far out
of the family influence as to speak up first,at his father's table, but
once I spoke to him, he started to talk. He could even step in and answer
for the others when they could not. For at least a couple of them absolutely
could not. She's helping at home, he'd say. or, He's in the second form.

We had a chat about Toronto,where he was going to Knox College.
The number of motor-cars there, a trip to ~~Toronto Island, the mummy~~ in the
~~Museum.~~He seemed to want to let me know that the divinity regulations were
not too stringent. He went ~~skating in the winter.~~ He had been to see a
play. We could have talked on, but were defeated by the silence around
us, or rather the speechlessness, for there was clinking and chewing and
swallowing. Conversation could seem affected here, pure clatter and self-
display. It seemed as if all the social rules I had been brought up with
were turned on their heads.I even began to wonder if they suffered as I
had thought, if they didn't have an altogether different idea than I had,
of what this dinner should be. A ceremony. Where everything was done
right. Where everything had taken a lot of work and was done right. I could
see that conversation might seem bewildering, unnecessary. Even
disrespectful. I could see myself as a giddy sort of foreigner,embarrassing
them, and I could see that the divinity student was embarrassing them,in a
way, by being willing to keep me company. So I dried up, and he did
Everybody managed to eat a lot. Especially the two oisters, I thought.
They munched along in a kind of eating trance,

I went out to the kitchen afterwards offering to help with the
dishes,thinking that was what you did on the farm, but of course they were
not having any of me. They wouldn't let your uncle's wife do anything

艾丽丝·门罗短篇小说《荒野小站》的一页修改稿

觉得自己有了写得好的可能性。她的风格看似简单，但那是一种完美的简单，是需要花上好几年时间反复打磨才能够掌握的。正如辛西娅·奥兹克[①]曾经说的那样，"她是我们时代的契诃夫，她将会比同时代的其他作家更长久地被读者记住"。

——珍妮·麦卡洛克、莫娜·辛普森，一九九四年

《巴黎评论》：今天早上，我们去了你长大的那栋房子。你在那里度过了整个的童年时光吗？

艾丽丝·门罗：是的。我父亲去世之前还一直住在那儿，那里曾经是个养狐狸和貂的农场。不过，现在那里全变了，是一个美容院，叫"彻底放纵"。我想他们把美容院放在了房子后半部，把厨房整个打掉了。

《巴黎评论》：你后来进去过吗？

门罗：没有。不过，我想，要是进去了，我想看看起居室。我父亲在那里造了个壁炉，我很想看看。有时候我想，我应该进去修修指甲。

《巴黎评论》：我们留意到有一架飞机停在房子对面的空地上，就想起了你的小说《白色垃圾》，还有《我是怎样认识我丈夫的》。

门罗：是的，那里曾经是个飞机场。那个农场的主人有驾驶飞机的嗜好，他有一架小型飞机。他从来就没喜欢过经营农场，所以，他放弃了务农，转行当了飞行教练。他现在还在世，而且身体非常健康，是我遇到过的最英俊的男子之一。他七十五岁的时候才从飞行教练的职位上退下来。退休三个月以后，他出去旅行了一趟，却得了一种怪病，是从山洞里的蝙

[①] 辛西娅·奥兹克（Cynthia Ozick, 1928— ），美国短篇小说家、评论家。

蝠身上传染的。

《巴黎评论》：你的第一本短篇小说集《快乐影子之舞》[1]，读起来和这个地区、和你的童年世界非常有共鸣。那是你在什么阶段创作完成的？

门罗：那些故事前后写了十五年的时间。《蝴蝶的一天》是最早的一篇，可能是我二十一岁的时候完成的。我也很清楚地记得写《谢谢你送我》的时间，因为当时我的第一个孩子就在我身旁的摇篮里。所以，我应该是二十二岁。书里最后完成的故事应该是在我三十几岁的时候写的。《快乐影子之舞》是其中一篇，《乌德勒支的和平》是另一篇，《影像》是最后完成的一篇。《牛仔沃克兄弟》也是在我三十岁的时候完成的。所以，时间跨度还是挺大的。

《巴黎评论》：你现在觉得这些作品如何？你会重读自己的作品吗？

门罗：在这部作品集里，有一篇小说叫作《闪亮的房子》。两三年前吧，多伦多的海滨酒店举行了一个纪念加拿大文学杂志《塔玛拉克评论》[2]出版的特别活动，我在活动上曾经朗诵过它。因为这篇小说发表在杂志创刊初期，我得上台朗读它。对我来说真的很困难。我记得我是在二十二岁的时候完成的那篇小说。我一边朗诵，一边不停地对它进行编辑，还要用我当年写作的一些手法来改。现在看来，这些手法都过时了。我一边读，眼睛一边溜着下一个段落，尽量快速进行编辑。我没有提前把它再看一遍，我从来不在朗诵前重读作品。读到我早期作品的时候，我能意识到有些方法我现在不会用了，那是五十年代的人使用的方法。

《巴黎评论》：你有没有对已经发表了的小说进行过修改？现在看来，很明显，普鲁斯特在临终前还修改过《追忆似水年华》的第一卷。

---

[1] 《快乐影子之舞》(*Dance of the Happy Shades*, 1968) 门罗的第一部短篇小说集，并获当年的"加拿大总督文学奖"。
[2] 《塔玛拉克评论》(*Tamarack Review*)，加拿大文学杂志，创刊于1956年，1982年停刊。

门罗：是的，还有亨利·詹姆斯也重新改写了自己作品中简单易懂的部分，让它们读起来更晦涩难懂。实际上，最近我也在这么做。我的那篇《搬离》（*Carried Away*，1991）被选进了一九九一年度的《美国最佳短篇小说选》。我在选集里重读了这篇小说，主要是想看看它究竟怎么样，结果我发现其中一个段落很松散。那个段落好像只有两句话，但非常重要。我就拿起笔，在选集的空白处把它改写了一遍，主要是等到结集出书的时候，可以做个参考。我常常在出书的时候对作品进行一些修改，过后却觉得修改是个错误，因为我其实已经不在写作那个故事的节奏当中了。我看到一小段话，似乎没有起到它应该起到的作用，我会把它改得更紧凑严密些。不过，当我最终再次读到那些段落的时候，又觉得它们似乎有点突兀。所以，我对这类事情不很确定。答案可能是作者应该停止这么做。对作品也应该像对待孩子那样，有那么个时刻，你对自己说，这不再是我的了。

《巴黎评论》：你曾经提到过，你不会让你的朋友们阅读你还没有完成的作品？

门罗：是的，我不会把没有完成的东西给任何人看。

《巴黎评论》：你在多大程度上依赖你的编辑？

门罗：《纽约客》其实是第一次让我对真正的编辑工作有了体会。在此之前，编辑对我而言多少就是个审稿环节，再加上几条建议，仅此而已。对于故事中能够发生什么，我和编辑肯定需要有共识。比如说，如果一个编辑认为威廉·麦克斯韦尔[①]的小说里什么都没有发生，那这编辑对我就没有什么用处。编辑需要有非常敏锐的眼光发现我可能误导了自己的地方。《纽约客》杂志的齐普·麦格拉斯是我第一个真正意义上的编辑，他太棒了。我真的很惊讶，他对我想表达的东西能理解得那么深。有时

[①] 威廉·麦克斯韦尔（William Maxwell，1908—2000），美国著名作家、编辑。

候,他对我的东西没有太多意见。不过,他偶尔会给我好多的指导。我改写过一篇小说,叫作《火鸡季节》,之前他其实已经接受了这篇小说。我觉得他会很干脆地接受我修改过的新版本,可他没有。他说,是啊,新版本里有些地方让我更喜欢了;不过,也有些地方我更喜欢旧的版本。为什么我们不再修改修改看呢?他从来不说,我们需要修改。于是,我们把故事重新放到一起,写出了一个更好的故事,我是这么觉得的。

《巴黎评论》:你们是怎么完成修改的呢?是通过电话还是信件?你去过《纽约客》杂志社敲定你的稿子吗?

门罗:通过信件。我们也常常打电话,不过,我们只见过对方几面。

《巴黎评论》:你最早在《纽约客》上发表小说是什么时候?

门罗:《致命殴打》发表于一九七七年,那是我在《纽约客》发表的第一篇小说。不过,我在五十年代写的作品,都曾寄给过《纽约客》。之后,我停了好长一段时间,只把稿子寄给加拿大的杂志。《纽约客》曾给我寄过很客气的便条——用铅笔写的,非正式的短信。他们从来不署名,也不会极度鼓励你。我还记得其中一张,写着:文字非常好,不过主题过于老套。确实是。那个故事写的是两个上了年纪的人的罗曼史——老农场主向一名老处女求婚,而她明白这正是她想要的。我的故事里有很多老处女。小说的名字叫作《紫苑花盛开的那一天》,写得很糟。那还不是我十七岁时的作品,我当时已经二十五岁了。我疑惑为什么我会写老处女的故事。我其实不认识什么老处女。

《巴黎评论》:而且,你很年轻就结婚了,也不像是你在预测自己的老处女生活。

门罗:我想,在内心深处,我知道自己就是一名老处女。

《巴黎评论》:你一直在写作吗?

门罗：从我七年级或是八年级的时候就开始了。

《巴黎评论》：你上大学的时候，是不是已经开始认真写作了？

门罗：是的。我没有机会去尝试别的什么事情，因为没有钱。我明白我只能在大学读两年，因为那时候的奖学金只够维持两年的。那是我人生的一段小假期，是一段美好的时光。我从十来岁就开始承担家务事了。所以，大学时光是我这辈子唯一不用做家务的日子。

《巴黎评论》：你上完两年大学，马上就结婚了？

门罗：我大学第二年结束之后立即就结婚了。我二十岁。我们搬到了温哥华。结婚是件大事——还有搬家，也是个巨大的冒险。在加拿大境内，我们搬到了力所能及最远的地方。我们俩一个只有二十岁，另一个二十二岁。我们很快建立起了非常适当的中产阶级生活。我们考虑买个房子，生孩子，而我们也很快做到了这些。我二十一岁时就有了第一个孩子。

《巴黎评论》：而在这个过程中，你还一直在写作？

门罗：我在怀孕期间一直像疯了一样写作，因为觉得有了孩子，我就再也不能写作了。每次我怀孕都刺激着我要在孩子还没有降生之前完成大部头的作品。但实际上，我从没有完成过任何大部头的东西。

《巴黎评论》：《谢谢你送我》这个故事，你是用一个相对冷酷的城市男孩的角度来写的。有个晚上，他挑选了个小镇姑娘，两人一起过夜，而对于她的贫困生活，这男子既着迷又厌恶。看上去令人惊讶的是，写这个故事的时候，你自己的生活是非常平稳安逸的。

门罗：我怀着大女儿的那年夏天，我丈夫的一个朋友来看我们。他在我们那儿待了大概一个月左右。他当时在那里参与加拿大电影局一部电影的拍摄工作。他告诉了我们好多事情——就像我们现在这样闲聊，关于我们生活中的趣事。他给我们讲了个故事，说他曾经在乔治湾的一个小镇上，和一个当地女孩约会过。这个中产阶级男孩遭遇到的事情对我来说非常熟悉，而他却不熟悉。我立即非常强烈地认同那个女孩，她的家庭和她的处境。我猜我在之后不久开始写这个故事，我记得当时我的小宝贝从摇篮里望着我。

《巴黎评论》：你的第一本书出版的时候，你多大年纪？

门罗：我大约是三十六岁。我写这些故事写了许多年，最终，一家加拿大出版社，瑞尔森出版社的一位编辑写信给我，问我是否有足够的故事来出一本书。这个出版社后来被麦格劳-希尔公司收购了。最初，那编辑想把我的小说和另外两三个作家的作品放在一起出个合集。这个计划流产了，不过，他手上还是有一些我的故事。他后来辞职了，可还是把这些稿子交给了出版社的另一位编辑。后来的这位编辑说，如果你能再写三个短篇，我们就可以出本书了。于是，我在出版那本书的前一年写了《影像》《牛仔沃克兄弟》和《明信片》。

《巴黎评论》：这些故事都在杂志上发表过吗？

门罗：大部分故事发表在《塔玛拉克评论》杂志上。那是一本非常棒的小型杂志，非常勇敢的一本杂志。杂志编辑说，他是加拿大唯一可以叫得出所有读者名字的编辑。

《巴黎评论》：你有没有一个特别的时间用于写作？

门罗：当孩子们还小的时候，我的写作时间是在他们上学之后。那些年我非常努力地写作。我丈夫和我拥有一间小书店，甚至我在书店工作的那些年，我也可以在家里待到中午时分。我是应该在家里做家务，可我用来写作。后来，我不用每天都去书店上班了，我就写到家里人回家吃午饭，等他们吃完午饭离开之后继续写。大约写到下午两点半，我很快喝上杯咖啡，开始做家务，争取在晚饭前把事情做完。

《巴黎评论》：那在你女儿们还没到上学年龄之前，你什么时候写作呢？

门罗：在她们睡午觉的时候。

《巴黎评论》：你在她们睡午觉的时候写作？

门罗：是的。从下午一点到三点。我写出好多东西，不怎么好，不过，我还是挺多产的。在我写第二本书《女孩和女人们的生活》的时候，我创作力非常旺盛。我要照顾四个孩子，因为我女儿的一个小朋友和我们一起住，我还要每周在书店帮两天忙。我曾经试过一直写到凌晨一点，然后第二天一早六点起床。我记得自己曾经想，这太可怕了，我可能要死了。我会心脏病发作。我那时候大概只有三十九岁，可我却想到了这些；然后，我想，就算我死了，我也写出了那么多页的东西，他们会明白这个故事如何发展。那是一种绝望……绝望的竞赛。现在，我可没有那样的精力了。

《巴黎评论》：写作《女孩和女人们的生活》经历了怎样的一个过程？

门罗：我还记得我开始写那部小说的那一天。那是在一月份，是个星期天。书店星期天不开门，我就去了那里，把自己反锁在里面。我丈夫说，他会准备晚餐，所以我有一整个下午。我记得自己环顾四周，看到那么多伟大的文学作品围绕着我，心里想，你个傻瓜！你在这里做什么呢？不过，想完之后，我上了楼进了办公室，开始写其中的一个章节"伊达公主"，那是关于我母亲的。关于我母亲的素材是我一生中的重要素材，而且对我来说，它们一直是信手拈来的。我只要放松下来，那些素材就会浮上来。所以，一开始写那个故事，我就沉溺其中了。可是，我犯了个大错。我试图把它写成一部常规的小说，一个关于童年和青春期的平常故事。差不多到了三月份，我感到我写的东西不成立。我觉着不对劲。我想，我不得不放弃它了。我非常沮丧。后来，我意识到，我需要做的是把这部小说拆开，然后，把每一部分写成短篇的形式，这样我就能够驾驭了。也是这件事情让我意识到，我永远写不出真正的长篇小说，因为我无法用写长篇小说的方式来思考。

《巴黎评论》：你的《乞丐女仆》也可以被算作一部长篇小说吧，因为里面的故事都有内在的联系。

门罗：我不想过多地事后品评，不过，我经常想写另一个系列故事。在我的新书《公开的秘密》里面，有些人物会重复出现。《破坏者》里的碧·多德在《搬离》当中提到过，是个小姑娘。《搬离》是我为这部集子写出的第一个故事。比利·多德是图书管理员的儿子。我在《太空船降落了》这个故事当中提到过他们两个。不过，我决不能够让这类的写作结构压倒故事本身。如果我为了适应一个故事，而开始去修改另一个故事，那我可能正在犯错误，在不应该费事的地方费工夫。所以，尽管我很喜欢这主意，却不知道是否会再写这类的系列故事。凯瑟琳·曼斯菲尔德[①]在她的一封信里说过类似这样的一段话：噢，我希望写出一部长篇小说，我希望我身后不只留下些零碎的故事。如果这辈子只留下些零星的短篇，你心里就很难摆脱那种雕虫小技微不足道的感觉。我知道你肯定会说起契诃夫什么的，可还是遗憾啊。

《巴黎评论》：而且，契诃夫总是想写成一部长篇小说。他要把它命名为《我朋友们的生活》。

门罗：我知道。而且，我理解那种感觉，其实你是能够做到把所有的素材放进一个大容器里的。

《巴黎评论》：当你开始写一个故事的时候，你已经知道这个故事会是什么样子了吗？情节都已经设计好了吗？

门罗：并没有完全设计好。任何好的小说通常都会出现变化。我现在

---

① 凯瑟琳·曼斯菲尔德（Katherine Mansfield，1888—1923）新西兰著名短篇小说家，被称为新西兰现代文学的奠基人。

正在写一个故事,刚开头,不太顺利。我每天早上都在写,还是无法把握它。我不怎么喜欢它,不过我想,或许写到某个时刻,我可以投入到这个故事里。通常,还没有动笔之前,我已经对自己要写的故事人物非常熟悉了。在我没办法有规律地写作的那些日子,故事会先在我的脑子里酝酿很长时间,而我一开始动笔,就能够深入故事里了。现在,我的酝酿工作就是在笔记本上写满构思。

《巴黎评论》:你用笔记本?

门罗:我有一大堆笔记本,上面的字迹非常潦草,就是把任何冒出来的想法记录下来。我看着那些草稿常常感到疑惑,把这些东西写出来是否有任何的意义。我与那些有天赋的作家相反,你明白,我指的是那种文思泉涌的作家。我不是一下子就能把握住它——我是指我希望表达的东西。我总是误入歧途,然后再把自己拽回来。

《巴黎评论》:你如何意识到你写的东西误入歧途了呢?

门罗:我会沿错误的方向写上一整天,还觉得,嗯,今天写得不错,比平时写的页数要多。然后,第二天早上醒来,我意识到我不想继续写那篇东西了。当我感到对于自己所写的东西特别犹豫,需要强迫自己才能继续写下去的时候,我大概就明白我写的东西有很大的问题。经常是在写到四分之三的时候,我就会到达某个临界点,相对还算早,就觉着要放弃这篇东西了。之后,会有一两天,我非常沮丧,到处抱怨。我开始想些别的可以写的题材。这就像是一场外遇:你和新的男子外出约会,只是为了从内心的失望和折磨中走出来,你其实一点儿也不喜欢他,可是你还没有注意到。不过,对于那篇我想放弃的故事,会忽然有些新想法从我脑子里冒出来,我又明白该如何继续下去了。可是,这些想法似乎只有在我说完"不行,这行不通,算了吧"之类的话之后才会出现。

《巴黎评论》:你总是能有新的想法出现吗?

门罗：有时候也不行。每逢这样的时候，我一整天情绪都不好，这也是我唯一非常烦躁的时候。这些时候，要是格里和我说话，或在房子里进进出出，把门弄得砰砰响，我就觉得快要爆炸了。要是他还哼起歌来的话，那就更糟了。我极力想清楚一些事情，但却处处碰壁，还是弄不明白。通常在我放弃一个故事之前，我会花些时间仔细考虑清楚。这个过程大约是一个星期，努力想清楚这故事，试着挽救它，之后放弃它，考虑其他可以写作的题材；然后，我又回到这个故事，经常都是在意想不到的时候有所突破，比如在杂货店或是开车出去兜风的时候。我会想，噢，我必须从如此这般的角度来写，我必须去掉这个角色，那几个角色当然应该没结婚，诸如此类。对这篇故事来说，这些会是大的改变，也常常会是极端的改变。

《巴黎评论》：这种变化会使故事成功？

门罗：我其实也不知道这变化是否让那故事更好。它的作用只是让我有可能把这故事继续写下去。这也是为什么我说，我不认为自己有什么灵验的招数，可以用它来支配我的写作。我只是尽可能于重重困难之中，抓住我想表达的东西，最终勉强完成。

《巴黎评论》：写作中，你经常变叙事换角度或是语气吗？

门罗：哦，是的。有时候，我对自己写的东西不确定，我就会从第一人称开始试到第三人称，一遍一遍地试。这是我的主要问题之一。我经常是使用第一人称，把自己陷进故事里，之后却发现由于某些原因，无法继续下去。在这种时候，我会相当无助，会听从别人的建议。我的代理人不喜欢我在《阿尔巴尼亚处女》中使用第一人称，我就想，反正我对此也不十分确定，于是，就把它改了。但是后来，我又把它改回了第一人称。

《巴黎评论》：从故事主题这个层面来说，你如何有意识地去理解正在写的故事?

门罗：嗯，并不是完全有意识的。我能看清一个故事可能出现的错误走向。对我来说，意识到写得滥的部分比看到优秀的部分更容易些。有些故事不像另一些故事那样成功，而有些故事的构想比另一些更为轻松。

《巴黎评论》：轻松?

门罗：对我来说，它们更为轻松。我没觉得自己承担了很大的责任。我在读缪丽尔·斯帕克[①]的自传。因为她是基督徒，一位天主教徒，所以，她认为上帝才是真正的作家。它让作家们不要试图去争夺那种权力，不要尝试去写关于人生意义一类的虚构作品，不要去攫取只有上帝才能掌控的东西。所以，人们写娱乐性的东西。我想这正是斯帕克想说的。我觉得，有时候我有意把故事写得娱乐化。

《巴黎评论》：你能举个例子吗?

门罗：哦，我觉得那篇《杰克·兰达酒店》就是一篇带有娱乐效果的故事，我挺喜欢的。无论如何，我想要这种效果。而像《我年轻时的朋友》这样的故事却不会是娱乐性的。它具有其他的效果，是能打动我内心最深处的。

《巴黎评论》：写作这些自认为带有娱乐性的作品的时候，你是否也感受到和处理重要题材时同样的痛苦和烦恼?

门罗：是的，那肯定是一样的。

《巴黎评论》：有没有一些故事完成起来是毫不费力的?

门罗：实际上，《我年轻时的朋友》这一篇我完成得很快。是我听来的一段趣闻。我认识一个在哥德里奇镇图书馆工作的年轻人，他为我做一

[①] 缪丽尔·斯帕克（Muriel Spark，1918—2006），英国作家，代表作为长篇小说《布罗迪小姐的青春》。

些资料收集的工作。有天晚上，他来我这里作客，谈起了他家的邻居，就住在他家旁边的那个农场。那家人信仰某种宗教，而这种宗教禁止人们玩纸牌，所以他们玩加拿大弹棋，一种棋盘游戏。他只是告诉了我这些事情，然后，我就问起那家人，他们的宗教、他们是什么样的人这类的问题。他向我描述那家人，然后告诉了我那家的一件婚姻丑闻：有个经常去拜访的年轻人，和他们同属一个教会，而且和那家的大女儿订了婚。可令人吃惊的是，那家的小女儿怀孕了，于是这场婚姻就调换了主角。他们还继续住在同一个屋檐下。我写的修房子，还有重新粉刷房子这些事情都是真的。新婚夫妇粉刷了他们那一半，但那姐姐没有——房子只粉刷了一半。

《巴黎评论》：里面有个护士也是真的？

门罗：噢，护士是我虚构的，不过那名字可是真的。有一次，我们这里的波利斯剧院举办筹款活动，离我们这里大概十六公里吧。每个人都要贡献点什么来进行拍卖。有人想出了个主意，说我可以拍卖我故事中某个人物的命名权，就是在我的下一个故事中，要用拍得者的名字作为其中一个角色的名字。一位从多伦多来的女士出了四百块加币买下了这个权利。她的名字是安德鲁·阿特金森。我忽然想到，这就是那位护士。我后来再没有她的消息了，希望她不会介意。

《巴黎评论》：你如何开始写这个故事的？

门罗：每年秋天，我们从安大略省开车去不列颠哥伦比亚省，春天再开回来。我是在开车旅行途中开始写这个故事的。我们在路上，所以也没有动笔，但是，在旅馆中的那些个晚上，我就想起了这一家人。然后，我妈妈的故事开始围绕着这家人出现了，之后，我在讲述我妈妈的故事——我于是看清了它是关于什么的。我觉得这个故事来得相当容易，对我来说没有任何困难。我经常会写到我母亲以及我对她的感觉，写起来毫不费力。

《巴黎评论》：你作品中出现了几位母亲的形象。那位独特的母亲也出现在其他故事里，她读上去非常真切。不过，佛罗这个人物也很真实——就是《乞丐女仆》里面罗斯的后妈。

门罗：佛罗不是真实的某个人。她是我了解的某类人，是那种作家们谈论的混合形成的人物。我觉得，佛罗非常强壮，写那个人物的时候，我刚刚搬回东部生活，而我离开已经有二十三年了。这里的整个文化都给了我巨大的冲击。我感到我曾经生活的世界，我童年的世界，在我搬回来遭遇到真实世界的一瞬间变得模糊不清。佛罗就是这种真实世界的化身，比我记忆中的要残酷得多。

《巴黎评论》：很明显，你经常旅行。不过，你的作品似乎有种根深蒂固的乡村情感。你是否觉得你在这里听到的故事让你更有共鸣；或者，当你居住在城市的时候，你也会使用那里的素材？

门罗：当你住在一个小镇的时候，你会听到更多的事情，关于各色人等；在城市，你主要是听到和你类似的人们的故事。如果你是个女性，很多事情来自你的朋友们。我的那篇《与众不同》就取材于我在维多利亚的生活，《白色垃圾》的大部分也源自那里。那篇《适宜》是来自于这里的一个真实恐怖的事件，一对六十出头的老夫妇，一个杀死了另一个再自杀。在城市里，这些故事我只能在报纸新闻上看到，我不会串起所有的线索。

《巴黎评论》：对你来说，虚构一个故事和混合真实事件哪一样更容易？

门罗：目前来说，我带有个人经验的写作比以前少了，原因很简单，也很明显，你用尽了童年的素材。除非你能像威廉·麦克斯韦尔那样，不停地回到童年记忆并能从中发掘出更多完美崭新的层面。在你的后半生，你能拥有的深刻而又私人的素材就是你的孩子们。在你的父母去世之后，你可以描述他们，但你的孩子们还在那里，你还希望他们将来到养老院来探望你。也许转而去描述更多依赖观察得到的故事是明智的。

《巴黎评论》：和你的家庭故事不同，你有几篇作品可以被称作历史小说。你是去寻找这些故事素材，还是等着这些故事在你脑子里出现？

门罗：我从来没有在寻找写作素材方面遇到过麻烦。我等着它们出现，它们总是会出现。如何去处理汹涌而来的素材才是我的问题。对于历史小说，我不得不对许多史实做大量的研究。好多年来，我一直想写一个关于维多利亚时代女性作家的故事，是这个地区的一位女作家。唯一的麻烦是我找不到我想引用的诗文；所有读到的东西都很糟，都有些荒唐可笑了。我希望有一些更理想的东西。最后，是我自己写了里面的诗文。写作过程中，我参阅了大量的旧报纸，我丈夫手边有一些——他在做关于我们所在的郡、也就是安大略省休伦郡的研究。他是一位退休的地理学家。我脑子里有非常清晰的那个镇子的形象，我把它叫作沃利镇。我从剪报上得到小镇的样子。还有，如果需要某些具体资料，我有时会让那个图书馆的年轻人帮我一把，比如找找旧车型号，或者是一八五〇年代的长老会教堂之类的信息。他很棒，也很喜欢做这些事情。

《巴黎评论》：那些出现在你作品里的姨妈呢？

门罗：我的姨婆和外婆在我们的生活中非常重要。不管怎么说，我家住在一个摇摇欲坠的农场，养狐狸和貂，还是在镇子最糟糕的地区北面一点儿。可她们住在真正的市中心，有一栋漂亮的房子，保持着文明的生活习惯。所以，她们的房子和我们的房子之间，关系总有些紧张，但这对我来说很重要。在我还是个小姑娘的时候，我很喜欢这一点；不过，到了青春期的时候，我觉得这是个负担。那个时期，我母亲不是我生活中最主要的女性角色，尽管她是绝对重要的人；她不再是那个设定生活规范的人。所以，这些老年女性走进来，替代了她的角色，尽管她们设立的规范我全然不感兴趣，不过，那种持续的紧张对我来说很重要。

《巴黎评论》：所以，实际上你并没有像小说《女孩和女人们的生活》里的那对母女一样，搬到城里去生活？

门罗：我们搬到城里过了一个冬天。我母亲决定在城里租栋房子过个冬天，她就这么做了。她邀请女士们来参加午餐聚会，努力想融入那个圈子，但是却完全做不到。她融不进去。她们无法相互理解。我还记得我们搬回农场时的情景。家里的男人们占领了农场，我爸爸还有哥哥。你甚至看不出油毡地毯上的花纹了，房子像是被泥沙淹没过似的。

《巴黎评论》：有没有一些小说你喜欢，但是其他人不喜欢？比如，有没有你先生不喜欢的故事？

门罗：我非常喜欢《橙子街溜冰场的月光》，但是，格里不喜欢。那故事是他告诉我的，他的童年轶事，也可能因此他期待着一个非常不同的故事。我以为他会喜欢，所以也没怎么担心。他看完了说，哦，它不属于你作品中最好的。那是我们唯一一次对我写的东西有争执。从那以后，他就非常小心，不当着我的面阅读我写的东西。如果他喜欢某一篇，他就会提起来，但也可能绝口不提。我想，在婚姻里处理这类的问题，你必须如此。

《巴黎评论》：格里就是本地人，他当时住的地方离你长大的地方不超过四十公里。和你的第一任丈夫吉姆[①]比起来，他的这些童年轶事或是记忆是否对你更有价值？

门罗：是这样的。吉姆来自多伦多附近的一个城市。不过，他的家庭背景是完全不同的。他住在富裕的中产阶层地区，那里所有的男人都在多伦多上班，而且是专业人士。约翰·契弗曾经描述过在纽约附近的类似地区。我以前从来不了解这个阶层的人士，所以，他们的思维方式对我来说有趣得要命，不过，那不是轶事一类的东西。我猜，有很长一段时间，我

[①] 吉姆·门罗（Jim Munro），艾丽丝·门罗的第一任丈夫。两人于1963年在加拿大西部的维多利亚市开办了"门罗书店"（Munro's Books），吉姆至今仍在经营这家书店。

对那个阶层有太多的敌意，以至于没有去了解过他们。我那时更左倾一些。而格里告诉我的东西却是对我的成长记忆的进一步延伸——尽管一个小镇男孩的经历和一个农场女孩是截然不同的。格里生活中最有意思的部分可能是他七岁到十四岁之间的经历。在那个年纪，男孩子们成群结队在镇子里闲逛。他们倒不是小流氓啊什么的，不过，他们或多或少做事情随心所欲，像是镇子上的一种亚文化现象。而女孩子们不是这其中的一部分，从来就不是。我们总是和一小群女孩扎堆，我们就是没有那种自由。所以，了解他们的这部分生活会非常有趣。

《巴黎评论》：你在这个地区以外的地方住过多少年？

门罗：我在一九五一年底结婚，然后搬到了温哥华，在那里一直住到一九六三年。然后，我们搬到了维多利亚市，我们在那里开了间书店，门罗书店。我应该是在一九七三年夏天搬回来的。所以，我在维多利亚只住了十年。我的第一次婚姻维持了二十年。

《巴黎评论》：你搬回东部来，是因为遇到了格里，还是为了工作？

门罗：是为了工作。还有是因为我和我的第一任丈夫在维多利亚住了十年。我们的婚姻在最后那一两年已经面临解体。那是个很小的城市，你有个很小的朋友圈子，里面的每个人都相互认识。在我看来，如果你的婚姻正在解体，继续待在同一个环境里就非常困难了。我觉得这对我们两个人都好。他无法离开，因为他要照顾书店。多伦多附近的约克大学向我提供了一个教师的职位，在那里教授创意写作。可我只做了很短的一段时间，我恨那份工作。所以，尽管我没有钱，我还是辞去了那个职位。

《巴黎评论》：是因为你不喜欢教授创作？

门罗：不喜欢！那太可怕了。那是在一九七三年。约克大学是加拿大比较激进的大学，再加上我的班上都是男生，只有一名女生，可她几乎没有说话的机会。他们尝试的是当时非常流行的写作风格，也就是既艰涩难懂又老生常谈的那类东西。他们似乎对所有的事情都无法容忍。对我来说，在那个位置上，我学会了如何大声嚷嚷回去以及表达自己某些关于写作的想法，这些都是好事。那些想法我以前从没有认真总结过。不过，我不知道怎么和他们沟通，怎么做才能不与他们为敌。现在我可能知道怎么做了。不过，我所教的东西和写作没什么关系——更像是为将来进入电视行业而进行的良好培训，或是让你非常安心地认可一些俗套的东西。我应该是能够改变些什么的，但是我没能做到。有个学生，不是我班上的，交给我一篇她写的故事。我记得读的时候我热泪盈眶，因为写得太好了，也因为我已经有好长时间没有读到过好的学生作品了。她问我怎么才能够注册到我的课程，我说，不要！不要靠近我的班级，只需要继续把你写的东西拿给我看。她后来成了一名作家。我学生里唯一做到的一个。

《巴黎评论》：加拿大是否也像美国那样，开设创意写作专业的大学在扩展？

门罗：加拿大在这方面的扩展并不大。这里没有像美国爱荷华大学那样的写作项目。不过，在大学里教授写作也成就了一些人的个人事业。有一阵子，我很同情他们，觉得他们的东西不可能发表。可事实是，他们挣的钱可能有我一向挣的数目的三倍，这让我不是很理解。

《巴黎评论》：看上去，你绝大部分的故事就发生在安大略省。你是选择住在这里呢，还是机缘巧合？

门罗：现在，我会选择住在这里。这是格里母亲留下的房子，他曾经住在这里照顾她。我的父亲和继母也住在这个地区。我们觉得人生一世能够照顾老人家的时间其实是有限的，之后，我们会继续自己的生活。当然，也是有很多其他原因，我们并没有离开。老一辈的人都走了，我们却一直住在这里。现在，我们留在这里的一个原因是，这里的风景对我们俩来说都太重要了。我们有这个共同之处真是非常棒。而且，感谢格里，让我可以用如此不同的视角来领略这个地方。我无法以同样的感情拥有其他任何的一片风景，一个乡村、一片湖泊或是一个小镇。我现在意识到了这一点，所以我永远不会离开了。

《巴黎评论》：你怎么遇到格里的？

门罗：我在大学的时代就认识格里了。他是高年级生，而我是新生。他是"二战"后退伍的军人，这意味着我们之间有七岁的差距。那时候我十八岁，极度迷恋他。不过，他没有注意到我，他那时候注意的是另外一些人。那个大学很小，所以你会认识每个人，知道他们是谁。他当时属于一个很小的团体——我记得我们称他们为"波希米亚人"。他们给文学杂志写诗，他们是危险的，醉酒闹事什么的。我觉得他和那个文学杂志社有联系。我在写第一篇故事的时候，计划的一部分就是，我可以把手稿拿给他看。然后，我们就开始聊天，他会爱上我，事情就从那儿开始了。可我把手稿拿给他的时候，他说，约翰·凯恩斯才是编辑，他在走廊那头。那是我们唯一的一次交往。

《巴黎评论》：这是你在大学两年和他唯一的一次交往？

门罗：是的。不过，在我发表了第一篇小说之后，我收到格里写来的一封信。他那时已经离开了大学。我呢，在两个学年之间的假期里，到餐馆做服务生。那是一封非常美的信，通篇都是关于我的小说的，是我收到的第一封粉丝来信。但是，信里一点儿也没有说到我，比如说提到我的美丽，或者表示要是我们能一起聚聚该有多好啊什么的。那就是一封纯粹的文学欣赏的信。我对那封信没有表现出应有的感激，因为我对他有更多的幻想；如果那封信是其他任何人写来的，我的反应都会不一样。不过，那的确是一封非常可爱的信。再之后，我搬回了伦敦[①]，在西安大略大学找到了工作，他碰巧听到了我在广播里的声音。我在接受一个采访。我当时一定是谈到了我住在哪里，给人的印象是我又单身一人了，因为他之后就直

[①] 此处伦敦（London）系加拿大安大略省西南部城市，是西安大略大学所在地。

接来看我了。

《巴黎评论》：这已经是在二十来年之后了？

门罗：至少是二十年之后了，我们那些年也没有见过面。他看上去和我想象中的完全不同。他直接打电话给我说，我是格里·弗雷姆林。我现在在克林顿，我想着我们什么时候能一起吃个午饭。我知道他家是在克林顿，还想着他可能回来看望父母。我那时候知道他是在渥太华工作，有人曾经告诉过我。我想，他的妻子孩子在渥太华，而他在这里看望父母亲，想和旧相识吃个午饭。这就是我想象的情景。等到见了面我才知道，他就住在克林顿，也没有妻子和孩子什么的。我们去了教工俱乐部，一人喝了三杯马提尼，那可是中午啊。我觉得我们都有些紧张。不过，我们很快就变得熟悉起来。我记得到了当天下午，我们就已经在谈论搬到一起住了。真是够快的。我想我是在西安大略大学教完了那个学期的课程后，就搬到了克林顿镇。我们开始生活在一起，就住在他搬回来照顾母亲的那幢房子里。

《巴黎评论》：搬回东部不是因为你决定要在这里从事写作。

门罗：我从来没有为了任何写作的想法而做过决定，尽管我也从来没有想过要放弃它。我想，我只是不太能理解某些条件比另一些条件更有利于你写作这样的说法。唯一会阻止我写作的就是把写作当成一份职业——比如当我被公众定义为作家、给我一间办公室让我写作的时候。

《巴黎评论》：这倒让人联想起你早期的一篇小说《办公室》——一个女人为了写作租了间办公室，结果被房主不停地干扰，最后她只好搬出来。

门罗：那写的是我的真实经历。我的确是租过一间办公室，可在里面我却一个字也写不出——除了那篇小说。房主总是来烦我，不过，即便后来他不再打扰我了，我也写不出来。一旦划定个地方写作，比如在办公室，我就什么也写不出来。我曾经在澳大利亚的昆士兰大学做过驻校作家，我在那里有间办公室，是在大学的英文系，非常时髦漂亮的办公室。那里没人听说过我的名字，也就没人来看我。当然，那里也没人想成为作家。就像在佛罗里达，随时有穿着比基尼的人走来走去。我有大把的时间，坐在那间办公室，构思我的小说，可我却什么也想不出来；我的确想写些什么，可脑子却瘫痪了。

《巴黎评论》：温哥华为你提供的素材没那么有用吗？

门罗：我住在温哥华地区的郊区，最初是在北温哥华，然后是西温哥华。在北温哥华的时候，男人们都是一早出门，傍晚才回来。所以，白天都是主妇和孩子们。有很多非正式的聚会，几乎找不到机会可以独自待一会儿。主妇们聚在一起，争论些什么方式吸尘或是清洁绒毛玩具更好，我都快被弄疯了。还只有第一个孩子的时候，我就把她放在婴儿车里走到好几公里以外，来避免参加那些咖啡聚会。和我的成长环境相比，那里更加狭隘和压抑。好多事情是被禁止的——比如认真地探讨些什么。你的生活被严密安排好了，包括一系列被认可的消遣方式、被允许发表的意见，还有被大家接受的作为一个女人的行为方式。我想，那些女人唯一发泄的机会就是在派对上和别人的丈夫调情，那也是仅有的让你能有种真实感的时刻。在我看来，让她们和男人们唯一发生关联的，具有实质内容的，就是性；否则，男人们通常不和你谈话，或者即便和你谈话，也是一副居高临下的样子。我曾经遇到过大学教授什么的，如果我也了解他谈论的话题，就会被视为不可接受。男人们不喜欢你讲话，女人们也不喜欢你讲话。所以，你生活的世界是女人们谈论最好的饮食，或者如何护理毛绒玩具。我周围的都是些正在往上爬的男人们的太太。我是如此痛恨那个社区，以至于从未能把它写出来。后来，我们搬到了西温哥华。那是一个各年龄和各阶层人士混合的社区，不仅仅有年轻的中产夫妇。我在那儿交到了非常好的朋友。我们谈论书籍，还有丑闻，什么事情都能嘲笑一番，就像一群高中女生。那段生活是我一直想写而还没有动笔的——年轻女人们的颠覆性社群，它让每个人都保持着活力。不过，搬到维多利亚还开了那家书店是我生活中最美好的事情。感觉非常棒，因为镇子上所有疯狂的人都到书店来，和我们聊天。

《巴黎评论》：你们怎么想到要开一家书店？

门罗：吉姆那时候想离开他工作的伊顿商场，那是城里的一个大型百货商店。我们商量着他想做什么样的生意，我说："瞧，要是我们有个书店，我可以帮忙。"每个人都觉得我们会破产，的确，我们差一点儿就破产了。我们非常穷。不过那时候，我大点儿的两个女儿都上学了，所以我可以经常去书店照看。那是我第一段婚姻中最快乐的时光。

《巴黎评论》：你是否一直有种感觉，知道那次婚姻不会长久？

门罗：我感觉自己当时就像维多利亚时代的女孩子——结婚的压力是那么大，你会觉得需要赶紧解决掉这个问题：好吧，我要结婚了，他们就不会再用这个事情来烦我了。然后，我就会成为一个独立的人，我的人生就会开始了。我觉得，我结婚是为了能够写作，为了能够安顿下来，让我的注意力重新回到重要的事情上。现在有时候，我回过头看自己以前的日子，会想：那个年轻女人真是冷酷啊。我现在比那个时候传统得多了。

《巴黎评论》：每个年轻艺术家都在某种程度上不得不冷酷的吧？

门罗：如果是个女人，那会更糟。我不停地想提醒我的孩子们：你肯定你一切都好吗？我不是有意要这么……这当然会让她们恼怒，因为这暗示她们像是某种被损坏的物品。对孩子们，我是有些心不在焉的，而小孩子洞悉这类事情。我倒不是有意忽略她们，但我也没有全身心扑在她们身上。我大女儿两岁左右的时候，她会走到我的桌子跟前，而我正在打字。我会用一只手把她赶开，另一只手还在继续打字。我和她说过这些。这真糟糕，它让我女儿和对我来说最重要的事情成了敌人。我觉得我做的一切事情都是反过来的：在孩子们还小、最需要我的时候，我是个充满野心的作家。到现在,孩子们完全不需要我了,我却那么爱她们。我出神地看着房子四周,想着,以前这儿的家庭聚餐要多得多啊。

《巴黎评论》:你的第一本书就赢得了加拿大总督文学奖,大概相当于美国的普利策奖。在美国,靠处女作获得如此巨大荣誉的作家凤毛麟角。而一旦发生这样的事情,这位作家此后的写作生涯似乎会遇到更多困境。

门罗:嗯,首先是,我那时候已经不年轻了。不过,后来的确是更加困难。有差不多一年的时间,我什么也写不出来,就因为不停地在想,接下来,我必须写一部长篇小说。我倒没有压力说自己必须写出一部极其畅销、每个人都在谈论的书,比如,像谭恩美①的处女作发表之后那样。我的那本书销量很差,即使获得了总督文学奖,还是没人听说过。你去一个书店,找这本书,他们却没有。

《巴黎评论》:书评对你来说很重要吗?你觉得曾经从评论中学到过什么吗?是否有评论伤害过你?

门罗:重要,也不重要,因为你真的不能从评论里学到多少东西,当然,你也不会因为它而受到太大伤害。对你作品的批评,会让你觉得在公众面前受了羞辱。尽管没什么要紧,你也还是希望人们鼓掌欢送你下台,而不是鼓噪着轰你下台。

《巴黎评论》:在你的成长过程中,你是个喜欢读书的人吗?是否有作品对你产生过影响?

门罗:三十岁之前,阅读真的就是我的生活。我就活在书里面。美国南方的作家是最早一批让我感动的作家,他们向我证明你可以描述小镇,描述乡下人,而这些正是我非常熟悉的生活。不过,有意思的是,连我自己都没太意识到,我真正热爱的美国南方小说家都是女性。我不是太喜欢

---

① 谭恩美(Amy Tan, 1952—),美籍华裔作家,1989年凭处女作小说《喜福会》一举成名。

福克纳。我热爱尤多拉·韦尔蒂、弗兰纳里·奥康纳、凯瑟琳·安·波特，还有卡森·麦卡勒斯。她们让我觉得女性也可以写奇特的边缘化的东西。

《巴黎评论》：这也是你一直在写的东西。

门罗：是的。我逐渐认识到这是女人的领域，而关于现实生活主流的大部头小说是男性的领域。我不知道这种边缘人的感觉是怎么来的，我并没有被*排挤*到边缘。或许是因为我自己是在边缘社会长大的。我明白，伟大作家身上的某些东西，我感到自己是不具备的，不过，我不确定那究竟是些什么。我第一次读到 D.H. 劳伦斯的作品的时候，觉得极度不安。我总是对作家有关女人性方面的描述感到不安。

《巴黎评论》：你能告诉我究竟是什么让你觉得不安？

门罗：我的不安是，当我成为其他作家的描述对象的时候，我怎么能是一名作家？

《巴黎评论》：你怎么看魔幻现实主义的作品？

门罗：我的确非常喜欢《百年孤独》。我爱这本书，但它无法模仿。它看似简单，实则不然。当读到蚂蚁搬走婴儿，处女升入天空，族里的长老去世，天上飘下花瓣雨的情景时，真是精彩。不过，正如这本书一样难以写就，也如这本书一样完美的是威廉·麦克斯韦尔的《再见，明天见》，里面的一个角色是一条狗。他让一个原本老套的题材变得光彩夺目。

《巴黎评论》：你新近的一些作品似乎标志着你的创作方向改变了。

门罗：大概在五年前，我还在写《我年轻时的朋友》里面的故事的时候，我就想写一个另类现实的故事。我一直拒绝写这类故事，是担心会写成像《灵界》[①]那样非常无聊的玩意儿。我很害怕会这样。不过，我开始写

[①] 《灵界》(*The Twilight Zone*, 1959)，美国超现实、悬疑、灵异电视剧，是美国最成功的电视剧集之一。

《搬离》，就继续信手写下去，还写了那么一个莫名其妙的结尾。这可能和年纪有关。它让你对什么是可能的，究竟发生了什么——不仅是能够发生什么，还有究竟发生了什么——这一类问题的认知发生了变化。与现实脱节的事情曾在我的生活中发生，在其他人身上我也看到过。这是我的问题之一——为什么我无法写出长篇小说，我从来无法将事物之间的相互关联看得很透彻。

《巴黎评论》：你写作的自信心如何？经过这么多年，在自信心上有什么变化？

门罗：对于写作，我一向是非常自信的，但这其中又夹杂着担心，担心这种自信是完全错误的。在某种程度上，我觉得我的自信源自我的愚钝。还因为，我离文学的主流那么远，我没有意识到女人不像男人那样容易成为一名作家，对较低社会阶层的人来说也是一样。如果你生活在一个小镇，在那里，你连个真正读书的人都遇不到，而你自认为还写得不错，你当然觉得自己确实有罕见的天赋。

《巴黎评论》：在避开与文学界的接触方面，你可称得上是个高手了。你是有意识地这样做，还是特定的环境使然？

门罗：有好长一段时间，这当然是环境使然；不过，后来，就是一种选择了。我想我是个友善的人，但不好交际。主要也是因为作为一个女人，一个家庭主妇，一个母亲，我需要留出大量的时间，而这被解读成害怕交际。如果不是这样，我可能已经丧失了自信。我会听到太多我不理解的谈话。

《巴黎评论》：所以你对于置身主流之外感到高兴？

门罗：这可能正是我想说的。如果不是这样，我可能无法作为一个作家很好地幸存下来。在一群比我更清晰地知道自己正在做什么的人当中，我很可能会失去自信。他们经常高谈阔论，而且在信心方面都公认比我更有底气。不过，话说回来，对作家，这也很难说——谁是自信的呢？

《巴黎评论》：你成长的社区对你的写作生涯感到高兴吗？

门罗：人们知道我在这里或那里发表作品，不过，我的写作风格并不华丽。在我家乡，我的作品也不很受欢迎，因为里面有性、粗话，而且不大好理解……当地一份报纸曾经发表了一篇关于我作品的社论："一种刻薄内省的人生观……其扭曲的人格表现在……"这篇文章发表的时候，我父亲已经去世了。要是我父亲还活着，他们不会这么做的，因为镇上每个人都非常喜欢他。他是那么受欢迎且受人尊重，以至于大家对我的小说会保持缄默。不过，他去世后，情况就不同了。

《巴黎评论》：不过，你父亲喜欢你的作品？

门罗：不过，他喜欢我的作品，是的，他为我感到骄傲。他读很多的书，可他总是对阅读这事感到难为情。后来，在他去世前，他写过一本书，是在他去世后出版的。那是一部关于西南部内陆早期拓荒者家庭的故事，故事设定的时间就在他出生前，小说结尾的时候，他还是个孩子。他很有作家的天分。

《巴黎评论》：你能为我们读上一段吗？

门罗：在其中一个章节，他描述了一个生活在比他稍早时代的男孩子的学校是什么样子："在另外几面墙上，是已经泛黄的地图。上面画着些有趣的地方，比如蒙古，零星地散布着些牧民，穿着羊皮袄，骑在小马驹上。非洲的中心地带是一片空白，只用一条张开血盆大口的鳄鱼、还有把黑人按在大爪子下的狮子作为标记。而在地图正中心的地方，斯坦利先生正与利文斯顿先生互致问候，他们都戴着旧式的帽子。"

《巴黎评论》：你在他的小说里读到了自己生活的影子吗？

门罗：它不是关于我的生活的。不过，我辨认出相当多的我的写作风格。还有他看问题的角度——这我倒是不奇怪，因为我知道我们在这点上是一致的。

《巴黎评论》：你母亲在去世前看过你的任何作品吗？

门罗：我母亲不会喜欢我的东西的。我认为她不会喜欢的，性和那些粗话。如果她还健在，为了能发表自己的作品，我会不得不和家里大吵一架，甚至断绝关系。

《巴黎评论》：你觉得你会那么做吗？

门罗：我觉得会。是的，像我刚才说的，我年轻的时候更加冷酷。我现在想到我母亲的时候，感觉很温柔，可我有这种感觉的时间并不长。我不知道如果我女儿写到我，我会有什么感觉。她们现在的年纪，如果是个作家的话，该是出版处女作的时候了，描述自己的童年生活。成为你孩子作品中的某个人物，这种经历一定让人感到恐怖。有些人的评论很草率，这会伤害到其他人。比如有篇关于我的小说评论说，哦，她父亲是个邋遢的养狐狸的农夫，用这样一些句子来反映我家里的贫穷。一位女性主义作家解读说，《女孩和女人们的生活》里的"我父亲"是完全自传性的。她把我变成一个有悲惨的成长背景的人，因为我有个"不负责任的父亲"。这还是加拿大的大学里某位学者的言论，我真是太生气了，甚至想要起诉她。我非常愤怒，不知道怎么去处理。我觉得，她怎么写对我来说没什么，我已经取得了那么多成功，但对我父亲不公平，他只不过是我父亲而已。他现在已经去世了。难道因为我写的小说，他以后就该被认为是个"不负责任的父亲"？后来，我意识到，这位学者代表着年轻的一代，他们生活在完全不同的经济状况下。他们生活在一个福利社会，享受全面的医疗保险。他们无法想象一些事情，比如一场疾病能给家庭带来怎样毁灭性的打击。他们从未经历过任何真正的财政困难。看到一个贫穷的家庭，他们想到的是，那是一种选择。而你不愿意改善自己的生活，那就是"不负责任"，那是愚蠢或类似的东西。我小时候，房子里没有洗手间，这个太令年轻人震惊了，真邋遢。事实上，他们想到的也许不是邋遢，而是：这太有趣了。

《巴黎评论》：我们还没有问到你每天的写作习惯。你一星期实际上写作几天？

门罗：我每天早上都写，一星期七天。一般我从早上八点钟开始，上午十一点左右结束。剩下的时间我就做其他的一些事情。除非我正在对作品做最后的润色或什么的，那我会希望持续工作一整天，中间只稍稍休息一下。

《巴黎评论》：你严格执行这个时间表吗？要是遇上婚礼或是其他必要的活动怎么办？

门罗：我每天对自己的写作页数有个定量，我强迫自己完成。如果我知道我在某一天要去别的地方，我会尽力在之前多写几页。这是一种强迫症，非常糟糕。不过，我不会让进度过于延后的，好像那样我就会失去这个故事似的。这和年龄增长有关。人们变得强迫自己做某些事情。我对自己每天走多远的路程也有规定。

《巴黎评论》：你每天走多远？

门罗：我每天走五公里。如果我知道有哪一天我没有办法走那么多，我必须在其他时间把它补回来。我留意到同样的事情也发生在我父亲身上。你是在保护自己，这么做会让你觉得如果你遵守所有好的规矩和习惯，就没有什么可以打败你。

《巴黎评论》：你用五个月左右的时间完成了一个故事，你会休息一阵子吗？

门罗：我几乎是马上就开始下一个故事的写作。以前，我有孩子还有好多其他事情的时候，不是这样的。不过，到了现在，有可能停止写作这个想法让我有点惊慌——就好像一旦停下来，我可能会永远停止写作。我脑子里可是储存了一堆的故事。不过，写作不仅需要你有个故事，也不仅仅是技能或是技巧，还需要有一种激情和信念，没有它，我无法写下去。我曾经有过全然不知疲倦写作的日子，那时这种激情和信念似乎用之不竭。但现在，我有了些小小的变化，有时候会想到，如果失去它，感觉会怎样，可我甚至无法描述它究竟是什么。我觉得它只对故事本身敏感，甚至与这篇故事成功与否没有太大关系。上了年纪以后，在某种程度上，你的兴致有可能被耗尽了，你无法预见这一点。它甚至在一些曾经对生活充满兴致和责任的人身上也会出现，就是为了活着而活着。你在旅行的时候，可以从许多人的脸上看到这一点——比如，餐馆里的中年人，或者像我这样在中年的尾巴上、即将步入老年的人。你能看到这一点，或是像只蜗牛一样感觉到它，那种眼神里的讪笑。那种感觉就是，某种程度上，人对事情做出反应的能力被关闭了。我现在觉得这是可能的。我感觉这就像是你有可能得关节炎，所以你要锻炼，以防止自己患上这种病。我现在更加意识到，所有东西都会有失去的可能，包括以前填满你生活的那些东西。或许，应该坚持下去，做些什么来避免它发生。某些原因导致一篇故事失败——我说的不是这个。故事会失败，但你对于写这个故事的重要性的信念不会失败。失去这种激情和信念可能才是危险所在。这可能是一头野兽，藏身于老年人心理的最深处——你对于值得做的事情也失去了感觉。

《巴黎评论》：有人会觉得疑惑，因为艺术家似乎是一直可以工作到生命最后的。

门罗：我想这也是有可能的。但你还是需要更加警觉一些。二十年前，我无法想象我会失去这些——信念，以及激情。我猜想这就像是你不再坠入情网了。不过，不再坠入情网是可以忍受的，毕竟那不是必须的。我觉得这就是我还在继续写的原因。是的，我没有一天停止写作。就像我每天坚持散步一样。如果我一个星期没有锻炼，我的身体就失去了正常状态。你必须时刻保持这种警觉性。当然，如果你放弃了写作，也就无所谓了。我害怕的不是放弃写作，而是放弃那种兴奋，或者失去想要写作的冲动感。我的疑惑是：一旦人们不需要做每天都在做的事情了，大部分的人会做什么？甚至连退休的人也会去学个什么课程或培养些兴趣爱好来填补这个空白；想着我可能会像他们那样，或是要那样去生活，我真的充满了恐惧。我这辈子唯一做的事情就是写作。所以，我不了解如果有各种不同的事情可以做，那样的生活会是怎样。我想象中唯一能过的另一种生活就是学者式的生活，但我可能把它理想化了。

《巴黎评论》：它们是非常不同的生活，是只有一个目标的生活与有一系列目标的生活的差别。

门罗：你外出打高尔夫球，你很享受，然后你种花，还请朋友来家里晚餐。但我有时候想，要是停止了写作怎么办？要是这个能力逐渐消失了怎么办？那样的话，我不得不开始学习些别的事情。你无法从写虚构类的作品转变为写非虚构类的东西，我觉得不行。创作非虚构作品本身就已经是非常困难的了，那是要学习一件全新的事情。不过，也许我会试试。我试过两次要写本书，是每个人都会写的那类家族故事。不过，我还没有完成故事的框架，也还没有中心。

《巴黎评论》：发表在《格兰街》[①]杂志上的那篇《劳碌一生》呢？读起来很像回忆录。

门罗：是的。我会把散文集结成书，这一篇也会收进去。[②]

《巴黎评论》：嗯，威廉·麦克斯韦尔写的那本关于他的家族故事的书《先辈们》，也是这种写法。

[①] 《格兰街》(*Grand Street*)，美国文学、艺术视觉杂志，由美国出版人本·索南伯格创办于1981年，已于2004年停刊。艾丽丝·门罗的《劳碌一生》即发表于该刊创刊号。
[②] 《劳碌一生》后被门罗收入2006年出版的《岩石堡风景》一书。

门罗：是的，我非常喜欢那本书。我问过他写作那本书的事情。他手上有许多的素材可以利用。他做到了每个写这类作品的作家必须做的事，就是把家族历史放到一个更大的历史环境中去写。具体到他的这本书，就是在十九世纪早期，美国的宗教复兴。我对此完全不了解。我不知道美国其实曾是个没有上帝的国家，可忽然之间，整个国家对宗教陷入疯狂。这个背景太棒了。如果你有这样的背景，这本书就成立。它是要花些时间的。我不断地想着，我也要写一本这样的书，可接着，我有了另一个故事的构思，而这个故事总像是无限重要，尽管它不过是个故事而已。我在《纽约客》上读到了对威廉·特雷弗的专访，他说了类似这么一段话：然后，又一个小故事的构思出现了，而它解答了生活将会怎样这个问题。

（原载《巴黎评论》第一百三十一期，一九九四年夏季号）

若泽·萨拉马戈

◎王渊/译

一九九八年十月八日,在连续几年出现在非官方的热门候选名单后,若泽·萨拉马戈获得了诺贝尔文学奖,成为第一位获此殊荣的葡萄牙人。在被问及获奖感言时,他说:"我并不认为诺奖获得者的义务等同于选美大赛的冠军,要出现在各处闪光灯下。我并不期望获得那种宝座,当然,我也不能如此。"

若泽·萨拉马戈一九二二年出生于葡萄牙中部里巴特茹区一户贫苦农民家庭。两岁时全家搬到里斯本,父亲当警察为生。少年时期的经济拮据使得萨拉马戈不得不从一所普通高中转入技校,之后辗转从事各类行当,还当过技师,之后才全职写作。

一九四七年,时年二十四岁的萨拉马戈出版了他的第一本小说《罪恶之地》。此书原名《寡妇》,出版商将其改为现名,希望惊悚的标题能增加销量。萨拉马戈后来表示,在那个年纪他对寡妇和罪恶都一无所知。接下来的十九年他并未发表任何作品。一九六六年他的首本诗集《可能的诗》面世;接着一九七七年发表了第二本小说《书画手册》。六七十年代萨拉马戈还活跃在新闻界,短暂担任过《消息日报》的助理主编。日子尤其难过时,他还以法语翻译为生。一九六九年他加入葡萄牙共产党,此后一直是坚定不移的党员,他的写作也一直与社会评论和政治紧密相关。

一九七四年康乃馨革命后,随着一九八〇年《平地而起》的出版,萨拉马戈终于确立了自己小说家的身份。这个关于葡萄牙阿连特茹区三代农民的故事不仅获得了广泛关注,而且还赢得了里斯本市奖。一九八二年的

《修道院纪事》则让他的声名在国际上一飞冲天,这本书于一九八七年成为他首本进入美国的小说。他的下一部长篇《里卡多·雷耶斯离世之年》获得了葡萄牙笔会奖和竞争激烈的不列颠独立外国文学奖。《石筏》延续了他的成功,这本书用奇幻的方式对欧洲竭力证明自己的欧洲性进行了批评,书中伊比利亚半岛从欧洲断裂开来,沿着大西洋航行搜索自己的拉美和非洲之根。一九八九年《里斯本围城史》出版,萨拉马戈在最近的一篇文章中指出,本书的主角莱蒙多·席尔瓦有很多他本人的影子。莱蒙多是一位离群索居的中年校对员,他喜欢上了自己的上司,那位年轻迷人的主编让他摆脱了情感上的平庸。和接下来的所有书一样,这本小说献给了他的妻子西班牙记者皮拉尔·德尔·里奥,他俩于一九八八年结婚。

一九九一年萨拉马戈出版了《耶稣基督福音》,获得葡萄牙作家协会奖,并取得欧盟文学大赛阿里奥斯托奖的提名。然而,葡国政府屈服于自身的保守元素以及来自天主教会的压力,禁止该书参加比赛。"这完全没有道理,"萨拉马戈抱怨道,"这种事情竟然会出现在已经完全民主的葡萄牙。难道有哪个政府可以证明这样野蛮的行为是合法的吗?这让我非常痛苦。"

这次争议过后不久,萨拉马戈和妻子就离开了自己居住了大半生的里斯本,搬去西班牙加纳利群岛的兰萨罗特岛,他们的三条狗——一只猎犬和两只中型狮子狗——依然陪伴在他们身边。他们在妻妹的房子旁边自己盖房子居住。搬家至今萨拉马戈出版了两本小说:《失明症漫记》,一本关于现代人的愚蠢及伤害人类同胞能力的阴森寓言,以及《所有的名字》。他还发表了五卷《兰萨罗特日记》。

本次采访时间是一九九七年三月一个明媚的下午,地点在他兰萨罗特的家中。他正在等待成为这座岛屿的养子[①]。他的夫人皮拉尔领着我快速参观了房屋,包括他的书房:一间整洁的方形房间,摆满了书,桌子正中

[①] 兰萨罗特"收养"萨拉马戈的仪式于1997年12月22日进行。萨拉马戈在仪式中表示:"能有另一个父亲和母亲总是件好事,而现在兰萨罗特就是我的另一个父亲和母亲。"

摆放着他的电脑，用他的话说那是"一部卓越的机器"。二层正在建一间更大的办公室，透过落地窗能欣赏到卡门港，临近的富埃特文图拉岛，还有兰萨罗特的海滩和金属般的蓝天。谈话偶尔会被装修声和狗吠打断，皮带套着的狗儿拖着皮拉尔到处跑。令我印象最深的是萨拉马戈犀利的幽默感，还有他会努力让客人感到放松。"我亲爱的"，我们谈话时他经常这么说让我安心。

——东泽莉娜·巴罗佐，一九九八年

《巴黎评论》：您想念里斯本吗？

若泽·萨拉马戈：这并不完全是想不想念的问题。如果想念真的如诗人所说是一种情感，让人毛骨悚然，那么事实就是我并不会脊骨发冷。

我也会思考这个问题。我们在那儿有很多朋友，时不时也会到那儿去，但是现在我在里斯本的感觉就是我再也不知道该去哪儿了。我不知道该怎么在里斯本生存。在那儿待几天或者一两周的话，显然我会拾起过去的老习惯，但是我总是想着尽快回这里来。我喜欢这个地方，喜欢这里的人，我在这里过得很好，我不认为我有一天会离开。唔，我会离开，说到底我们有一天都得离开，不过我绝不会自愿离开。

《巴黎评论》：当您搬到兰萨罗特，远离您生活和写作了那么多年的环境后，您是立即适应了这里还是想念过原先的工作环境？

萨拉马戈：我很快就适应了。我觉得自己不是那种折腾的人。无论在我身上发生的事情是好是坏，我一向不会大悲大喜。我只是经历那些瞬间。当然，如果我感到悲伤，我会悲伤，但是我不会……这么说吧，我不会找法子刻意变得有趣。

我正在写一本书。向你讲述我忍受的折磨，塑造角色的困难以及如何进行细微的复杂叙述应该会更有趣些。我想说的是，我尽量自然地做自己要做的事。对我来说，写作是一项工作。我不会把文章和写作行为分开，好像它们是两件毫不相关的事。我一个接一个地安放词语，或者把一个放在另一个之前，讲述一个故事，说我觉得重要或者有用的事情，至少是对我重要或者有用。就是如此。我认为这是我的工作。

《巴黎评论》：您的工作方式是怎样的？您每天写作吗？

萨拉马戈：当我写作的东西需要连贯性，比如一部小说，我就会天天写。当然，家庭和旅行有种种方式打断这一过程，我自然受限于此，不过除此之外还是很规律的。我自律很强。我不会强迫自己每天工作多少小时，但我会要求每天完成一定量的写作，一般来说是两页。今天早上我的新小说写了两页，明天我会再写两页。你也许会认为一天两页并不太多，但是我还有别的事情要做：写别的文章、回信，等等。另一方面，每天两页积累起来一年就有将近八百页了。

说到底我是个挺正常的人。我没什么怪癖，也不搞戏剧化。说到底我不把写作过程浪漫化。我不会说自己在创作过程中受了多少苦难。我也不会怕白纸、怕灵感枯竭，这些我们总是听闻作家有的毛病，我一个都没有。但我会遇到做其他任何工作的人都有的困难。有时候写出的东西不对我的胃口，又或者根本就写不出来。要是出来的东西不像我期望的那样，我只能委屈自己接受现状。

《巴黎评论》：您在电脑上直接写作吗？

萨拉马戈：是的。我最后一本用老式打字机写的书是《里斯本围城史》。事实是，在适应键盘方面我没有任何困难。与通常人们所说电脑会改变人的风格相反，我并不认为它改变了任何事情，尤其是像我这样使用的话，就当它是打字机。要是我还有打字机，我在电脑上做的事会和在打字机上做的一样，唯一的区别就是现在更整洁、更舒适也更快。一切都更好了。电脑对我的写作没有负面影响。这就像是说从手写转到用打字机写作也会

195

影响风格，而我并不这么认为。如果有自己的风格、自己的词汇，在电脑上工作怎么会改变这些东西呢？

不过，我依然与纸张和打印纸保持密切的联系，自然我也应该这么做。我完成一页后总会打印出来。要是没有打印出来的纸张我就会觉得……

《巴黎评论》：您需要可触碰的证据。

萨拉马戈：对，就是这样。

《巴黎评论》：您每天写完两页后会紧接着改动吗？

萨拉马戈：完成一篇文字后我会整篇重读，通常这时会有一些改动，比如有关具体细节或风格的小改动，或是把文稿改得更加精确，但是从没有大改动。我写出的第一稿中大概有九成会保留不变。不像有些作家，我不会先写一个二十页的摘要，然后变成八十页，再变成两百五十页。我不会那么做。我的书从开始就是书，以此为基础发展。现在我的新小说写了一百三十二页，我不会试图把它变成一百八十页，它们该怎么样就是怎么样。这些页中也许会有改动，不过不是那种大变动，像是把第一稿中的东西最终变成另一种形式，无论是长度上还是内容上。我所做的修改只是为了让书变得更好，没有别的了。

《巴黎评论》：所以您开始写作时就有明确的想法。

萨拉马戈：是的，我很明确自己想写什么，还有为了达到这个目的需要怎么写。不过这从来不是一个严格的计划。到最后，我想说的都是我想说的话，不过在这个目的下会有弹性。我通常用这个比方来解释我是什么意思：我知道我想要从里斯本到波尔图，不过我不知道是不是要直走过去。我甚至可以经过白堡，这看上去很荒谬，因为白堡地处内陆，差不多到了西班牙边界，而里斯本和波尔图都在大西洋海岸。

我想说的是，我从一点到另一点的路线总是曲折的，因为它必须伴随叙事的发展，不知哪儿就会需要一些原先不需要的东西。叙事一定要符合特定时刻的需求，这是说没有什么是预定的。如果故事是预定的——就算有可能预先设定到最后一个细节，那么写出来的东西一定一塌糊涂，因为这本书被迫在它存在前就得存在。一本书是逐渐形成的。如果我要强迫一本书在他形成前就存在，那我就会与所述故事本身的发展规律背道而驰。

《巴黎评论》：您一直是这样写作的吗？

萨拉马戈：一直是的。我从没有另一种写作方式。我认为这种写作方式允许我创作出具有坚实结构的著作，但我不确定别人会怎么看。在我的书中，每一个时刻都考虑到之前发生了什么。就像建筑工得平衡各种原料以防整体倒塌，书也是这样发展的，不断搜寻自己的逻辑，而不是寻找预先给它设计的结构。

《巴黎评论》：那您笔下的角色呢？您的角色会让您惊讶吗？

萨拉马戈：有人认为有些角色有自己的生命，作者只是追随他们，但我并不相信。作者必须小心不强迫角色做违反各自性格的事情，但是角色并没有自主权。角色受困于作者，受困在我笔下，不过他受困时并不知道他是受困的。角色是线控的，但那些线很松；角色享受着自由独立的幻觉，但是他们无法去我不让他们去的地方。要是到了那个时候，作者必须拉紧线，然后对他们说：我才是老大。

故事与其中出现的角色密不可分。角色是为作者想要创作的结构服务的。当我引入一个人物，我知道我需要这个人物，明确我为什么需要他；但这个人物还没有发展好——他正在发展。是我在发展这个人物，但是感觉是他在自我发展，而我则在一旁陪伴。这么说吧，我无法让角色以违背自身的方式发展。我必须尊重这个角色，否则他就会开始做力所不能及的事。比方说，如果不符合角色的逻辑，我就无法让他犯罪。为了向读者解释行为，动机是必要的，没有的话就说不通了。

我给你举个例子吧。《修道院纪事》是一个爱情故事。事实上，如果让我说，这是一个美丽的爱情故事。但是直到书尾，我才意识到自己写了一个没有情话的爱情故事。巴尔塔萨尔和布里蒙达都没有对对方说过我们通常意义上的情话。读者或许会觉得这是设计好的，不过事实并不是这样。我是第一个吃惊的人。我当时想，这怎么可能？我居然写了一篇爱情故事，却在对话中没有用任何一个含情脉脉的词。

现在让我们想象，将来某一天这本书再版，我突发奇想要改变两人的对话，在这里或那里加几个词——这会让两个角色显得很假。我认为，读者就算不知道原版的形式，也会发现这种安排有点不对。这两个角色从第一页就在一起，怎么会突然在第两百五十页说"我爱你"？

这就是我说的要尊重角色的完整性，不让他超出自己的个性、自己的内在逻辑，而是要留意他自己本身是怎样的人。因为小说中的人物就是另一个人：《战争与和平》中的娜塔莎是另一个人，《罪与罚》中的拉斯柯尼科夫是另一个人，《红与黑》中的于连也是另一个人。文学增加了世界人口。我们不能把这三个人物当成不存在，纯粹当成我们称作书本的东西里一系列纸张中纯粹的文字建构。我们想到他们时会把他们当成真人。我猜这是所有小说家的梦想，那就是笔下会有一个角色变成这样的"经典人物"。

《巴黎评论》：您希望您的哪一个角色会变成这样的"经典人物"？

萨拉马戈：我这么说大概犯了妄断的罪孽，不过说实话，我觉得我所有的角色，从《书画手册》中的画家 H 到《所有的名字》中的若泽先生，都是经典人物。我猜想这是因为，我笔下的角色没有任何一个纯粹是对现实中某个人的复制或模仿。每个角色都让这个世界增添了一个人，他们"活"在里面。这些虚拟人物只不过缺少一个实体。我就是这么看的，不过我们也知道，作者总被怀疑有偏见……

《巴黎评论》：对我来说，《失明症漫记》中医生的妻子是一个特别具体的人物。她在我心中有一个明确的视觉形象,其实《失明症漫记》中的所有人物都有,只不过别人没有细节描述。

萨拉马戈:我很高兴你对她有一个非常精确的视觉印象,这绝对不是因为对她外表的描写,因为小说中根本没有。我不认为需要解释一个角色的鼻子或下巴长得如何。我觉着,读者更喜欢一点点建构他们自己的角色——作者把这部分活计交给读者就行了。

《巴黎评论》:《失明症漫记》的创作灵感是怎么来的?

萨拉马戈:和我的所有小说一样,《失明症漫记》来源于一个突然出现在我脑海的想法。(我不知道这是不是最准确的方式,不过我找不到更好的了)我当时在餐馆等着吃午餐,突然间没有任何预兆,我就想到:如果我们都失明了会怎么样?好像是在自问自答,我接着想:但是我们其实就是盲的。这就是这部小说的胚胎,之后我只需要构思出最初的情形,让后果自然诞生。这些后果很恐怖,但自有牢不可破的逻辑。《失明症漫记》中并没有太多的想象,只不过是对因果关系的一次系统运用罢了。

《巴黎评论》:我特别喜欢《失明症漫记》,但是读着可并不轻松。这是一本艰深的书,但是翻译得很好。

萨拉马戈:你知道吗,我长久以来的英语翻译乔万尼·波尔提耶罗去世了。

《巴黎评论》:什么时候的事?

萨拉马戈:二月份。他死于艾滋病。他死的时候刚翻好《失明症漫记》。到了最后,由于医生开的药的影响,他自己也开始失明了。他必须选择,是吃药延长一点生命,还是不吃药,这会带来其他风险。这么说吧,他选择的是保留自己的视力,而他自己正在翻译一部有关失明的小说。这真是个灾难。

《巴黎评论》：那《里斯本围城史》的创作想法呢？

萨拉马戈：有个想法从一九七二年就伴随着我，关于围攻，比方说被围困的城市，不过不清楚是谁在外面围攻。之后它发展成为具体的围城，我起初想到了卡斯蒂利亚人一三八四年对里斯本的围攻。在这个想法之上，我又加入了另一场发生在十二世纪的围城。到最后，围城成为了这两场史实围攻的结合——我想象出一场旷日持久的围城，受围者和围困者都经历了数代。这是荒唐的围攻。它的意思是，城市被围，人们围城，但这些都没有一点意义。

到了最后，所有这些结合组成了这本书，一次对历史真实概念的反思，至少我希望是这样。历史是真实吗？我们通常所说的历史讲的故事完整吗？历史实际上是虚构的——这不是因为它由虚构的事实构成，事实本身是真实的，但是在如何组织这些事实上有很多虚构。历史是精选出的特定事实拼凑而成的，让故事有连贯性和线性。为了创作这条线，很多事情都要被忽略。永远有事实没有进入历史，因为不这样做历史就会有另一种含义。历史不应被当作一堂确定的课。没有人能说：我说它怎样事实就是怎样。

《里斯本围城史》并不仅仅是一次历史写作的尝试。它是一次反思，反思历史是真实的，还是假定的（这是一种可能），但是历史并不是谎言，哪怕历史经常会误导。我们有必要对官方历史说**不**，这要求我们寻找另一个**是**。这与我们自身的生命有关，和虚构文学的生命有关，与思想体系也有关。比方说，革命是一次说**不**，但或快或慢，这个**不**转换成**是**，这时候另一个**不**就必须出现。我有时会想，**不**是我们这个时代最需要的字。就算那个**不**是一个错误，它带来的好处也大于坏处。一个例子就是对今天这个世界说的**不**。

至于这本书就远没有那么雄心勃勃了——它是一个小小的**不**，不过仍然有能力改变一个人的生活。官方历史说十字军在一一四七年帮助葡萄牙国王光复里斯本，而通过在这句话里加入一个**没有**，莱蒙多不仅开始写另一部历史，而且他打开了改变自己生活的道路。对那个句子的否定也是对他原先生活方式的否定。那个否定让他的存在上了一个台阶，让他从日常生活，从每天的阴暗和忧伤解脱出来。不仅他自身上了一个台阶，与玛利亚·萨拉的关系也是如此。

《巴黎评论》：在《里斯本围城史》全书中，莱蒙多和玛利亚·萨拉都被描述成陌生人，是他们自己城市中的外乡人。他们甚至互称对方为摩尔人。

萨拉马戈：对的，是这样，就是这样。到了最后，我相信我们大家都是这样。

《巴黎评论》：您说"我们"指的是葡萄牙人吗？

萨拉马戈：是的，但不仅仅是葡萄牙人。我们所有人都生活在城市里——我的意思是城市是一种集体生活的方式，但是同时，我们应该成为那座城市中的外乡人，摩尔人——摩尔人的意思是，摩尔人生理上属于城市，但同时仍然是城市的外人。这是因为他是一位可以引起变化的外乡人。摩尔人，听着，陌生人，陌客，这样说吧，这些人虽然身在城墙内但是依然在城外，他们才是能够改变城市的人，当然呢，我们希望是朝好的方面改变。

《巴黎评论》：过去您曾经直言不讳对葡萄牙的担忧。您对葡萄牙的现状及融入欧盟的计划有什么看法吗？

萨拉马戈：给你举个例子吧。一次采访中，一名葡萄牙记者问我们派驻欧盟的负责人若昂·德乌斯·德·皮内罗，您难道不觉得葡萄牙有丧失过多国家主权的危险吗？他的回答是，您说**国家主权**是想说什么？十九世纪的时候，只是因为停泊在特茹河的英国舰队将领不允许，葡萄牙政府就无法就职。说完他就笑了。难道一个国家派驻欧盟的负责人可以觉得这件历史事件很好笑吗？难道因为他相信我们从没有过主权，葡萄牙就不应该担心主权丧失吗？

如果欧盟能够继续推进，那么我们的政治家和外国的政治家一样，责任都会减小。他们将会变成本质上他们已经是的东西——只不过是代理人，因为我们这个时代一个最大的谬论就是民主论调。这个世界上民主并不起作用。起作用的是国际金融的力量，参与这些活动的人事实上统治着全球。政治家只是傀儡，事实上所谓的政治力量和金融力量狼狈为奸，这与真正的民主背道而驰。

人们也许会问，那你能提出什么替代方案？我什么也不提出。我只不过是个小说家，我仅仅写我所见的世界，改变它并不是我的工作。我不能一个人改变世界，何况我根本就不知道该怎么做。因此我限制自己，只是说我相信世界该是什么样子的。

现在，问题是如果我**必须**提出点东西，那会是什么。我会提出我有时称作"反向发展"的概念。看上去这是一个悖论，因为一个人只能向前发展。简单说，"反向发展"意味着：我们已经达到的水平已经足够我们舒适地生活了，这不是在说富人，而是那些身处中产上层的人。"反向发展"就是说，我们就停在这里，回过头关心数十亿被甩在后面的人。当然这一切都是乌托邦。我住在兰萨罗特，这是一个拥有五万居民的小岛，世界上其他地方该发生什么就发生什么。我并不渴望成为救世主，但是我的信念很简单，我相信世界会更好，而且很容易就会让它变得更好。

这个信念引导我说，我不喜欢现在我生活的这个世界。我构想的全球革命——原谅我乌托邦式的幻想——会出于善意。如果我们中间有两个人早上起来说：今天，我不会伤害任何人，接着第二天又说了一遍，并且真正按照这些话做了，那么世界会在短时间内改变。当然这都是胡言乱语，永远不会实现。

这些都让我怀疑这个世界中理性的使用。这就是为什么我写了《失明症漫记》。这也是为什么我会写作与这些主题相关的文学作品。

《巴黎评论》：您说过《失明症漫记》是您写过的最困难的小说。这是不是因为，尽管在白色失明瘟疫情况下人和人之间表现出公然的残酷，还有在写作此类行为时您感受到不适,但从根本上您是一位乐观主义者?

萨拉马戈:我是悲观主义者,但是没有悲观到会饮弹自尽的程度。你所说的残酷其实每天都在世界各地发生,并不只存在于小说中。就在此时此刻白色失明瘟疫也包围着我们。《失明症漫记》是对人类理性失明的譬喻。这种失明让我们能够毫不愧疚地送航天器去火星检验那个行星上的岩石构成,而与此同时千百万的人类还在这个星球上挨饿。我们不是盲了就是疯了。

《巴黎评论》:《石筏》也论述的是社会问题。

萨拉马戈:唔,并不完全一样,不过人们更喜欢这样看。人物喜欢把它看作是伊比利亚半岛从欧洲分裂。当然,这是故事的一部分,的确故事也是这么发生的:伊比利亚半岛与欧洲断裂,开始在大西洋航行。不过我想表达的并不是从欧洲分裂,那完全说不通。我当时想说的,我现在依然要说,那就是我相信一个事实:葡萄牙和西班牙的根源并不是纯欧洲的。我是在对读者说,听着,我们一直是欧洲人,我们现在是,将来也会是欧洲人,除此之外没有另一种可能。但是我们有其他的责任,有关历史、文化和语言的责任。所以,我们不应该与世界其他地方分离,让我们不要与南美分裂,让我们不要与非洲分裂。这并没有反映任何新殖民主义的野心,而是正如《石筏》中发生的那样,伊比利亚半岛最后停在南美和非洲之间,这样的发展是有原因的。这是因为我们一辈子都在说南方,南方,南方,还有南方如何一直受剥削,甚至在那个南方其实位于北方我们也这么说。

《巴黎评论》:在您的《兰萨罗特日记》中您写上一次到访纽约,其中说到那个城市中的南方是在北曼哈顿。

萨拉马戈:是的,那个南方就位于北方。

《巴黎评论》:我必须告诉您,我特别欣赏您在《兰萨罗特日记》中对切尔西酒店①的描述!

萨拉马戈：哦，那真是很糟糕。出版社让我待在那儿，但我并不确切知道那是谁的主意。他们觉得我说过我想要住在那儿，但是我从没这么说过。我从外面看过那家酒店，我觉得很迷人，但我从没说：请把我安排住进切尔西酒店。我猜他们把我安排到那里是因为它有悠久的历史，不过如果让我在不舒适但历史悠久的酒店和没有历史但舒适的酒店中选择……我对自己说了好多遍，这是什么东西，我从没有见过这样的地方。

《巴黎评论》：您在欧洲和拉美有很多读者，但在美国读者很少。

萨拉马戈：本质太严肃的东西不讨美国读者喜欢。但是有趣的是，我在美国获得的评论都非常高。

《巴黎评论》：批评家的意见对您来说重要吗？

萨拉马戈：对我来说重要的是，根据我对于好工作的标准，我的工作干得不错。我的标准就是一本书按照我希望的方式写成。离开我的手后，它就和生活中的其他事物没有区别了。母亲怀胎生子，希望孩子好，但那是孩子的生命，它不属于母亲。孩子会过自己的人生，或者别人会造就他的人生，基本上可以肯定不会是母亲期望的那种生活。我怎么梦想我的书会获得再多人再好的评论也没用，因为读者会照他们自己的想法看待我的书。

我不会说我的书应当让读者满意，因为这样说就意味着一本书的价值取决于读者的数量。我们知道这是不对的。

《巴黎评论》：那次到访美国您还去了麻省的福尔里弗，那儿有很多葡萄牙人社区。

萨拉马戈：是的，我接触了一些移民，他们出于各种理由对我的作品

---

① 建成于1884年的切尔西酒店位于美国纽约第23街，曾在此居住写作过的著名作家包括马克·吐温、纳博科夫、狄兰·托马斯、杰克·凯鲁亚克等。

感兴趣。让人吃惊的是，我在那儿到哪里都有很多听众，甚至是在我最近越来越不喜欢谈文学的情况下。我猜这是一个悖论，因为我写作，如果我写书，我难道该谈别的什么吗？唔，我是在写作，不过在成为作家前我也活着，所以我和生活在世界上的所有人一样都有各种想法。

最近我去了葡萄牙的布拉加参加一个有关我文学作品的会议，但是我们谈到了很多其他的东西，比如葡萄牙的现状还有该怎么做。我告诉大家，人类的历史看上去很复杂，但实际上非常简单。我们知道我们生活在一个充满暴力的世界。暴力对我们种族的存活必不可少，为了食物，我们必须杀死动物，或者有人需要替我们杀。我们采集浆果，我们甚至还摘花装饰我们的房屋，这些都是施加于其他生命的暴力。动物也这么干：蜘蛛吃苍蝇，苍蝇吃苍蝇该吃的不管什么东西。然而有一个巨大的区别：动物并不残酷。蜘蛛网住苍蝇只不过是把明天的午餐放进冰箱，但人类发明了残忍。动物不会互相折磨，但是我们会。我们是这个星球上唯一残忍的物种。

这些观察让我想到接下来的问题，我相信这个问题很正当：如果我们是残酷的，我们怎么还能继续说我们是理性的物种？是因为我们能说话？能思考？能创作？尽管我们能做所有这些事，它们还是不能够阻止我们，我们还是会去做所有那些我们参与的负面残忍的事情。我觉得我们必须讨论这个伦理问题，也正是因为这个我越来越不愿意讨论文学。

有时候我自己想，我希望我们永远不能离开这座星球，因为如果有一天能朝宇宙扩张，在别的地方我们表现得并不太会和在这里不同。虽然我不相信我们会有这种能力，但如果我们真的能在宇宙定居，我们也会让它感染。我们大概就像一种病毒，幸运的是都集中在这个星球。但是我最近读到一颗爆炸的超新星，这让我得到了安慰。爆炸的光在经历了十六万六千年后才于三四年前到达地球。我想，这样呀，那就没危险了，我们永远到不了那么远。

（原载《巴黎评论》第一百四十九期，一九九八年冬季号）

萨尔曼·鲁西迪

◎林晓筱／译

萨尔曼·鲁西迪于一九四七年出生于孟买,那时正值印度独立前夕。他在出生地和英国求学,并在英国度过了写作生涯的头十年。最近鲁西迪主要居住在纽约,去年我们在那里陆续对他进行了几次访谈。凑巧的是,第二次访谈的时间恰好是二〇〇五年的情人节,十六年前的那天,阿亚图拉·霍梅尼对鲁西迪做出了宗教裁决,正式宣布他因写出了《撒旦诗篇》而成为叛教者,并依照伊斯兰律法对他判处了死刑。一九九八年,伊朗总统穆罕默德·哈塔米解除了这一宗教裁决,并且鲁西迪现今坚持认为危机已经过去,但是伊斯兰强硬派却认定宗教裁决不可撤销,鲁西迪仍旧"无家可归"。

此事引发轩然大波。他受到人们褒贬不一的评价,既受威胁又受人爱戴,有人焚毁他的肖像,有人却把他视为言论自由的楷模。作为这样的人,鲁西迪本人却出奇地从容和坦然——他既不认为自己是一个被追杀的受害者,也不认为自己是一个祸害。他的脸刮得干干净净,穿着汗衫和牛仔裤,看上去确实比理查德·阿维顿于一九九五年拍摄的照片中的那个受指控者年轻多了,在那张著名的照片中,他直勾勾地盯着控告他的人看。"我家人不能忍受那张照片。"他笑着说道。而后,当被问起这张照片放在哪里时,他咧嘴一笑,回答说:"在墙上。"①

---

① 原文 on the wall,在这里似乎有一语双关的意思,原意指挂在墙上,在俚语中"writing on the wall"又有招致灾祸的意思。

each other, so that when the letter from Shalimar the clown arrived it seemed anachronistic, like a punch thrown long after the final bell.

Everything I am your mother makes me, the letter began. *Every blow I suffer your father deals*. There followed more along these lines, and then ended with the sentence that Shalimar the clown had carried within him all his life. *Your father deserves to die, and your mother is a whore*. She showed the letter to Yuvraj. 'Too bad he hasn't improved his English in San Quentin,' he said, trying to dismiss the ugly words, to rob them of their power. 'He puts the past into the present tense.'

Night in the A/C was a little quieter than the day. There was a certain amount of screaming but after the 1 a.m. inspection it quietened down. Three in the morning was almost peaceful. Shalimar the clown lay on his steel cot and tried to conjure up the sound of the running of the Muskadoon, tried to taste the gushtaba and roghan josh and firni of Pandit Pyarelal Kaul, tried to remember his father. *I wish I was still held in the palm of your hand*. His brothers came into the cell to say hello. They were out of focus, like amateur photographs, and they soon disappeared again. The Muskadoon died away and the taste of the dishes of the wazwaan turned back into the usual bitter blood-flecked shit taste he'd grown used to over the years. Then there was a loud hissing noise and the cell door sprang open. He moved quickly on to his feet and crouched slightly, ready for whatever was coming. Nobody entered but there was a noise of running feet. Men in prison fatigues were running in the corridors. *It's a jailbreak*, he realized. There was no gunfire yet but it would start soon. He stood staring at the open

萨尔曼·鲁西迪小说《小丑沙利玛》的一页手稿

当他工作时，鲁西迪说道："我白天几乎不怎么出门。"就在去年，他递交了《小丑沙利玛》的手稿，这是他的第九部小说，而后他还没有开始新的写作计划。尽管他说为了完成这部小说已耗尽了一切精力，但是当说起自己的过去、作品和政治观点时，他像是重新鼓起了干劲。谈话中，鲁西迪才思敏捷，就如同他展现在小说中的特质一样——内容迂回离题，在涉及几大洲和各个历史时期之后，方才回到最初的起点。

宗教裁决使得萨尔曼·鲁西迪在世界范围内的名声大大超过了在世的任何一位小说家，但是作为一个作家，他的名声却丝毫没有因为政治攻击而减弱。一九九三年，他获得了"布克奖中的布克奖"（Booker of Bookers）的荣誉——这一奖项将他那部《午夜之子》誉为布克奖设立二十五年以来的最佳获奖作品。最近，他成了美国笔会的主席。除了长篇小说之外，他还写作了五部非虚构作品和一部短篇小说集。情人节那天飘着小雪，他坐在一张带有软垫的椅子里，往东几个街区开外，一幢楼房上的焚化烟囱将一柱黑烟吐向天空。鲁西迪喝了一杯水，在开始回答问题之前，他对我们谈起，要给妻子找一份合适的节日礼物。

——杰克·利文斯，二〇〇五年

《巴黎评论》：当你写作时，你会设想有谁会来阅读你的作品吗？

萨尔曼·鲁西迪：我还真的不知道。我年轻时常说，不，我只是作品的仆人。

《巴黎评论》：这么说很高尚。

鲁西迪：极为高尚。我更喜欢将明晰视作一种美德，而对艰涩的优点没什么兴趣。我想那意味着我确实对人们是怎么阅读的有更为清晰的感受，这种感受，我觉得部分来源于我的认识，我知道人们是如何阅读我已出版的作品的。我不喜欢那些迎合大众口味的书籍，但我更在意尽我所能将一则故事讲得清晰动人。而且，当我开始写作《午夜之子》时，我就是这样想的。有一种说法认为讲故事和文学似乎要分道扬镳，这种说法在我看来是古怪的。这种分离未必真的会发生。一则故事不一定是简单的，它不一定非得是单维度的，尤其当它具有多种维度时，你就需要找到最清晰、最动人的方式将它讲述出来。

就我而言，有一点变得越来越明显，也就是说，我的主题就是将任一地方的故事变成在任何其他地方也会发生的故事。从某种程度上来说，我早就知道这一点了，因为孟买这块我长于斯的地方就是一座东西方完全混杂的城市。我所经历的事件赋予了我讲故事的能力，在这些故事中，世界各地连接在一起，有时候和谐相处，有时则彼此争斗，有时候两者兼有——两者兼有的情况比较常见。写作这些故事的难处在于，如果你想包罗万象，结果往往什么也没有写就停笔了，而那些只写一个地方的作家是不会遇到这个问题的。那些作家遇到的是另外一些问题，但是像福克纳或者尤多拉·韦尔蒂这样的作家所具有的经验——有一块他们熟知的土地，并且完全归属于那里，以至于他们可以毕生不知疲倦地从那里挖掘材料但不会耗尽它——我虽羡慕，但那不是我的做法。

《巴黎评论》：你能说说你是怎么做的吗？

鲁西迪：我的生活给了我另一个主题：冲突的世界。你该如何让人们明白现今每个人身上发生的故事已经成为了别人故事的一部分？话虽如此，但是你该如何让一个读者觉得这就是他们的生活体验呢？《她脚下的土地》《愤怒》，以及我最新的小说《小丑沙利玛》，这三部小说就是对这些问题做出的尝试性解答。《小丑沙利玛》的故事开始于洛杉矶，也在那里结束，但中间部分却发生在克什米尔，其中还有些部分发生在纳粹统治下的斯特拉斯堡，有些部分发生在一九六〇年代的英国。在这部小说中，马克斯·奥菲尔斯这个角色是"二战"期间抵抗运动的一个英雄。在我们看来，抵抗运动是英勇的，但在纳粹统治时期，它却是一场我们今天所称的叛乱。而今,我们生活在另一形式的叛乱当中,我们却不认为它是英勇的——我们称它为恐怖主义。我不想做道德评价,我想说的是:过去发生过的,现在仍旧在发生,这部小说将这两者都包含在内,只是为了观察它们是如何融合在一起的。我认为这不需要小说家来指明,这一点是不言自明的。

《巴黎评论》:你是否在刻意回避这一点,才说这是不言自明的?

鲁西迪:不是。我反对在小说中展现类似的内容。如果我在写一篇专栏文章,那就不一样了。但是我相信,如果你去引导读者,你就在破坏小说。比如说,沙利玛这个人物就是一个心狠手辣的杀手。他让你感到恐惧,但是从某些方面来看——比如他翻墙逃出圣昆丁监狱的那一幕——你却会支持他。我希望出现这样的情况,我希望人们看到他所看到的,感受他所感受到的,而非假定他们知道他是怎样的一个人。在我的所有作品中,唯有这本书几乎完全是由书中的角色所书写出来的。这本书中许多原初的想法不得不抛弃,因为这部小说中的角色希望用另一种方式来书写。

《巴黎评论》:能具体说说吗?

鲁西迪:随着写作的进行,事情会超出我的预设。写作这本书时发生了奇怪的事情。我感到自己完全被这些人物所占据,甚至到了为笔下人物哭泣的地步。书中有这么一幕,博伊的父亲,智者帕亚瑞拉死在了他的果园里。我无法接受这一点。我只能坐在桌旁哭泣。我想,我在做什么?这可是我创造出来的人物。而到了我描写一座克什米尔小村庄的毁灭时,我完全不能忍受这样的创作念头。我坐在桌子边想,我可不能写下这些句子。许多作家在不得不应对恐怖的主题时,都会感到无法直面相迎。我从来不会对自己讲故事的动机产生无法忍受的感觉——那太可怕了,我不想这样叙述,但是能发生别的事情吗?而后又想,哦,只能如此了,别的什么也发生不了。

《巴黎评论》：克什米尔是你的家乡。

鲁西迪：我们一家人最早居住在克什米尔，但直到现在我才真正将它呈现出来。《午夜的孩子》的开头就发生在克什米尔，《哈伦和故事海》也是关于克什米尔的一部童话故事，但是我的小说从未真正描写过克什米尔本身。一九八九年是克什米尔真正意义上的动乱之年，这一年我的生活也过得跌宕起伏，所以我变得心乱神迷，并且……顺便说一句，今天就是颁布宗教裁决的纪念日。情人节并非是我一年中喜欢的日子，这让我妻子很不爽。不管怎么说，《小丑沙利玛》试图展现一部克什米尔的《失乐园》。这样说只是因为《失乐园》讲述的是人的堕落——天堂仍旧在那里，只是我们被从中撵了出来。《小丑沙利玛》讲述的就是天堂的土崩瓦解。这就好比亚当带着炸弹返回乐园，并将那里炸得粉碎。

这世上再也没有和克什米尔一样美的地方了。这么说是因为，事实上那里山谷狭窄，山川壮丽，在喜马拉雅山的环绕下，乡村形成了别致的风光，引人入胜。那里的人们也确实很美好。克什米尔十分繁荣，土地肥沃，物产丰富。那里的植被不像印度那样稀疏。但是，现今这一切已不复存在，在那里生活已变得异常艰难。

克什米尔的支柱产业是旅游业，不是境外旅游业，而是印度旅游业。如果你看过印度电影，你就会发现，每当他们需要拍摄点域外风情时，他们就会拍克什米尔的歌舞队。克什米尔是印度的桃花源。印度人去那里只是因为他们生活在炎热的国度里，需要找一个避暑胜地。人们被雪景所吸引。机场的道路旁堆满了肮脏、泥污的雪堆，你会看见人们站在那里仿佛发现了钻石矿。它会给人置身仙境的感觉。可如今，这一切都不复存在了，就算明天签订了和平条约，这一切也都回不来了，因为仙境已经烟消云散。这就是我想要描写的东西，克什米尔那宽容、混杂的文化。当印度教徒被驱逐，穆斯林变得激进烦扰之后，你就无法将仙境重新拼合起来。我想说的是：这不仅是离我们五六千里远的山里人的故事，这也是我们的故事。

《巴黎评论》：其中包括了我们所有人吗？

鲁西迪：我想在这本书中确定的是，这个故事是个人性的，而非政治性的。我想让人们去阅读这本书，并产生一种亲切感，用小说的方式亲近人物，如果我能处理妥当，它就不会让人感到训诫的意味，你就会关注每一个人物。我想写一本没有次要人物的书。

《巴黎评论》：你在成长过程中是否密切关注过克什米尔的政治活动？

鲁西迪：在我最多不超过十二岁的时候，我们家有一次去克什米尔旅游。在那里徒步旅游非常美好，你只需要带一匹小马就可以上山，并且还可以进入冰川。我们——我，我的两个妹妹，我的父母亲——举家前往，那里有个村落，你可以在官方提供的旅社里过夜，那儿的房屋非常简陋。当我们到达旅社时，我母亲发现原本应该满载食物上山的小马实际上却什么也没有带。她身边带着三个不好伺候的孩子，所以她让一个脚夫去村里找些吃的来。脚夫回来说，那里没有吃的，什么也找不到。村民什么也没有。她听了以后说，你这是什么意思？不可能什么也没有吧。鸡蛋总该有些吧——什么也没有是什么意思？他说，不，什么也没有。至此，她只能说：好吧，我们没有晚饭可吃了，谁都别想吃饭。

大约过了一个小时后，我们看见一支约五六个人组成的队伍带着食物从村子里走了过来。村长过来对我们说，我对不住你们，我们之所以告诉那个人说我们什么也没有，是因为我们认为你们是一个印度教家庭。不过，他说，当我们听说你们是穆斯林家庭时，我们就把食物带来了。我们不会收你们钱的，请原谅我们之前如此粗鲁的举动。

我想，哇哦，这就是克什米尔，这个地方具有宽容的传统。我可要多来几次，并且当他们听到"萨尔曼"这个穆斯林名字时，他们会和我交谈，但是如果我取个，你比如说，"拉格胡比"这样的名字的话，我就得吃闭门羹了。鉴于此，我就可以和他们畅谈他们的生活和不满。但是当我回到德里或者孟买，并将此番经历转述给人们听时，却发现在他们中间、甚至是在印度的知识阶层中间普遍存在着一种愿望，不愿意承认这种不满已变得如此之深。人们会说，你不该这么说，因为你这是在散布"地方自治主义"的讯息。我，穆斯林地方自治主义者！

《巴黎评论》：你是否会写一本与政治无关的书？

鲁西迪：是的，我对此很有兴趣，但是我一直受到侵扰，以至于我迟迟不能动笔。我认为在我们这个时代，私人生活和公共生活之间的空间已经消失了。这两者一度隔得很远。这就好比简·奥斯丁漏提了拿破仑战争。在简·奥斯丁的小说里，英国的军队只是起到了装点聚会的作用。这倒不是说她在回避什么，而是因为她可以只字不提公共领域里发生的事情，只浓墨重彩地描绘笔下人物的生活。这样的情况再也不会发生了，这不仅因为家家户户都有了电视，而且因为世界上发生的事件都对我们的日常生活产生了影响。我们能否找到工作？我们手头的钱现在值多少？这些都由我们无法控制的事情所决定。如上这种情况挑战了赫拉克利特"性格决定命运"的观念。有时候，你的性格不能决定你的命运。有时候，一架撞入大楼的飞机就是你的命运。我之所以将更为广阔的世界写入小说，并不是因为我想要写政治，而是因为我想写人。

《巴黎评论》：但是在美国，写作产生了某种断裂——政治在这头，小说在那头，因为美国小说家的写作并不会影响在华盛顿做出的政策。

鲁西迪：是的，但谁会在乎这一点呢？

《巴黎评论》：你是否认为，比如说在印度，小说具有政治关联性？

鲁西迪：不，要是这样就好了。但是事实上，知名的小说家仍旧被认为是——这一点与美国作家受到的认可不同——对话的一部分。他们的想法被搜寻出来。英国作家也是如此。欧洲作家也是如此。在美国，此类状况才刚起步，确实只发生在诺曼·梅勒、苏珊·桑塔格、阿瑟·米勒这一代作家身上。

《巴黎评论》：在他们身上发生了什么？

鲁西迪：我不清楚。在大英帝国鼎盛时期，很少有小说涉及英国的权力。英国当时可是全球的超级大国，但匪夷所思的是，大多数英国作家却表现出对英国权力主题的淡然。也许当美国成为今日的全球超级大国后，它也步了前者的后尘。在这个国家以外的地方，美国意味着权力，但在美国国内其实并非如此。仍旧有些作家涉及政治领域——唐·德里罗、罗伯特·斯通、琼·狄迪恩等人，但是我认为，相对外界对美国的觉察，美国作家很少对此问题感兴趣。因此，涉及美国权力的作品少之又少。

《巴黎评论》：除去对政治和权力的兴趣之外，你的作品中有许多奇异的构想。事实上，你说是《绿野仙踪》使你成为了一个作家。

鲁西迪：当我看了这部电影之后，我回到家中写下了一篇叫作《跨越彩虹》的短篇小说。我那时大概九、十岁的样子。这个故事大概讲的是一个男孩在孟买的人行道上闲逛，而后看见了彩虹的浮现，而不是它的消退——这个微微发亮的事物在他面前架起了一条道路。那里面还切割出了台阶，非常真实，五彩缤纷的台阶一路向上铺去。他走上彩虹，开始了童话般的冒险之旅。他在某处遇到了一个会说话、会自己弹奏曲子的钢琴。这篇故事没有保留下来。也许这样也好。

《巴黎评论》：我想你父亲手上还保留着这篇故事。

鲁西迪：他说他存有这篇故事，但是等他过世后，我们翻看遗留的纸质文稿时却没有找到它。所以，要么是他在胡说，要么就是他弄丢了。他是一九八七年去世的，已经过去很久了，整件事肯定也无从考证了。阁楼上也没有箱子，我想它是遗失了，和它一起遗失的还有我随后写的东西，我的第一部长篇作品。十八岁那年，我刚好中学——英格兰的拉格比学院——毕业，那时距离我进入剑桥学习还有大约五个月的间隙。在那期间，我用打字机打了一份《期末报告》，记录我在学校最后一两个学期里经历的事情，其中也不乏虚构的成分。当我进入剑桥学习之后，我就忘了那份东西，而后大约过了二十年，我母亲说他们找到了那份稿子。这就好像是十八岁的我写给自己的一封信。但是我不喜欢当时的自己，那时我在政治上非常保守，除此之外都是典型英国寄宿制学校教育出来的产物。其中有关种族主义的材料属于例外，我写得非常老到。那个十八岁的男孩知道我现在知晓的一切，无非他更为尖锐些，因为那些都是他亲身经历过的。不过，我仍对那份手稿持否定态度，以至于当我母亲问我是否还想要它时，我只是让她保留着。而后，她把它弄丢了。当她过世后，我们没有找到它。

《巴黎评论》：你母亲这样做是否算是一番好意？

鲁西迪：也许算是。那份东西写得惨不忍睹。但我对它的遗失感到痛心，因为它就像一份日记。如果我什么时候想要写那段时期发生的事情，这份东西就是一份不可多得的一手材料。现在，我感觉把它丢在家里真的非常愚蠢。

《巴黎评论》：你在拉格比过得并不如意，是吗？

鲁西迪：也不算很糟，但是我那时非常孤独，也没有可以当作朋友的人。那里大多数人交友时都带有偏见。这些可不是老师教的——我在那里受到了非常好的教育。我记得有两三个老师，他们是罗宾·威廉姆斯出演的电影里那种能够启迪学生心智的老师。有一位非常关心我的年长老师，J.B.霍普-辛普森先生，他除了是一位非常优秀的历史老师之外，还在我十五岁时，给我推荐了《魔戒》。我全身心地爱上了这部小说，它也在一定程度上影响了我的学业。我至今仍记得它里面的那些怪异的细节。我还真的对里面的语言体系做了功课，那些都是想象出来的语言。我那时一度非常擅长说小精灵语。

《巴黎评论》：你找到过其他能说小精灵语的人吗？

鲁西迪：有一两个热衷于读《魔戒》的书呆子。

《巴黎评论》：除了这些，你还读了什么？

鲁西迪：在我去英国之前，我最喜欢的作家是P.G.伍德豪斯和阿加莎·克里斯蒂。我过去常常贪婪地阅读他们的作品。我祖父住在离新德里不远的阿里格尔，他与阿里格尔穆斯林大学的提比利亚学院有着密切的联系。他是个西医，在欧洲学的医学，但是他却对印度的传统医学有着浓厚的兴趣。他用自行车载着我去学校的图书馆，然后让我自由活动。我记得那是一个摆放着巨大书架的地方，书架一直排到黑暗的尽头，借助那些螺旋梯就可以爬到书架上去，我会抱着一大堆P.G.伍德豪斯和阿加莎·克里斯蒂的书从黑暗中走出来，而我的祖父就会将它们郑重地借出来。我花一周的时间进行阅读，然后回来将它们还掉，再借更多的册数。伍德豪斯在印度非常受欢迎。我想现在仍旧是这样。

《巴黎评论》：这是为什么？

鲁西迪：就是因为有趣。伍德豪斯与印度人的幽默感相契合，也许就是傻里傻气的那种。

《巴黎评论》：从你十岁起到动身前去拉格比，也就是你十三岁半的时候，这段时间里你写过短篇小说吗？

鲁西迪：除去那部《跨越彩虹》外，我不记得还写了什么，但是我的英语很好。我记得我上过一门特殊的课程，课堂上老师让我们随便写些五行打油诗。如果我们能勉强创作出一首，我们就得再写一首。在这门课程的学习过程中，当其他人都在为写出一两首浏览起来都费劲的诗歌而绞尽脑汁的时候，我写了大概三十七首诗歌。老师认为我作弊，这种遭受不公待遇的感受现在依旧萦绕我心间。我怎么可能作弊？我连一本爱德华·利尔[①]的诗集都没有，再者，我怎么会为了可能会布置的作业，而刻意地用过去五年的时间来熟记这些五行打油诗呢。我以为我会受到表扬，但是我

---

① 爱德华·利尔（Edward Lear, 1812—1888），英国插画家、音乐家、作家和诗人，尤以其创作的大量五行打油诗著称。

却受到了诽谤。

《巴黎评论》：孟买有多种语言，你的母语是什么？

鲁西迪：乌尔都语。乌尔都语是我真正的母语，我父亲也说这种语言。但是在北印度地区，人们也说印地语。事实上，我们说的都不是这两种语言，或者更有可能是两者混用。我的意思是说，印度北部地区人们说的语言算不上一种真正的语言，这种语言在口头上混合了印地语和乌尔都语，人们称它为印度斯坦语，它没有书写的形式。这是宝莱坞电影里使用的语言，而我们在家说的语言则是混合了印度斯坦语和英语的一种语言。当我十三岁半去英国读书时，已经或多或少能用双语进行交谈了——两种语言都说得很棒。至今我仍能够流利地使用印地语和乌尔都语进行表达，但是我不会考虑用这些语言进行写作。

《巴黎评论》：你是个好学生吗？

鲁西迪：我并非我想的那样聪明。大体上来说，我所在的天主教学校在孟买是数一数二的。当我到了英国以后，我没有落后的感觉。但是如果你去查看我在学校时的成绩单就会发现，我的成绩其实并不好。在去拉格比之前，就如同大多数印度父亲一样，我父亲会给我布置额外的作业。我记得我在家里既要写文章，又要做事，我对它们真是恨透了。他要我写莎士比亚作品的摘要。在印度家庭里，让家里的孩子们，尤其是唯一的长子做这样的事情不算什么新鲜事。在拉格比，部分原因是因为社交生活的不如意，所以我只能埋头写作。然而并非那种文学创意写作，因为在那些日子里更吸引我的是历史学。我写了很长的论文和文章，并因此而得了奖。我喜爱阅读，但不论是在上中学还是上大学时，我都没有研究过文学，我不知道其中原因。阅读小说似乎不是一件正经事。其实，我父亲也不认为学历史学是一件正经事。他想让我在剑桥攻读实用点的学科——经济学。

《巴黎评论》：你违背了他的意愿吗？

鲁西迪：约翰·布拉德本特博士是我的研究导师，他拯救了我的生活。我去找他，并告诉他说，你瞧，我父亲说学历史一点也没有用，我应该转攻经济学，要不然他不会为我支付学费的。布拉德本特说，这事儿交给我吧。随后，他就给我父亲写了一封义正词严的信：亲爱的鲁西迪先生，你儿子告诉了我们一切。但不幸的是，我们不相信他具有在剑桥攻读经济学的能力。因此，如果你执意让他放弃历史研究，那么我只能恳求你带他离开这里，以便腾出名额来给另外具有相应资格的学生。那是一段非常时期，因为我离开次大陆来到剑桥的那段时间正值战争期间——一九六五年九月，第二次印巴战争。我不能打电话，因为所有的线路都被征作军用，来往的信件也要经过审查，需要花一个星期才能寄到。我听说还有轰炸和空袭。但是收到布拉德本特的信后，我父亲再也没对经济学提过一个字。毕业后，我告诉他我要写小说，他大吃一惊。他大声喊道：我该怎么和我的朋友们说？他真正的意思是，他那些朋友的儿子们，一个个资质平平，却都可以依靠正经的工作赚一大笔钱，但是为何——我偏偏要当一位一文不名的小说家？这对他来说太丢脸了，因为在他看来，写作顶多算是一门爱好。幸好，他足够长寿，可以看见这并非是一个愚蠢的选择。

《巴黎评论》：他这样说过吗？

鲁西迪：他在一定程度上并不赞赏这些书，他对它们抱有一种古怪的抵触情绪。我是他唯一的儿子，因此我们之间的关系非常紧张。他是一九八七年去世的，那时《午夜之子》和《羞耻》已经写出来了，但是《撒旦诗篇》还没有。直到他去世前的一两个礼拜，他都没有对我的作品说过什么好话，但他却读过我的书好几百遍。他也许比我更了解这些书。其实，他对《午夜之子》非常不满，因为他觉得小说中的父亲就是对他的讽刺。我用年轻人那种吊儿郎当的方式回应他说，我还没有把恶心的材料写进去呢。我父亲在剑桥学过文学，所以我希望他能够针对这本书提出专业的意见，但是真正这样做的却是我的母亲。我想如果有人担心书中涉及的家庭影射了我自己的家庭，那么这个人就是她。但是她马上明白过来，这是一部虚构作品。我父亲过了一段时间，把这件事放了下来，并原谅了我。当然，比起他被我惹恼这事来说，更让我恼火的是我受到了他的宽恕。

《巴黎评论》：但是，如你所说，他并没有在有生之年读到过《撒旦诗篇》。

鲁西迪：我可以肯定我父亲百分之五百站在我这边。他是研究伊斯兰教的学者，对先知的生平和早期伊斯兰教的兴起了如指掌，并且确实也对《古兰经》中传达的教义非常熟悉，尽管有凡此种种的经历，但他却完全没有宗教上的信仰。我们一年去一次清真寺。就算处在弥留之际，他也没有寻求宗教的庇护抑或神灵的保佑，一点也没有。他从不迷信幻象，认为死亡就是人这一生的终点，而不是别的什么。这一点令人印象深刻。所以说，我之所以在大学里研究伊斯兰教的起源，并非是巧合。个中原因部分是因为我家中就有这样一个榜样。并且他会懂得，我在书中所写的是一个非信教人士对启示本质的一次探索，而之所以以伊斯兰教为例，那是因为我对此最为了解。

《巴黎评论》：离开剑桥后你做了什么？

鲁西迪：首先，我试图成为一名演员。我在大学读本科时就演过戏，于是就想着可以接着演下去，尤其想一边演戏一边成为一位作家。我发现这行的门槛很高。我当时居住在一间房子的阁楼上，房子是和四个朋友在伦敦合租的，我整天无所事事，我不知道我在做什么。我装作是在写东西。我的内心却充满恐慌，这搞得我当时非常紧张。我有些在伦敦读大学的朋友，他们与不入流的剧团有些联系。许多有趣的作家也在那里工作——大卫·哈瑞、霍华德·布莱顿、特里佛·格里菲斯，那里还有一帮非常出色的演员。和那些出色的演员一起工作使我意识到，与他们相比，我还差得很远。一个好的演员在舞台上会显得更为出彩，但是你知道能这样做的是他们，而不是你。

部分出于这个原因，还有部分原因是我根本没有钱，随后我就决定去干点别的。我有一位在剧院工作的朋友，我们一起在剑桥待过，他叫达斯蒂·休斯，是个作家，他在伦敦觅得了一份在伦敦 J. 沃尔特·汤姆森广告部的工作。他一夜间就有了一间能将伯克利广场尽收眼底的办公室，并且还请了超级模特来为洗发水拍摄照片。他很有钱。他还有车。他说，萨尔曼，你应该干这行，这行来钱容易。他为我安排了 J. 沃尔特·汤姆森广告公司的文案工作的测试，但是我没有通过。

当时问的问题我还记得：假设你遇见了一个火星人，他能说英语，但是不知道面包是什么——请用一百个单词向他解释如何烤一片面包。在萨蒂亚吉特·雷伊①的电影《有限公司》里，类似的工作有一百万人竞争。主演也是这一百多万人当中的一个，面试者不知道如何在这些人中挑选，于是就不断问一些越来越蠢的问题。最终使人们的工作成为泡影的问题是：月球有多重？有关火星人的这个问题就属于这种类型。

最终我在夏普·麦克马努斯公司谋得了一个职位，这是一家规模相对小一点的机构，位于阿尔帕马尔大街。这是我第一份工作，我完全不知道该怎样上手做。他们让我写一份广告策划，对象是普雷尔公司出产的廉价雪茄，这是一份圣诞销售策划，他们要出品一些小包装的圣诞彩炮——你看到过吧，就是那种英国派对上备受宠爱且经久不衰的玩意儿——并在每一个彩炮当中放置了一个装有雪茄烟的小盒子。他们让我为它写点什么。但是我却一个字也写不出来。最终，我找到一位很有创意的导演，奥利佛·诺克斯——他在随后的生涯里自己创作了三四部小说，并对他说，我不知道该怎么做。他立即回答说，哦——普雷尔公司带来六个出彩的创意，给您一个爆炸性的圣诞节。这是我在广告业学到的第一课。

---

① 萨蒂亚吉特·雷伊（Satyajit Ray，1921—1992），印度著名电影导演、剧作家、作曲家，电影代表作有《大地之歌》等。《有限公司》是他于 1971 年执导完成的一部影片，获 1972 年威尼斯电影节费比西奖。

《巴黎评论》：你那时还同时写点小说吗？

鲁西迪：那时我开始写了，但并不顺利。我找不到成为作家的方向。我当时在写一些没有给人看过的东西，这些最后一起融入了我第一部具有长篇小说长度的东西当中，它却不讨人喜欢。那是在我发表第一部长篇小说《格林姆斯》之前。这部小说本该用直白且扣人心弦的语言，但我却用了乔伊斯般的意识流。这本书叫作《皮尔之书》。皮尔在乌尔都语当中指的是圣人或者神圣的人。这个故事发生在一个匿名的东方国家里，在那里，一个受人爱戴的圣人受到一个富人和将军的扶持，他认定那两人让他获得权力是为了将来可以利用他，而当他们这样做时，却发现他事实上已经比他们更有权势了。这个故事，某种程度上来说，预示了日后在霍梅尼身上发生的事，预言了伊斯兰狂热主义兴起是因为人们觉得可以将它当作挡箭牌。不幸的是，这本书因为它的写作方式而变得几乎不堪卒读。说实话，没一个人——甚至那些和我感情还不错的人——愿意理会这部小说。我把它搁置一边，接着做我的广告工作。

《巴黎评论》：每个小说家的抽屉里都至少锁着一部垃圾作品。

鲁西迪：我有三部。直到我写作《午夜之子》之时情况才有所好转。那时大概是在一九七五年底一九七六年初，那是一段我左右挣扎的时间。这还不仅是技巧上的问题。你得弄明白你是谁后才能动笔。因为我的生活一直游离在印度、英国和巴基斯坦之间，我无法很好地搞定自身的情况。这使得我的作品变成了垃圾——有时是讨巧的垃圾，但终归是垃圾。我想《格林姆斯》也是如此。在我看来，这不像是我写出的小说，抑或只是阶段性的作品。这让我想找个地洞钻下去。但是我还是将它出版了。它印了出来，我永远不会将它撤回。如果你犯浑出版了一些东西，你只能让它自生自灭了。它还是牢牢地建立起了一个读者群，甚至有人为它说了好话，这让我非常不解。

但是，我还有本被我遗弃的小说：《对手》，一部发生在伦敦、对品钦的桥段进行拙劣模仿的作品，它包含了最终促成《午夜之子》的源头，小说里有个边缘角色叫作萨利门·西奈,他出生在印度独立的那一刻。这是唯一保留下来的要素。我放下了一年的工作,对这个最初的想法进行了扩展。

在《格林姆斯》受到批评界的炮轰之后,我开始全盘反思。我想,好吧,我要写一些我更在意的东西。我总在担惊受怕。你看,我的作家之路已经走到山穷水尽的地步了。与此同时,许多像我这样非常有天赋的同代人,在比我小的年纪里就摸清了当作家的门道,好像他们已经遥遥领先于我。马丁·艾米斯、伊恩·麦克尤恩、朱利安·巴恩斯、威廉·博伊德①、石黑一雄、毛翔青②、安吉拉·卡特、布鲁斯·查特文③——这样的人随便可以列举出许多来。这是英国文学界人才辈出的年代,而我却站在门槛前,不知道该往哪里去。这一切并没有让事情变得简单些。

《巴黎评论》:萨利门·西奈身上的哪一点让你释怀了?

鲁西迪:我一直想写一些源自我在孟买的童年经历的事。我一度离开了印度,于是开始担忧我和印度之间的关系正在变淡。童年——这是我在知道故事是什么,以及它能发展到多大之前的写作动力。但是如果你有一个和国家同日诞生的孩子,从某种程度上来说,他们俩就是一对双胞胎,你就不得不把这对双胞胎的故事一起写出来。所以这就强迫我关注历史。这部小说花费了我五年的时间,其中一个原因是,我不知道该怎么写。早期版本的开篇是这样写的:"生命中多数决定性的事件于我们出生之前就已经发生了。"我的意思是说,孩子并非是赤裸裸地来到这个世上的,他们身上背负着家族史和世界史的重负。但是这一点太像托尔斯泰了。我觉得这就是《安娜·卡列尼娜》,如果这本书里有一样东西是不像托尔斯泰

---

① 威廉·博伊德(William Boyd, 1952—),英国小说家、电影编剧,代表作有长篇小说《非洲好人》《永无宁日》等。
② 毛翔青(1950—),英籍华裔小说家,生于中国香港,十岁时移居英国,代表作有长篇小说《酸甜》等,其作品曾三次获得英国布克奖提名。
③ 布鲁斯·查特文(Bruce Chatwin, 1940—1989),英国旅行作家、小说家、散文家,著有《在巴塔哥尼亚高原上》《歌之版图》等旅行文学作品。

的就好了。这句话仍旧写在这部小说中的某个地方,但是我将它掩饰了起来。

用第三人称叙述起不了什么作用,所以我决定用第一人称进行叙述。有一天我坐下来写出了现在这部《午夜之子》开篇的大致内容,萨利门的声音浮现出来,非常机智,充满了神秘气息,有趣但有点荒诞。我看了打字机打出来的东西后兴奋异常。这是这样一种时刻,你相信作品是穿过你,而不是通过你写出来的。我掌握了将所有的事物全部吸收进来的方法,从印度的古代传统,到口头叙述的形式,尤其是印度城市中的噪声和音乐。小说的第一段为我展现出了整本书的内容。我抓紧萨利门的衣襟,让他奔跑。随着这本书的展开,萨利门长大了,我被他搞得心烦气躁。随着他年龄再大些,他就变得越来越消极。我试着强迫他变得更有活力些,让他主导事件的发展——但是这没有用。随后,人们认为这本书是自传式的,但是在我看来,我感觉萨利门一点也不像我,因为我总是和他展开某种角逐,并且我还输了。

《巴黎评论》:在你写过的作品中,还有没有哪部作品中的声音是像这样降临的?

鲁西迪:每本书都在教导你如何书写它,但经常会有一个发现的重要时刻。唯一可以拿来参照的是,当我写作《哈伦和故事海》时,我遇到的大问题是如何妥善处理里面的语调,以使得这部小说读起来老少皆宜。在经历了许多失败的开头后,有一天我写出了现在这本书的开头。而后,我回头一想,哦,我明白了,你是这样做的:"从前,在阿里福拜这个国家里……"我需要找到以"从前"开头的模式,因为寓言作品,它的语言使用得非常简单,但是故事却不会如此简单。你在记载印度寓言的《五卷书》以及《伊索寓言》,甚至是在现代的寓言作品,比如卡尔维诺的书中都可以发现这一点。你用这样的句子,比如:从前有一只猫,它穿着及膝的靴子,还会用剑。用单音节的词语来表述,但是所构建出来的事物却可以非常奇异。

223

约瑟夫·海勒说过，曾经有段时间他发现过一个句子，这个句子可以包含上百个句子。这是他在写下《第二十二条军规》里约瑟连爱上随军牧师的句子时发现的。这句话告诉了他接下去的小说将如何展开。当我写作《午夜之子》和《哈伦和故事海》的开头时，我也遇到了类似的情形。我也有了那种神启的时刻。但是当我写作《撒旦诗篇》时，在我写这部小说的开头，亦即那些人从天而降之前，我脑海里已经装了几百页的内容了，当我写到这一幕时，我想这部分放在这里有什么用？它不该放在这里。

《巴黎评论》：于是你就写出了开头部分。

鲁西迪：那一幕非常有趣。当这本书出来时，许多人确实非常厌恶它。所以那时候有个笑话，说存在一个十五页鲁西迪读者俱乐部——你懂吧，就是指那些翻看这本书不会超过十五页的人。我个人觉得这是一个不错的开头，至今仍旧这么觉得。你几乎总会发现你现在在写的这本书并不是一开始想写的。当你发现这一点以后，你就解决了这本书当中的问题。当我写《愤怒》时，每天都在改这部小说的题目，很长一段时间里我都不知道这本书写的是什么。它是关于年轻女郎的，还是纽约的？抑或关于暴力、离婚的？每天我睁开眼睛后，看法就会有所不同。直到我取好书名后，我才明白一本书背后的核心主题是什么。《午夜之子》也是这个情况。我一开始不知道该叫它什么。当我开始写作时，我在封面上只写了"西奈"。而后有一刻，我意识到如果我不知道这本书的书名是什么，我也就搞不懂这本书写的是什么。于是，我将小说的段落暂且搁置，开始给小说取名字，在经过几天瞎尝试之后，我留下了两个书名：Children of Midnight 和 Midnight's Children。我狂躁地将它们打出来，一个紧挨着另一个，一遍又一遍。随后，在打了一整天后，我突然觉得 Children of Midnight 是个很无聊的书名，而 Midnight's Children 才是一个不错的书名。它为我揭示出这部小说的中心是什么。这是关于那些孩子的小说。而在写作《撒旦诗篇》时，我不知道会把它写成一本书还是三本。我花了许多时间才有足够的勇气决定把它写成单独的一本书。尽管它肯定会有缺陷，但是我依然觉得那才是我想要写的书。那一刻我一定感觉非常有信心。成功写出这两本书后，它们为我加满了燃料，做什么事情都不在话下。

《巴黎评论》：你已名声在外，身上还背负着宗教裁决，这些几乎促成了鲁西迪崇拜。这种崇拜会跟随着你回到书桌前吗？

鲁西迪：不会。作家总是非常善于创造安静的环境。当我关上门独居一室时，我脑中除了我想要努力为之奋斗的东西之外，什么也不会去想。写作非常难，它需要你几乎全身心的投入，并且大多数时间里你觉得什么也写不出来。我总会在写到一本书愚蠢的结尾时，才想起要写什么，而如果你很幸运，你就能用利落的结尾将小说写完。当你动手写时，依旧会觉得对这项任务准备不足。你甚至不理解这项任务是什么。它太难了，你没有时间去担心成名的事情。这看似都是发生在写作之外的杂事。

更难处理的是来自媒体的敌意。我觉得被有些英国报纸当作是不受欢迎的典型来对待，这一点非常让人诧异。我不确定我是否真是如此。我知道，在写作生涯里有三十年河东三十年河西的循环。可以确定的是，当《愤怒》出版时，我开始背运了。怪异的是，我觉得许多批评并不全都是针对这本书的，而是针对我的。许多《愤怒》的评论者都对我当时的女朋友，也就是现在的妻子大做文章。我想，这样做有什么意思呢？你会在评论里，用仅次于评论约翰·厄普代克的篇幅，大段地去评论他的妻子吗？索尔·贝娄的妻子呢？

《巴黎评论》：在《愤怒》里，索兰卡出生在孟买，并在剑桥读书，随后居住在曼哈顿。也许这就是评论者将这一切和你在纽约的生活对应起来的原因。

鲁西迪：是的，我说过我现在居住于此，我害怕将小说与当下，与我自己的经历对应得如此紧密，但是这两者都得谨慎地选择。我想写一个初来乍到的人。我不想把我自己当成唐·德里罗或者是菲利普·罗斯，抑或任何生于斯长于斯的人。我想写这样一个纽约，人们来到此处，并开始新的生活，这里宽松的环境可以让世界各处发生的事情变成纽约的故事。只要将它展现出来，你的故事就可以融入这座城市的许多故事中去。伦敦可不是这样的城市。的确，伦敦有移民文化，并且这种文化为这座城市增添了新的内容，使它变得更为丰富，但是伦敦有主流叙事。纽约相比之下就没有主流叙事，它只是将现身于这座城市中的每一个人身上的故事收拢起来。这就是它吸引我的原因之一。

至于索兰卡，他可是个易怒的混蛋。我把世上所有对美国的不满全部让索兰卡表达出来，并且在他周围围绕着一股狂欢的气氛。但是我喜欢待在纽约，它的狂欢气氛和别人对它的抱怨都让我感兴趣。就算是索兰卡——你看，他也许是个对美国说三道四的人，但是他来美国也是为了寻求解脱。我想，把这本书里的内容和我的经历等同起来的做法是非常愚蠢的。这不是我的日记。你可以选择贴近你的生活，但那仅仅是个起点。问题是，路在何方？艺术作品就是道路之所在。那你该如何完成呢？

《巴黎评论》：你居住——并且来回居住于——世界各个地方。你认为你来自何方？

鲁西迪：比起国家来说，我更喜欢具体的地方。我认为如果你正式地问我，我仍旧会承认自己是一个印度裔的英国公民。但是我认为我自己既是一个纽约人，也是一个伦敦人。也许在我看来，这比护照或者出生证明上写的更为准确。

《巴黎评论》：你会写一部回忆录吗？

鲁西迪：直到整个宗教训诫事件发生之前，我认为我的一生是了无生趣的。我只写我的小说，并且满心期待它们能够充满趣味，但是谁又会关心作者的生活呢？但是，这件非比寻常的事情在我身上发生了，所以我会断断续续地通过笔记提醒自己发生了什么。当事态恢复平静之后，我觉得写作一部回忆录也许是了却此事的方式。没有人会再问起这个事件。但是随后我意识到，我或许要花费一年的时间来研究这一问题，然后至少花费一年的时间来谈论它。所以,我或许会强迫自己再花费三到四年的时间,重拾我刚从中解脱出来的事件。我认为我承受不了。

《巴黎评论》:宗教训诫动摇了你作为一个作家的信心吗?

鲁西迪:它让我产生了不小的震动。而后,它让我深深地吸了一口气,以某种方式重新投入到艺术、思考当中。好吧,让它见鬼去吧。但是我起初是这样觉得的:我花费了人生当中的五年时间,尽我最大的努力,竭尽全力将一件事做好。我坚信作家在写作时是无私的。他们不会去想金钱和荣誉,他们只会一门心思地思索如何成为一个最好的作家,将每一段话、每一句话写到极致,人物要有趣,主题要有延续性。将这些处理妥当才是你所要思考的事情。写作非常艰难,需要你全身心地投入其中,以至于期盼它所能有的回报——销量之类的事情——显得微不足道。所以,我花了五年的时间这样做,但是我得到的却是全世界的诽谤,我的人身安全也受到了威胁。比起思想上的侮辱,以及作品的严肃性受到的嘲讽,我生命受到的威胁根本算不了什么。不幸的是,有相当数量旅居西方的人认为,我是一个无能之辈,做了一件不值得的事情。而后,我就会想,我这样做他妈的是为了什么?根本不值得做这些事。你花费了人生中的五年时光尽力而为,但是却被人认为是一个无足轻重、自私自利的机会主义者:他这样做是有企图的。我这样做当然是有所图的!你干吗要花一生当中的五年时光来做一件毫无目的的事呢?

《巴黎评论》:他们之所以认为你是有企图的,是因为他们认为你这是在挑衅,而后果是你自找的。当你写这本书时,你是否意识到你对伊斯兰教的世俗见解会具有挑衅意味?

鲁西迪:我知道我的作品会让激进的毛拉①感到反感。

---

① 伊斯兰教中对老师、学者、尊者的称呼。

《巴黎评论》：不过，这和宗教训诫是无法相提并论的。

鲁西迪：好吧，是的，当然，没有人能预见到后来会发生什么。没人能预见。此事史无前例。我也没有碰到过这样的事。你看，我事后几次想，我前一部小说《羞耻》有一个未经授权的波斯语译本，它是由伊朗人翻译的，还获得了那一年的最佳翻译小说奖。这意味着当《撒旦诗篇》出版时，就连伊朗的畅销书商都认为我也许很酷，因为毛拉给我的前一部小说亮起了绿灯。所以这让伊朗人以及全世界各地的人大吃一惊。

《巴黎评论》：但是，当时有一种普遍认同的观点认为，你理应想到会带来这样的结果。

鲁西迪：书写完以后，有两个最先读到此书的读者，其中包括爱德华·萨义德，他意识到我惹恼了那些人，并且问我是否意识到了这一点。那时我非常天真，我说，没有。我的意思是说，他们为什么会来找我的麻烦？这可是一部长达五百五十多页的英文小说。有一种观点认为，这本书会从他们眼皮子底下溜过，这是不太可能的，再说，我是真的一点儿也不在乎。

为什么文学不能用来挑衅？它一直以来都是这样的。有种观点认为，受到攻击的人要为攻击行为负责，这种说法是在转嫁仇恨——这种想法在一九八九年随处可见。最近，在英国经历了"基地"组织的炸弹袭击之后，许多报纸发表评论认为这些全都是伴随《撒旦诗篇》开始的，但是现在就有人完全同情发生在我身上的事情。而今，再也没人说这是我的过错了，没人认为我是在故意为之，因为人们对激进的伊斯兰派的本质有了更深入的了解。

《巴黎评论》：那么，现在我们人人都成为了鲁西迪吗？

鲁西迪：是的。这样的话在现在的英国报纸上随处可见，但是在一九八九年，小报上广为流传着这样一种信念：我就是一个麻烦制造者，不得不依靠他所反对的政府——撒切尔政府——才能躲过自己同胞的责难。随后，当我决定去纽约自谋出路时，此举证明了我是个忘恩负义的人，仿佛我为了感恩就非得在伦敦过完一辈子似的。

《巴黎评论》：但是你曾说，一九八九年那会儿，这份宗教裁决曾一度让你质疑文学受到这样的对待是否值得。

鲁西迪：我想了几个月，想到或许我再也不想当个作家了。这倒不是因为写作是危险的。我只是觉得这一切让我感到反感，并且如果这就是我的作品受到的评价，我真不知道该如何继续。你看，我当时想，我可以当一个在公交车上卖票的人。做什么都比写小说强。我总是说——这是真的——给我儿子写一本书的承诺使我保留了作为作家的资格。不仅仅是我，他的生活也完全偏离了轨道。总有各种各样的事情我无法和他一起做，有些事情则很难做到，所以这个承诺我一直铭记在心。这使得我重新成了一个作家。当我发现《哈伦和故事海》中的声音时，我又品尝到了快乐。这是自一九八九年二月以来，我第一次尝到快乐的滋味。它又让我找回了我之所以喜欢从事写作的感觉。而后，我想，就算我不能继续了，我也要坚持下去。

我清楚地记得，我当时正在阅读贝克特的三部曲。《无法称呼的人》和《芬尼根守灵夜》一样难读，但是其中的禁欲思想，那了不起的最后几行是非常有价值的。我当时还阅读启蒙时代作家——伏尔泰——的作品，并且我发现我并非是唯一一个经历艰难时刻的作家。也许这看上去似乎有一种古怪的浪漫感，但我是真的从文学史中汲取了力量。奥维德被流放，陀思妥耶夫斯基站在行刑队前，让·热内锒铛入狱——看看他们都写出了什么：《变形记》，《罪与罚》，热内的所有作品则都是在狱中完成的。我想，好吧，如果他们能够做到，我就可以跟着做。这让我更容易知晓我立于世界何处，这种感觉很棒。这种认识正好解决了我心中的困惑。

但是我仍旧不知道人们是如何对一本书做出回应的。我没有任何头绪，我想《撒旦诗篇》是我涉及政治最少的一部小说。也许这一点，现在才开始变得真实起来。经过此番风波之后，至少这本书开始获得了文学生

229

命——尤其在学院里。它不仅仅只在比较宗教学或者中东政治研究的课堂上才会被人阅读。我收到来信,上面只字不提伊斯兰教的事情。还有读者来信,对小说中的喜剧成分做出了回应,这可是之前没有人提到过的一点——如果小说里发生的事件一点也不有趣,那么这种觉得它有趣的感受又是从何而来的呢?于是我想:终于!这部作品以某种方式引起了人们的讨论。这本书终于凭借某种方式得以幸存下来,它终于成了一本书而非烫手的山芋,不再是标语化的丑闻。它,终于,成了一部小说。

《巴黎评论》:在《撒旦诗篇》和《午夜之子》,以及许多散文中,你认为你和笔下的人物全都属于一个地方:"神形之洞"①。这个描述你现在还会提起吗?

鲁西迪:人类身上总有超越物质的需要,这种东西被称为精神。我们都需要一种理念,认识到某种东西超越我们的物质世界而存在。我们需要净化。如果你心中并不信神,你仍旧需要去感受一次又一次的净化,并且得到宽慰,你仍旧需要一种解释。你需要宗教带给你另一种东西,那就是归属感,它让你感到共享的事物,共同的语言,共同的隐喻结构,它是你向人们解释自己的方式。一种速记法。宗教给予人们应得的一切。当今,如果你没有宗教信仰,那这种莫大的缺失就需要在别处得到填补。这就是那个洞。宗教要处理的两大问题是:我们从何而来,我们应该如何生活。作为一个小说家,在小说中,我所感兴趣的是,我们组成一种种族,以此来解释我们的起源,但我却对这些解释本身没有兴趣。我并不想去牧师那里寻找回答这些问题的答案。当我们这样做时,看看发生了些什么。霍梅尼跳了出来,塔利班跳了出来,异端审问跳了出来。

《巴黎评论》:那么,你会转向何方呢?

鲁西迪:各个领域。而我们该如何生活却是一个从未得到回答的问

---

① 神形之洞(God-shaped hole),神学术语,一些宗教信徒认为每个人身上都有一块真空的地方,在那里只能存放心中的神灵。

题。它不断受到人们的争论。在一个自由的社会里，我们争论我们该如何生活，这就是我们生活的方式。争论本身就是答案，而我想加入此种争论中去。这就是民主：现今弊端最少的一种体系。宗教的解释是最容易被忽视的。剩下的一些——安慰，净化，归属感——则相对难以被忽视。我一生全身心投入的领域是文学，不仅包括文学，还有电影、音乐、绘画这些一般意义上的艺术。而后就是爱。你妻子的爱，你孩子的爱，你父母的爱，你朋友的爱。我在"友谊"这个理念上倾注了非常多的精力，一直在探索，尤其因为我的生活已远离最初的地方，漂泊四处。我和家人之间的联系非但没有断裂，相反我们还以各种方式联系得更为紧密了。朋友就是你建构起来的家人。我和意气相投的人住在一起会变得非常有激情。它给了我一种归属感，让我觉得自己不是一台机器。

我在一个人人都有强烈宗教信仰的国度中长大，其中包括城市里的知识阶层——那里的人们并不认为宗教是某种抽象的事物，相反，他们相信敬奉神灵对他们的现世生活和幸福有直接的影响。在这个国度里，成千上万的人相信，神灵会直接在他们的日常生活中显现，所以他们和神灵之间的关系是一件日常琐事，是务实性的。这就是我的世界，我需要认真对待它。同时，走入一个和你持不同观点的人的头脑，并且以他们的思维方式来决定他们故事的结尾，这一点很重要。

《巴黎评论》：你能谈谈你坐在桌前写作的步骤吗？

鲁西迪：如果你读过报纸，你就会有这样一种印象，我总是去参加聚会。其实，我每天花很多时间独自坐在房间里。当我一天停笔之后，我总是试着搞明白明天要从哪里开始写起。如果我做到了，那么再提起笔来时就会容易许多，因为我知道第一句或者第一段要写什么。至少我头脑里清楚要去写些什么，并且能找到方向。起先，进度会很慢，并且失败的开头也会很多。我会写一段话，而后第二天会想，不，我一点也不喜欢这段话，或者，我虽不知道这段话该放在哪里，但是它肯定不能出现在这里。花一个月时间踟蹰不前是经常有的事情。我年轻时，写起东西来比现在要轻松许多，但是那时写的东西需要花大力气进行重写。现在我写得慢了，会一边写一边做很多修改。当我只写一点时，与以前相比，需要改的地方就会少很多。所以，情况得到了改观。我只会去寻找一些可以催促我写的事物，如果我找到了，我会写下几百字，那么这一天的工作就完成了。

《巴黎评论》：你早上起来后马上就会去写作吗？

鲁西迪：是的，完全正确。我不会做任何古怪神秘的参拜活动。我只是起床，走下楼，开始写。有人告诉我说需要把一天中最初的精力投入写作中去，所以，在我摊开报纸，打开邮箱，拎起电话之前，并且常常在我洗澡之前，我就会穿着睡衣坐在桌前。在我做出一些事情以便找到写作状态之前，我是不会起床的。如果我需要外出和朋友吃晚饭，当我回来后，我会在上床前回到桌前读读我之前写下的东西。当我早晨起床，我做的第一件事就是读前一天写下的东西。不管你认为前一天写的东西有多棒，你总会发现有些东西没有考虑到，总有些小地方需要添加或者删除——并且我必须说，感谢上帝赐予我笔记本电脑，因为它让这个工作变得容易多了。对前一天所写的内容进行严格的检查，这整套步骤就是重新潜入这本书内部的方式。但是有时，我会非常清楚自己要写些什么，于是我就会马上坐下开始写。所以，也没什么规律可言。

《巴黎评论》：当你写作时，你是否会读一些特别的东西来帮助你？

鲁西迪：我会读诗歌。当你写一部小说时，有些奇怪的倦怠感很容易乘虚而入。诗歌提醒我关注语言。我最近读了许多米沃什的诗歌。除此之外，我还阅读了来自另外一个领域的作品，也就是鲍勃·迪伦的《编年史》，它非常棒。这本书写得很好，其中时不时掺杂着处理得非常草率的句子和错误的单词拼法——你看，迪伦会将 evidently（显然）写成 evidentially，incredibly（难以置信地）写成 incredulously。很明显这本书的编辑——某人——认为这是迪伦风格的一部分。

《巴黎评论》：Evidentially（显然）。

鲁西迪：我喜欢兰德尔·贾雷尔[①]说过的一句话："一部长篇小说就是有一定长度的散文叙事,其中包含一些错误。"我想确实如此。如果你打算写一万字,抑或一万五千字,再或者两万字,那么,确保万无一失这个想法就是幻想。如果你是莎士比亚,你写下十六个句子,就可以创造出一篇完美的作品。我设想哪怕是莎士比亚来写一部长篇小说,他也不可能做到尽善尽美。他的戏剧中也有不完美的地方——里面有一小部分无聊的片段,如果允许人们这样说的话。如果你是因为喜欢阅读而阅读,你是在找寻它能给你的东西,而不是它无法给予你的东西。如果那里面你喜欢的东西足够多,那么其中的败笔是可以轻易得到宽恕的。文学批评也是如此。有一些批评家带着学习的立场去读一部作品,另一些则带着挑错的心理去读。坦白地说,你可以在任何一本书中找到错误,我不在乎其中的错误有多么严重。朱利安·巴恩斯的小说《福楼拜的鹦鹉》中有一段写得非常精彩,那章的标题叫作《爱玛·包法利的眼睛》,他指出她的眼睛在小说中变换了四五种颜色。

《巴黎评论》：在《小丑沙利玛》中,为什么你将主人公取名为马克斯·奥菲尔斯?这个名字是从那个同名电影导演[②]那里来的吗?

鲁西迪：我只是喜欢这个名字。在法国和德国边界附近的斯特拉斯堡发生的事情非常有趣,此地的历史以某种方式不断地改变着,所以这个城市有些时候隶属于德国,有些时候隶属于法国,而我想让马克斯获得一个兼具德国和法国特征的名字,因为我想在这个名字中体现斯特拉斯堡的历史。

[①] 兰德尔·贾雷尔（Randall Jarrell,1914—1965）,美国诗人、文学评论家、小说家,第十一任美国国会图书馆"诗歌顾问",凭诗集《华盛顿动物园里的女人》获得1961年美国国家图书奖诗歌奖。
[②] 指德国电影导演马克斯·奥菲尔斯（Max Ophüls,1902—1957）,曾执导影片《一封陌生女子的来信》等。

《**巴黎评论**》：但是为什么不编造一个名字？

鲁西迪：我不知道。这个名字一直在我心中。我一心只想着他，最后忘了那个导演。

《**巴黎评论**》：你会在写小说的同时，去阅读另一部小说吗？

鲁西迪：不太会。至少不会去读当代的小说。与过去相比，我现在较少阅读当代的小说，经典小说会读得相对多些。这些经典作品在我眼前晃悠是有原因的。比如，当我在写《愤怒》时，我读巴尔扎克，尤其是《欧也妮·葛朗台》。如果你看过《欧也妮·葛朗台》的开头，就会发现他用的技巧非常像电影的慢镜头。它一开始展现的是非常广阔的视点——这里是城镇，这些是建筑，这是此地的经济状况——而后，它会慢慢地推近，对准周围的环境，然后再对准其中一座较大的房子，而再是房子里的一间房间，房间里面有一个女人坐在椅子上。当你得知她的名字时，她已经拘囿在她的阶级、社会环境、社交圈和城市里了。而当她的故事展现出来的时候，你会意识到这则故事早已被揉碎融入上述一切事物中去了。她就像这个笼子中的鸟。我想，这很好。这是一种非常直白的处理方式。

《**巴黎评论**》：你经常看电影吗？

鲁西迪：是的，经常看。我的许多写作想法都是年轻时通过观看电影获得的，那时正值六七十年代，世界电影正处在佳片辈出的黄金年代。我从布努埃尔、伯格曼、戈达尔和费里尼那里学到了和书本上一样多的东西。那时这周推出的是费里尼的新作《八部半》，下个礼拜就会有一部戈达尔的新作面世，再过一周伯格曼新拍的电影就会和观众见面，再过一周则是萨蒂亚吉特·雷伊的新作，再然后就是黑泽明的电影，这种感觉现今你是无法体会的。这些导演的系列作品都具有连贯性，并且其中的主题会一直发展，直到探索完毕。他们那时实行整套严肃的艺术方案。而现在的电影或者书本则让我们的文化变得更为慵懒。导演们拍出的电影就是那样。你拍摄一部有趣的电影，然后就坐地收钱。没人会再去创作具有连贯性和思想性的作品了。没有人会对它感兴趣。

《巴黎评论》： 通过观看这些电影，你从中学到了什么？

鲁西迪： 一些技巧方面的东西——比如说，新浪潮电影的自由拍摄技巧，就让我学到了解放语言的技巧。经典的电影蒙太奇形式是远景，中景，特写，中景，远景，中景，特写，中景，远景——就好像在跳某种舞蹈。进两步，退两步，进两步，退两步。这会让人觉得无比乏味。如果你去看五十年代的电影，它们就是这样剪辑的，就好像是编好了号码进行编辑的。所以，戈达尔大量运用跳跃式剪辑，它会让你也跟着跳动起来。它会让你从一个宽阔的场景中——砰！——跳到贝尔蒙多或者安娜·卡里娜的脸上。戈达尔的电影之所以会让主人公有时直接引导镜头，其中一个原因是——

《巴黎评论》： ——因为他们没有足够的钱拍整个场景。

鲁西迪： 这是对的。但是我喜欢这个理念，打破框架，使得这些电影事实上同时兼具趣味和严肃性。在《阿尔法城》这部非常阴暗的电影中，有一个非常出色的场景，当警惕者莱米，这个衣衫褴褛的密探到达小旅馆时，他发现所有的超级英雄都已经死了。"蝙蝠侠呢？""他死了。""超人呢？""死了。""飞侠哥顿①呢？""死了。"这非常滑稽。而我也非常喜欢布努埃尔对超现实主义手法的运用，它依旧让人觉得这部电影是真实的。在《资产阶级的审慎魅力》中，人们围绕着桌子坐在马桶上，却一语不发地走去一个小房间里吃东西。两个伯格曼我都非常喜欢——一个是拍出《第七封印》的神秘的伯格曼，另一个是更易参透、探索心理问题的伯格曼。但是黑泽明则带我们进入了一个封闭的文化中，这是一个武士的世界。我和武士的想法不一样，但是你会爱上三船敏郎②的剖腹行为——你会立马

---

① 飞侠哥顿（Flash Gordon），由美国漫画家亚历克斯·雷蒙德于二十世纪三十年代创作的同名太空探险漫画系列的主人公。该系列曾被多次改编为影视作品。
② 三船敏郎（1920—1997），日本电影演员，曾出演包括《罗生门》《七武士》在内的十六部黑泽明执导影片。

站在他那一边。这就是你需要用艺术来实现的其中一件事，让它带你进入一个陌生的世界，让它变成你的世界的一部分。伟大的电影时代会给小说家带来许多东西。我一直认为我是在电影院里完成我的学业的。

《巴黎评论》：你会自觉地将这些带入小说并加以借鉴吗？

鲁西迪：不会，我只喜欢去看电影。相比图书馆，我在电影中度过的时光则更加美妙。最近，我发现那些喜欢我写的书的人，会说它们非常具有视觉感，而那些不喜欢我写的书的人，则会说它们过于视觉化了。就好比你是一个作家，一部分人喜欢你的地方恰恰是另一部分人所讨厌的。你的长处就是你的短处。有时候同样一句话，既可以看成我写得多么糟糕的佐证，又可以看作我写得多好的范例。喜欢我作品的人会说他们喜欢那些女性角色，而不喜欢我写的小说的人，会说，好吧，很明显，他不会写女人。

《巴黎评论》：你刚刚说你这一代英国作家都非常有才华。在纽约，你是否认为这里的作家也是如此？

鲁西迪：在美国，更为年轻的一代作家具有真正的雄心壮志。但是有那么一段时间，美国文学不太具有冒险精神。雷蒙德·卡佛是一个非常有上进心的作家，他的小说具有不可思议的原创性，因为它们打破了表达事物和暗示事物之间的界限，但是我想许多模仿卡佛的作家，总是以此为借口，用平庸的方式来表达平庸的事物。仿佛你只能如此——让两个人面对面坐着，桌子上放着威士忌，相互说些陈词滥调的话。现在，我又重新觉得，这里有人企图去做一些新奇的事情。他们中的一些人就这样去做了，有些人则没有。但是，我想再度看到那种精神。奇怪的是，在七八十年代的英国，我们非常反感人们将我们归为一代作家。我们中的大多数人相互之间都不认识。我们没有共同的纲领。这和超现实主义者不同，他们有宣言。我们相互之间不讨论对方的作品。我在寻找自己的创作道路时可谓困难重重，我不希望有其他十多个想法。我认为我必须找到自己的方式。

《巴黎评论》：你写信吗？

鲁西迪：我是出了名的写信烂手。我的妻子对这一点总是怨声载道。我应该给她写一些信。嫁给一个不会写情书的作家，这一点怎么也说不过去吧？于是，我就得写一些。但是，不，我没有相应的文学才华。尽管如此，我还是写了一些的。一九八四年，我第一次去澳大利亚，我开始读帕特里克·怀特①的作品。我和布鲁斯·查特文一起沿着《歌之版图》里的一些路程进行了一次小规模的旅游，澳大利亚的沙漠迷住了我，并让我感动。而后，我阅读了怀特的作品：《探险家沃斯》，并被它迷住了。随后，我写了这辈子从未写过的一封粉丝信。怀特回了信，信上说，亲爱的鲁西迪先生，《探险家沃斯》是一部我非常讨厌的小说，他说，我本想寄给你其他一些我写的书，这些书我还有些感觉，但是一个人总不希望用人们不喜欢的书来给他们添堵吧。于是我想，我操你妈。你看，我写了这样一封热情洋溢的信，却得到了这样一篇又倔又暴躁的回复。当我再度来到澳大利亚，我断了任何想和他联系的念头。而后他就去世了，他的一位传记作者，大卫·马尔给我写了一封信，信上说，怀特把所有东西都丢了，但在写字台最上层的抽屉里，放着一捆信件，其中大多数都是他的银行经理给他写的，还有三四封非公务信件，这其中就有我那一封。现在我觉得，你该有多傻？我完全误会了他的回信。我把他的自我否定读成了他在耍脾气。

《巴黎评论》：你是如何决定什么时候该将小说传播到各地去的？

鲁西迪：尴尬是非常好的测试方式。当你感到人们阅读页面上的内容不会使你感到尴尬时，你就可以让他们去读了。但是《小丑沙利玛》却让我做出了以前从未做过的事情：我把它拿给一些人看——我的经纪人，我的妻子，还有作家宝莲妮·麦尔维尔。我还把它给了我的编辑，凯普出版

---

① 帕特里克·怀特（Patrick White, 1912—1990），澳大利亚小说家、剧作家，1973年诺贝尔文学奖得主，一生著有十二部长篇小说、三部短篇小说集和八部戏剧。后文提及的《探险家沃斯》是他的第五部长篇小说，出版于1957年。

社的唐·富兰克林以及此地兰登书屋的丹尼尔·曼尼克。我给他们看了最初的一百五十页，而后又给他们看了大概三百五十页，而后是四百页，我不知道我为什么这样做。我只是想，我从未这样做过，所以我打算试试。我想尝试我所想的，亦即我不想总是去做我一贯做的事情。我喜欢用这种方式一点点地给人们看我的作品，并保留他们的热情。我不知道，这样是否意味着我需要更多的安慰，或者想要更自信些。我想也许我想要两者兼得。

《巴黎评论》：编辑给你的书做出了哪些修改？

鲁西迪：我记得最清楚的是利兹·卡兰德为《午夜之子》做出的两件非常有价值的编辑工作。其中一件事是，在现今的第二部分的结尾和第三部分的开头处，从一九六五年印巴战争到一九七一年孟加拉战争爆发的那一刻，我在中间跳过了六年的时间。我一开始将时间跳得更远——直接跳到了孟加拉战争结束——而后又跳回开头，随后再继续往前推进。所以整个儿就往前推了七年，又回溯了一年，而后再往前推进，利兹告诉我这个跳来跳去的时间线一度使她无法集中精力来阅读这本书。这一点非常有价值。现在，这本书中仍然有六年时间的跳跃，但是我拉了回来，重新按照先后顺序进行了排列，这使得其中的四五十页的内容变得非常清晰。

还有一点，这部小说中曾经有另一个读者般的角色。就如同你所看到的那样，在这本书中，萨利门将这则故事说给帕德玛听，那个做腌菜的妇人。在早期的版本中，他同时将小说写了下来，并且寄给了一个女记者，她逗留在幕后。所以口头的叙述是说给腌菜厂的妇人听的，而那个写下来的版本则是寄给另一个人的。利兹和另外一两个最初的读者都一致认为这是这本书的蛇足之笔。他们说，你设置了一个非常好的角色，让他们共处一室，她使得他们之间具有了某种关系，你不需要再设置一个抽象的记者角色，让他给她寄他写的东西。我起初以为他们这样想是错误的，而后他们一直想要说服我将这个角色移除掉。这个角色非常轻易地就从这本书中移除了——我记得只花了两天的时间——这让我搞清楚了一点，也就是说一个可以被轻易移除的角色,是无法恰当地融入故事的整体布局的。他们纠正了我一个非常致命的错误。现在如果我再次拿起那些被删除的内容看,我觉得它们非常糟糕。

还有一本我写尼加拉瓜的书:《美洲虎的微笑》,其中也包含了非常具有建设性的编辑工作。这是一份报告文学。我于一九八六年从尼加拉瓜回来,花了几个月的时间将它写了出来。现在看来,它仍旧是一本非常短的书,但是最初的版本还要短。因为速度的关系,索尼·麦塔——那时,他是英国皮卡多出版社的编辑——说他对其中的内容有所顾虑,他几乎是一行行编辑这本书的。几乎每碰到一句话都会问我要更多的信息。他从来不会从中删掉某些东西,只会想要加进更多的内容。他说,你呈现了太多知识性的内容——我需要知道这些人是谁,这些历史时刻是什么,还有背景,等等。他让我为这本书增加了不少血肉,这一点非常有价值。

《巴黎评论》:除了《美洲虎的微笑》,你还写了《想象的家园》《越界》和其他的非虚构作品。你会再写一本这样的非虚构作品吗?

鲁西迪:现在还没有这个打算。此刻我觉得——我该怎么说呢?——我觉得我的生活已变得非常激荡,并且都是实实在在发生的事情。从某种方面来说,我周围聚集了许多事实性的材料,并且我感觉我要从事实的瓦砾下面抽身出来,然后重新回到想象性的写作中去。我感觉脑子里充满了故事,直到我感觉将尘土都掸干净,并且完全恢复过来后——好吧,不是重新恢复,而是有了进一步的开拓——我想要讲述的故事才会是新颖的。我不再想回到现实中去,我会越来越远离它。

写作《小丑沙利玛》教会我的其中一件事是,无论你做多少探索性的工作都是不重要的。我为那本书做了许多研究,它超过了我写任何一部小说所承担的工作量,但是我意识到你这样研究只会让你偏离得很远。最后,想要使小说成型,你就需要一次庄重的想象性飞跃。你必须深入人们的内心,去感受他们,理解他们的思维方式,并且学会理解他们怎样对待故事。所以,哪怕是写作这本经历过大量研究工作的书,也会使我增强这样的一种信念：我真正感兴趣的还是想象性的飞跃。那时，我每月一次为《纽约时报》撰写专栏稿件，尽管今年我和他们签了合约，但是我有种强烈的感觉，我觉得我会离开那份报纸一段时间——因为我更愿意写作短篇故事。所以，现在我有写小说的强烈冲动。

《巴黎评论》：这是真的吗？

鲁西迪：确实如此——我也许在说谎。当一个作家向你谈论起未来的写作计划时，永远也别相信他。

《巴黎评论》：好吧，那么你的下一部作品会是怎样的？

鲁西迪：我接下去想要写的是一部长篇小说，它想象了文艺复兴时期的意大利和早期莫卧儿帝国之间古老的联系。我打算将它取名为《佛罗伦萨的神女》。与此同时，我的小儿子——我的二儿子——敦促我写一本儿童读物。他喜欢《哈伦和故事海》，但是他知道这是写给他哥哥的。如果我会经历一段长时间的研究工作，我觉得一边做研究一边写一本儿童读物会非常棒。也许我会读一些书，而后一天花几个小时写一部童话。

而后就是《平行世界》，一本未来主义的、混合了科幻小说和弱化了的黑色电影想法的书，就好比《银翼杀手》遇上了《历劫佳人》。我还想写一部暂且取名为《粗心的大师们》的小说。我设想它是一部厚重的英国小说，从一个寄宿制学校写起，而后带领着这些角色步入成年，使它具有英国小说的特色。我涉及英国篇幅最长的一部小说是《撒旦诗篇》，没人认为这是与英国有关的一部小说，但是，其实这部小说的很大一部分都在写伦敦。这是一部讲述撒切尔政府执政时期伦敦移民生活的小说。

《巴黎评论》：如果你不是天天都在写作，你会因此而感到恼火吗？

鲁西迪：当我知道该怎么做时，我会感觉好些。除此之外，写作两本书之间的间隙期是我最具创作力的时刻，虽然那时我不知道该做些什么，但是我的脑子转得飞快。事物会突如其来地降临在我的脑海，并且会演变成一个角色或者一个段落，抑或仅仅是一种感知，所有这些都会被写进故事或者长篇小说里。我写或不写时都一样努力。我坐在那里，让这一切自由流淌，大多数时候我会在第二天将前一天写的东西抛弃掉。但是看着东西浮现出来，才是纯粹的创造力。一旦事物显现出来，随后变得更为具体，才会变得更为有趣。但是在这段间隙期内总会发生一些意想不到的事情。我之前设想过的事情会超乎我想象力地发生。它们变得具有想象性。它们来到我的体内。这就是我现在的状态。

（原载《巴黎评论》第一百七十四期，二〇〇五年夏季号）

哈维尔·马里亚斯

◎蔡学娣/译

马德里一家餐馆的侍应生在听说我要去采访哈维尔·马里亚斯时惊讶得倒吸了一口气。"您认识他?"他问道,好像我提到的是一位总统或者电影明星似的。"我们有时看见他从这条街上走过。"

尽管马里亚斯在美国读者中名气还不是很大,但在欧洲他已经在文学界和知识分子中引起了轰动——他的名下有十一部小说,两部短篇小说集,一部传记散文集,在马德里的《国家报》周刊上有一个谈论政治、文学、电影、体育和社会的专栏。同时他还是西班牙最优秀的英语翻译家之一。他自己的作品已经以三十多种语言出版,全球销量已超过了五百万册,他经常以诺贝尔奖候选人的头衔出现在欧洲报刊上。批评家们和欣赏他的同行们(J.M.库切,萨尔曼·鲁西迪,以及已故的W.G.塞巴尔德)称赞他用西班牙式黑色幽默挑战英式豪言壮语,创作出了节奏很快却又重视细节,既有推理性又有逻辑性,既现代又古典的小说。

而马里亚斯本人也表现出一些特点的对立统一——他时而是一个贵族,时而是一个隐士,时而喜欢交际时而沉默寡言,时而谨小慎微时而轻松随意。就像他小说中幽灵般的叙述者一样,他有点让人难以判断。他喜欢随意靠在沙发上,而不是正襟危坐,说英语的时候总是字正腔圆。他习惯喝可口可乐,喜欢吃塞拉诺火腿和拉曼却奶酪,如果不是万不得已不喜欢系领带。马里亚斯有一个博客,但他从来不看,提到它时也只说是"我名下的网页"。这个博客由一位助手打理,负责发布他的报纸专栏文章和著作。马里亚斯没有电脑和手机。他在马德里的马约尔广场周边租了两套几乎一模一样的公寓。一套公寓摆放着深色家具；另外一套公寓则摆放着白色同款家具。高达天花板的书架上收藏着希腊文、拉丁文和拜占庭书籍，不远处有一个房间里面全是杰瑞·刘易斯和迪恩·马丁[①]的电影DVD以及《大淘金》《赌侠马华力》和《老友记》的DVD。虽然他的居住空间凌乱地堆满了玩具士兵，文学纪念品——达希尔·哈米特和约瑟夫·康拉德的书信，一尊劳伦斯·斯特恩的半身像，几位作家的照片——和书迷来信，但是马里亚斯仍然强调自己是一个井井有条的人。"我只是没有时间整理东西。"他说。

马里亚斯始终在重新划定幻想和现实之间那条细细的分界线，二者是他作品的核心元素。不仅他的叙述者是不可靠的，他的整个小说世界都是不可靠的。他的作品演绎了纳博科夫"回忆终究是虚假的"这一原则，这赋予了他的故事一种永恒感。

马里亚斯一九五一年出生于马德里，也就是佛朗哥在西班牙上台十二年后。他的父亲胡里安·马里亚斯是一位知名哲学家，因为反对佛朗哥政权曾被监禁，之后被禁止在西班牙任教，马里亚斯有小部分童年是在美国度过的。他在二十一岁之前完成并出版了两部小说：《狼的领地》（1971）和《地平线之旅》（1973）。他曾在马德里康普顿斯大学学习英文，毕业后的六年之内没有再写过一部小说，而是致力于翻译英美名家，如托马斯·布朗爵士，斯特恩，威廉·福克纳，华莱士·史蒂文斯，约翰·阿什伯利。他曾在牛津大学教授翻译理论，并在那里写了他的第六部小说《灵魂之歌》（1989）。在这部小说里，马里亚斯讽刺了牛津大学的教师生活，用同情的笔墨刻画了作家约翰·高兹华斯，他继承了安提瓜所属的一个小岛雷东达岛的国王头衔。《灵魂之歌》的出版引致马里亚斯被任命为新一任雷东达国王，这个头衔他保留至今。马里亚斯的第七部小说《如此苍白的心》（1992）获得了国际IMPAC都柏林文学奖，此后他又出版了四部小

[①] 杰瑞·刘易斯（Jerry Lewis，1926—2017）和迪恩·马丁（Dean Martin，1917—1995）是二十世纪四五十年代美国最知名的喜剧演员搭档，曾共同出演数十部影片。

说，包括《明日战场上勿忘我》(1994)和《时间的黑背》(1998)。

此次访谈历经六个春夜，地点是马里亚斯的公寓——那套配有深色家具的公寓。他的父亲几个月前刚刚离世，马里亚斯的眼周一片黑晕。"我睡不好。"他坦言。他无可厚非地一支接一支地抽烟，左右手一样熟练，旁边的传真机上堆满了等待他审批的书封校样以及有关马里亚斯刚刚以其出版公司"雷东达王国"的名义发布的奖项的细节事宜。马里亚斯讲话句式曲折，有大量的从句和附加说明，让人感觉就像在同亨利·詹姆斯讲话。马里亚斯在他的《书写的人生》(1992)一书中以赞赏的态度称，这位作家讲话和写作一样爱用闲笔，婉转迂回，有一次在提到狗时称它为"某种黑色的犬类"。

——莎拉·费伊，二〇〇六年

《巴黎评论》：您不仅是西班牙公民，还是西印度群岛一个微型国家雷东达岛国的国王。我肯定您是《巴黎评论》采访的第一位君主。您是如何获得这项王冠的呢？

哈维尔·马里亚斯：十九世纪有位航运巨头希尔，他居住在加勒比海地区，有八九个女儿，但是没有儿子。最后他终于有了一个男孩，叫马修·菲普斯·希尔，成了一名作家。一八八〇年，为了庆祝儿子十五岁生日，希尔宣布无人居住的雷东达岛归自己所有，该岛在蒙特塞拉特岛附近，离安提瓜不远。他和安提瓜一位卫理公会牧师一起筹备了一个加冕仪式，马修·菲普斯·希尔被加冕为该岛的国王。最近我得知雷东达相当于欧洲的特兰西瓦尼亚，很适合构造文学传说。那个地方遍布岩石，交通受限，曾被走私犯用作藏匿之地，传说那里有可怕的野兽，发生过恐怖的事件。在希尔加冕之后不久，英国政府决定吞并这个岛屿，因为在岛上发现了磷酸铝。希尔家族向英国政府抗议了多年，最终殖民总部表示他们不打算把岛屿还给任何人,更不用说是一个疯子船主和一个作家,但是他们并不反对希尔使用雷东达国王的头衔,只要它不包含任何实质性内容。

希尔最终在英国定居,晚年得到一位名叫约翰·高兹华斯的年轻作家的帮助。希尔一九四七年去世时,高兹华斯成为他的文学遗嘱执行人和遗产继承人。高兹华斯开始了所谓的"贵族知识分子"生活,他封了许多男女公爵,包括劳伦斯·杜雷尔、亨利·米勒和狄兰·托马斯。高兹华斯是个很有前途的作家,十九岁就出版作品了。他参加过对印度、阿尔及利亚和埃及的战争。令人称奇的是,他到处出版诗歌小册子,甚至包括加尔各答。我不知道他是如何在战火纷飞中做到这一点的。他是皇家文学学会最年轻的会员,和同时代的很多大文豪都有接触,比如托马斯·哈代和T.E.劳伦斯。不过高兹华斯后来成了酒鬼,很快便不名一文。他欠了房东和酒保们一大堆债务,于是开始向这些人售卖头衔。他甚至在《泰晤士报》上登了一则出售雷东达国王头衔的广告,很多人都颇有兴趣。在"雷东达王国"出版公司出版的我的一本书中,我模拟了一封电报。就在这儿。丹麦的卡尔·维尔纳·斯科格霍姆写道:

雷东达国王约翰·高兹华斯陛下,
关于您的广告我恳请向您提出如下问题,希望您能作答:
(1)国王的职责是什么?
(2)国王的权利是什么?
(3)雷东达岛是居住佳地吗?
(4)国王能联系到黛安娜·多丝吗?
(5)我有两个女儿,女孩能继承王位吗?
突然之间成为国王应该是件美事。我希望我可以——如果您仍愿意出售的话。

《巴黎评论》:"突然之间成为国王应该是件美事"——这件美事在您身上发生了。

245

马里亚斯：正是。不过对我而言，除了传说带来的乐趣之外，其余的并不怎么美妙。好像高兹华斯在生活最困窘的那几年确实把王位卖了——他将文件颁发给了不同的人，因此关于这个头衔有一些争议。那些声称自己是王位继承人的酒保的一些后嗣对我很愤怒。其中一人说："当初好不容易打败了西班牙人，现在你又把王位还给了他们！"这让我忍俊不禁。我从未说过我是雷东达国王，也从未使用除了我的名字哈维尔·马里亚斯以外的任何头衔签过名。我从不赞成君主制。我拥护共和制。

《巴黎评论》：但您是怎么勉为其难地当上这个国王的？

马里亚斯：这些被称为"王位觊觎者"的人称我是在一次拍卖时买到的头衔，但我并没有这么做。一九九七年，在我将高兹华斯的一篇故事收入一本选集并在我的小说《灵魂之歌》中提到这个故事之后，高兹华斯的下任国王乔恩·威尼·泰森写信给我说他想让位，因为王位觊觎者们多年来一直在给他写信。我必须承认他是一个特别友好的人。因为我了解雷东达并且让它名气空前，他便问我觉得谁会是一个好的继承人。他提到了谢默斯·希尼，因为希尔是爱尔兰裔，而希尼又是一个伟大的作家。我说，可以，我认为继承人应该是一位"真正的"作家——王位的继承不仅要看血统还要看文字。我们见识过极尽委婉之辞的英式谈话——即使你在说我认为你在说的事情，我也不敢认为你真的在说你似乎在说的事情，最后他才明说："我认为你是一个很好的选择。"我说如果这种小说中常有的情节闯入我的生活而我拒绝接受，我就不配当小说家了。于是我就接受了。

这只是一个头衔而已。那个岛屿已经被安提瓜收复了，现在归安提瓜所有，我并不想就任何虚拟而非现实的事情而引发王朝争端。在我看来，乔恩·威尼·泰森的错误在于他答复了那些王位觊觎者，他一直在和他们争辩，可能多是在私下而非公开进行的。我早已下定决心绝不答复任何人。我也正是这样做的。我曾经半开玩笑地说过，这是唯一要做的符合国王身份的事情：彻底不作答复。换作是英国国王或者西班牙国王会怎么做呢？他们不会予以答复的。

《巴黎评论》：鉴于您在小说里总是把虚构和真实编织在一起，一些人怀疑这个岛屿完全是编造出来的。

马里亚斯：但是有地图为证。那个岛就在那里。

《巴黎评论》：您亲眼见过吗？

马里亚斯：没有，我本人没有。乔恩·威尼·泰森亲眼见过。但是我个人认为没有太大必要亲临岛屿。

《巴黎评论》：您延续了向作家和艺术家授予头衔的传统，比如佩德罗·阿莫多瓦（颤抖公爵），约翰·阿什伯利（凸面公爵），弗朗西斯·福特·科波拉（大都市公爵）[1]，等等。他们的职责是什么？

马里亚斯：没有任何职责，甚至不需要效忠。所有的男女公爵都有名号——风趣的名号，这是始于二十世纪三十年代的一个传统。除此之外，我一直努力保持低调。

《巴黎评论》：每年您还以岛屿的名义颁奖。

马里亚斯：是的。问题是我给获奖者写信时，如果他们知道我是谁，事情就很方便。但是如果他们不知道，我就不得不去解释雷东达的来龙去脉，这听起来很疯狂。不是吗？我必须请求他们不必认真对待王国这件事，好让他们不会认为我是一个疯子什么的。这有点复杂。到目前为止，一切都还好。今年的获奖者是雷·布拉德伯里。我们拭目以待他是否理解这个玩笑，因为如果他不理解，我就得去找让-吕克·戈达尔——他排名第二位——然后再次解释整件事情，并且是用法语。布拉德伯里先生需要

---

[1] 这些公爵的名号都和受封者的作品有关。佩德罗·阿莫多瓦被封为"颤抖公爵"是因其电影《颤抖的欲望》，约翰·阿什伯利被封为"凸面公爵"是因为他的诗集《凸面镜中的自画像》，弗朗西斯·福特·科波拉曾导演《教父》。

247

决定作为雷东达公爵他想用什么名号。我有几个建议：蒲公英公爵，或者黑暗狂欢节公爵①。不过，他选什么当然都行。

《巴黎评论》：在您的传记散文《书写的人生》一书中，您刻画了二十六位作家，包括威廉·福克纳、三岛由纪夫、詹姆斯·乔伊斯和伊萨克·迪内森。您选的大多数作家个人生活都很悲惨，他们在爱情和人际关系方面都很失败。

马里亚斯：他们命运多舛，是这样。

《巴黎评论》：您是一个悲惨的人吗？

马里亚斯：是，但是不像他们中的一些人那么惹人瞩目。我没有像马科姆·劳瑞那样企图杀害我的妻子——我目前没有妻子，我也不认为我会有妻子。但是我认为我的生活不太顺利。

《巴黎评论》：为什么这么说？

马里亚斯：嗯，从我父母的观点来看，我想我太犹豫不决了。我没有固定的职业。有那么几年我都不确定自己是否真的有谋生能力。你当然不能靠翻译来维持生计。我有过极度焦虑不安的时期。那时我生活在其他国家。没有成家。有过各种各样的女朋友——有的已婚，有的不愿嫁给我或者我不愿娶她们，有的是外国人，生活在其他国家。总有这样或者那样的困难。我记得我的母亲——她已经去世二十九年了——曾经说过，在她的五个儿子中只有我总是让自己身处危险。她最担心我。我过马路闯红灯——诸如此类的事情。

如果我不是成了一个成功的作家，我的境况可能要糟糕得多。这种情况是很有可能发生的。这一点我永远不会忘记。我不认为我的书容易读，但也不是太难，如果我的小说只卖了一万本也毫不奇怪。许多作家的销量

---

① 这两个名号源自布拉德伯里的两部短篇小说集《蒲公英酒》(*Dandelion Wine*)和《黑暗狂欢节》(*Dark Carnival*)。

远远低于这个数字。我很幸运,但是循序渐进的。我不是那种写了一本书就一举成名的作家。《多愁善感的男人》比之前所有的小说都成功,而《灵魂之歌》又更加成功,然后《如此苍白的心》取得的成功又远远高于所有其他的小说。我已经有了忠实的读者,但是事情也有可能完全不是这样的。

《巴黎评论》:您所刻画的作家的另一个共性是他们都不太看重自己。最明显的例外是托马斯·曼、乔伊斯和三岛由纪夫。您是如何避免过于看重自己的呢?

马里亚斯:这不是避免的问题。要么你觉得自己很重要会被铭记,要么你不这么想。他们三位似乎很看重自己,对后世考虑颇多。我多年前翻译过史蒂文森的一首诗,诗中他称写作为"这种幼稚的工作"。在这首诗中他向他的祖先致辞,他们都是灯塔建筑工人。他为自己没有沿袭这一传统而是待在家里像个孩子一样舞文弄墨表示歉意。

现在为后世考虑是荒唐可笑的,因为事物不是一成不变的。书籍看似比电影和唱片更经得起岁月,但是即使是它们也不会保留很久。现在我们比以往任何时候都更加依赖生活的怜悯。作家和电影制作人去世时,如果运气好的话,三五天内报纸的版面和电视节目会报道他们,大家都忙作一团,但是之后你就得等上十年等到有一个纪念活动。那时你已经不在这里接受访谈捍卫自己的作品了,你实际上已经不存在了。这是一种惩罚。

当然,有一些人在后世很幸运,或者说他们值得如此。埃尔维斯·普雷斯利就很幸运。他常常活在很多人的记忆里,包括我。我认为埃尔维斯·普雷斯利值得常被怀念。但是大多数人都不是这样。在福克纳一百周年纪念时,我做了一个小册子向他致敬,里面有我写的几篇文章、我翻译的诗以及别人写的一篇文章。这本小册子让媒体对福克纳产生了兴趣。他们打电话向我询问有关他的事宜时,我有种感觉,就是一个像我这么平庸的作家正在帮忙谈论福克纳。我不想假装谦虚——你总是有自己的英雄,你永远都不会超越他们,永远不会。因此,在我看来,多亏了一个平庸的西班牙作家——我,并且因为我在世并且被人所熟知这个偶然的事实,西班牙人才读福克纳。但是福克纳不应该需要任何人帮忙。

《巴黎评论》:在您二〇〇二年出版的《明日你的容颜》第一卷中,您讲述了您父亲的故事,对他产生了一种后世影响。您为什么决定把这本书分三卷出版?

马里亚斯:这本书,特别是第一卷《狂热与长矛》,部分灵感来自我的父亲,西班牙内战刚一结束他就被他最好的一个朋友出卖的故事被安在了叙述者的父亲身上。我担心如果我一直写下去直到完全写完才出版——我当时很清楚这部书要写很长时间,那就可能无法及时印出让我父亲读到了。老年人要求不多,很少有什么能让他们激动的事了。我看出我的父亲非常想看看他的故事如何被讲述。我读了部分内容给他听,看他是否有异议。他唯一的评论就是,和我的叙述者不同,他从未透露向佛朗哥警方告发他的那个人的姓名。但是我说,现在是我在讲故事,于是他接受了。他想知道小说里是如何刻画他的。在他生命的最后几年,他的视力已经差到无法自己阅读了,但是我把那部分章节读给他听了。他能听得见。

《巴黎评论》:您的父亲曾是哲学家何塞·奥尔特加·伊·加塞特的弟子,是西班牙著名的公共知识分子,后来被佛朗哥驱逐出境。他的流放对您有影响吗?或者您那时还太小了?

马里亚斯:流放这个词并不准确。他属于那种"内心流亡",就是反对佛朗哥但是仍留在西班牙做力所能及的事情。他曾入狱几个月。他本来很可能死于行刑队枪下的,但是他幸免于难。就像许多不被允许从事自己职业的人一样,他被禁止任教,我都不知道他是依靠什么生活的。甚至有十年时间连给报纸撰稿都不允许。于是他去了美国。

我最早的记忆是关于纽黑文的,我们在那里生活了一年。《明日战场上勿忘我》里有一个形象就是来自那个时期。我们住在一位正在休假的教授的房子里。家里家具齐全。我睡的房间属于另外一个男孩,等他回来还要再归还他。天花板上挂着一个玩具飞机风铃。

《巴黎评论》：您小时候讲英文吗?

马里亚斯：讲一点。我在纽黑文时——应该是一九五五年或者一九五六年——我们不上学，因为那会儿有脊髓灰质炎，我母亲认为我们最好不要去学校。父母在家里教我们，但是我们不讲英文。我们过得很愉快。很新鲜。有白雪，松鼠。我们有一个后花园。

我父亲有机会留在美国——他曾在威尔斯利学院、印第安纳大学、加州大学洛杉矶分校、耶鲁大学等高校任教——但是他不愿意。他说即使西班牙的情况很糟糕，特别是对他来说极糟糕，他也觉得他不应该永远离开祖国。他说："如果当初我留在美国的话，我的儿子就是美国人了。我不介意孙子是美国人，但是儿子是美国人，太快了。"他也意识到作为一个作家——不是文学作家，他写哲学散文，写过一本关于《堂吉诃德》的书，一部学术论文——你必须和自己的语言保持联系。

因此他的经历不是流放。他不时离开三个月又回来。六十年代，他主要教在西班牙就读的美国大三学生。我小时候和美国人接触很多。我记得我十一岁时爱上了一个大概十八九岁的杜兰大学的学生。我非常喜欢她。她叫伊娃。我记得她是立陶宛裔。

《巴黎评论》：有一位备受关注的社会名人父亲让您觉得困扰吗？

马里亚斯：并没有。我刚开始出版作品时很"叛逆"。我那时觉得很独立。觉得自己的写作和我父亲没有多大关系，我的确不想成为——或者利用自己是——胡里安·马里亚斯的儿子。事实上，我也无法利用，因为他憎恶裙带关系。倒是其他人让我感觉到我是作家之子，因此他们对我的书缺乏信心，甚至更糟。可笑的是，一个作家可以是建筑师或者鞋匠的儿子，没人会在意。但是如果你的父亲是作家，即使属于截然不同的类型，你也很容易像个闯入者一样被拒绝。这种怀疑有时比其他任何东西更麻烦。这么多年我一直被人追问"您和胡里安·马里亚斯有关系吗？"我开始回答："是的，我是他的父亲。"

《巴黎评论》：您的祖父母从事什么工作？

马里亚斯：我父亲的父亲也叫胡里安，曾是一家银行的经理。他表面上是个非常有趣的怪人，很爱笑。在"二战"期间，他将自己所有的钱都换成了德国马克，因此破产了。我母亲的父亲艾米利欧是军医。他的妻子罗拉生于古巴哈瓦那，一八九八年来到西班牙，当时她大概七八岁。她说话有口音。在《如此苍白的心》中她被刻画成叙述者的外祖母。她生了十一个孩子——其中有两个夭折了。我猜她除了抚养孩子几乎没法再做其他事情了。

《巴黎评论》：您的母亲是怎样的人？

马里亚斯：不管我什么时候见到她的照片，她仿佛总是带着一丝忧郁。但是她爱笑，性格坚强。她的意见对我父亲很重要。像他那么自信的人，却总是在把文章发给出版社之前先大声念给她听。她其实很慈祥，总是担心我们会发生什么事情——这毫不奇怪，因为她的第一个孩子三岁半夭折了。也许她的忧郁——主要是眼神——来自战争，因为她年仅十七岁的弟弟在战争中无辜被害。

我母亲一九七七年去世后，父亲留下了她所有的衣物。我和兄嫂们问他想要我们怎么处理它们，他说："先放在那里。暂且不动它们。"自然，谁也不再去过问此事了。那些衣物在那里一放就是二十八年，直到去年他去世。他不是一个病态的人——他只是希望物品原封不动地放在那里。我不认为我自己会那么做，但是我理解那种做法。

《巴黎评论》：您的兄弟们也是作家，是吗？

马里亚斯：可以这么说。我大哥米盖尔是经济学家，但是他已经做了多年的影评家。他写过三本书，其中一本是关于莱奥·麦卡雷[①]的，他曾

[①] 莱奥·麦卡雷（Leo McCarey，1898—1969），美国电影导演、编剧，曾于1937年和1944年两度获得奥斯卡最佳导演奖。

执导过《与我同行》《圣玛丽的钟声》和《金玉盟》。我二哥费尔南多——不要把他和小说家费尔南多·马里亚斯混了，这位作家我没读过——是一位艺术史学家，已经写了好几本书。他也曾在哈佛任教过一段时间。我的弟弟阿尔瓦罗是音乐家。他演奏长笛和竖笛，出过几张巴洛克音乐CD。他有时写些音乐评论，但是不写书。没错，我想我们都在从事某种形式的写作。

这是我的直系亲属，另外还有两个电影人——几年前去世的我的一个表亲，还有我的一个舅舅，我母亲的兄弟，叫杰斯·佛朗哥。他制作了几百部影片——从恐怖片到傅满洲系列电影、鬼片、色情片或者类色情片各种类型都有，都很糟糕。他和过气的演员合作，比如乔治·桑德斯和杰克·帕兰斯。近年来他成了Cult影片（邪典影片）导演。几年前，我给伦敦的一家书商打电话订几本书，我把我信用卡上的全名哈维尔·马里亚斯·佛朗哥告诉了职员。在西班牙我们的正式名字有两个姓。第一个姓是父姓，最重要，第二个姓是母姓。我母亲的姓是佛朗哥——和那个独裁者没有任何关系。这并不是一个罕见的姓氏。但是当我告诉职员我的全名时，他说，您能拼读一下吗？我说："可以，和那个独裁者的姓一样。"他说："独裁者？"他是个年轻人，不知道谁是佛朗哥。接着他又说："和杰斯·佛朗哥的姓一样？"我说："对，他是我舅舅。"那个职员惊讶极了。

《巴黎评论》：您的家庭成员中谁对您的影响最大？

马里亚斯：或许是我的母亲，还有米盖尔。他比我大，我们有许多共同爱好。我曾经还有一个兄弟，已经去世了。我在《时间的黑背》中写到了他。而母亲给我们读过很多东西，给我们讲故事。父亲告诉我，母亲常常给我们念《伊利亚特》哄我们入睡。我希望这是他在夸大其词，因为这听起来太学究了。

《巴黎评论》：您的母亲出版过一本有关西班牙的文学作品选集，但是她为了抚养你们兄弟而辍笔了。

马里亚斯：最近我发现了她二十多岁时从法语翻译成西班牙语的一本书——拿破仑的一些书信，她还作了很短但是很精彩的序。我敢说，她对人和世界的认识胜过我的父亲。她温文尔雅，即使对待自己的孩子亦是如此。她能保守秘密。人们都愿意告诉她自己的故事和问题，她从来不会说出去，甚至连我的父亲都不告诉。她大学毕业取得了哲学文学学位，那个时代女性上大学的并不多。

《巴黎评论》：在《时间的黑背》里有一行字是叙述者的母亲说的。她对他说："我不理解，但是我明白我不理解。"您母亲说过这样的话吗？

马里亚斯：是的，她在一封信里对我说过那句话。我二十三岁时去另外一个城市和一个女人一起生活，那个女人已经结婚了，有个很小的孩子。西班牙在佛朗哥去世以前是不容许离婚的。我的父母在当时已经相当开放、开明了，但是他们都是天主教徒，不喜欢这类事情。我的母亲很担忧。三年后，我和那个女人的关系结束了，我的母亲无法理解怎么会这样。她不能接受这段关系没有持续下去的事实。她就是在那时说了那句话。

《巴黎评论》：回顾早期的作品对您来说困难吗？

马里亚斯：很难。有时我感觉我的写作有三次不同的起点。我最早的两本书和后面的书极为不同。庆幸的是我并不为它们感到羞愧。它们没有让我难为情。我很幸运地看到它们出版，而这种事并不常见。这些小说如今仍在出版要归功于几个原因：它们不是自传，没有矫揉造作，它们不想做前所未闻的或者新鲜的事情，但似乎颇具可读性和趣味性。它们是模仿和戏仿之作。在你非常年轻的时候，你所写的其实都是习作。第一部小说《狼的领地》戏仿的是美国电影。故事发生在美国。第一部小说很有趣。第二部小说《地平线之旅》更具文学性。

《巴黎评论》：在您年轻时，您曾被批评不太像西班牙人。这种说法的根据是什么？

马里亚斯：为了贬低我的作品，他们说我的许多小说场景不是西班牙。但是我的大多数人物都是西班牙人，我的祖国存在于我的小说中，即使它们不是典型的西班牙小说。譬如说，我以前不写民俗小说，虽然有些人从这类题材中获益。人们期待西班牙文学、戏剧、电影和绘画富有民俗色彩。但是我们的城市和其他欧洲城市没有太大差别，从这个意义上说，我所认识的西班牙是一个相当正常的国家，即使是在独裁统治期间。也有西班牙文人并没有在西班牙小说中得到刻画。文学界一直存在着描写农村激情、罪行，以及吊袜带中藏着匕首的女郎的风气。我的书不走这种老生常谈的路线。

有那么几年，他们都说我的写作像是翻译，这对我而言是溢美之词。你知道在我看来翻译有多么重要。一段时间过后，当他们不能再那么说了，他们便说我的书太冷酷，太费脑筋。然后当我出版了一部我觉得也不是那么冷酷的小说，当冷酷已经逐渐销声匿迹的时候，他们又说我的书都是写给女人看的。这是很糟糕的事情。和大多数作家一样，我有很多女性读者。女性更爱读书，我发现女性绝对是更好的读者，因为她们读书更多。

《巴黎评论》：您觉得女性容易写吗？

马里亚斯：不，对我来说并不容易。应该说我的女性角色都有些隐蔽。我不敢充分地刻画她们。我常常对一位决定以男性视角写整部小说的女性大感惊诧，并且这种惊诧未必是正面的。一位男性写一位女性叙述者或者一位女性写一位男性叙述者的想法似乎很荒唐。我知道很多人做得很好——福楼拜就做得非常好。我发现这类书有点不可思议。我只有一次在一个短篇小说里以一个女性的角度来写作。我无法在一整部长篇小说里这样写下去。我最新的几部小说都是用第一人称写的，女性角色总是通过一个男性的眼睛展现的。这是定式，是一部小说为了它的貌似合理性而必须遵守的定式：为了故事和观点。有一种东西叫作主观性。我从男人的角度看世界，这就是我在我的小说里看待女性的方式。

《巴黎评论》：都说您很有女人缘……

马里亚斯：那是不实之言。

《巴黎评论》：人们往往把您同您的叙述者等同起来，而您的叙述者常常认为自己是大情圣。

马里亚斯：这不属实。因为我曾和《灵魂之歌》里的叙述者一样在牛津大学任教数年，所以我的读者往往更容易把我的叙述者等同于我本人。评论家们有时会提及"叙述者漂亮的妻子路易莎"。我从未说过我书中的任何女人漂亮。我非常小心，不会公开说她"美丽非凡"或者"光彩照人"。在《灵魂之歌》里，叙述者有一次谈起了那个会成为他爱人的女人克莱尔·贝斯，谈到了她的低胸露肩装，他说他不会更多谈及她的容貌，因为既然她会成为他的爱人，那么说"你看，我征服了那个美人"就显得太自以为是了。如果我的叙述者是这样，我会嗤之以鼻的。谁偶尔没个风流韵事？这并不意味着他有女人缘。我的叙述者并不以此为荣。

《巴黎评论》：您视您的叙述者为英雄吗？

马里亚斯：如果你所说的"英雄"是指积极主动地与事情的发展或者形势作斗争的人，那么我不会称我的叙述者为英雄。他们都否认自己的声音，这很有趣，因为他们一直都在讲话、讲话，思考，然后岔开话题，叙述。《多愁善感的男人》的叙述者是一位歌剧演员，他演绎着别人写下的歌词；《灵魂之歌》的叙述者是一位讲师，他传递的知识并非自己的，而是继承来的；《如此苍白的心》中，你看到一个口译员总是翻译别人说的话以至于他养成了解释手势的习惯，在没有话语时他将手势变成话语；在《明日战场上勿忘我》你看到一个将自己的声音给别人的代笔人。《时间的黑背》情况不同，因为叙述者是一个叫哈维尔·马里亚斯的人。《明日你的容颜》中有人能看到我们不承认自己看到的东西——比如当我们在我们所爱的人身上看到我们不喜欢的东西时。一个人必须有勇气看到他确实看到的东西,不能为了方便而去否认它。因此他们都是演绎者,尽管他们对所发生的或者他们所看到的事并非无动于衷。

讲故事的最佳视角是幽灵——某个已经死亡但是仍能目睹一切的人——的视角。并非是我相信幽灵的存在,而是对于幽灵来说一切已经发生,他无法真正干预——或者只能稍加干预。同时,他仍然关心他身后的事情,甚至为此而回来。你可以说我的叙述者是那种特殊意义上的幽灵。他们是消极的,但是他们仍然好奇,富有观察力。

《巴黎评论》:您的叙述者的妻子和女友常常叫路易莎。为什么?

马里亚斯:在我的生活中不曾有这么一位重要的"路易莎",但是名字对我而言非常重要,大多数名字都让我觉得不舒服。有的我觉得太文学了,有的太普通了,在某种程度上不像名字。

我经常使用自己的姓氏。在西班牙,我们有两个正式的姓氏,但是我们有十六个次要的非正式使用的姓。我的第三个姓是我父亲的母亲的姓,我的第四个姓是我母亲的母亲的姓,以此类推。我把它们用于角色,通常用于卑劣角色。比如,《如此苍白的心》中有点阴险的古斯塔多伊——这个姓是我诸多次要姓氏中的一个。《明日战场上勿忘我》中不完全值得赞扬的路易比利兹·德·托雷斯——这是我的另外一个姓氏。

《巴黎评论》:维拉劳伯斯呢?

马里亚斯:来自学校里的一位老师。我使用我所习惯的名字。有时我会用老足球运动员的名字。

《巴黎评论》:您写过关于电影和足球的非虚构类作品,这也是您的两种消遣方式。您在不写作的时候还有其他娱乐吗?

马里亚斯:我经常听音乐。我认为音乐可能是最高艺术了。在某种程度上,我想用文字做同样的事情,但这是不可能的。文字的问题在于它们不可能没有含义，而音乐是神圣的：它可以没有含义。但是有些音符瞬间能让你感到忧伤。为什么？通过文字，你讲述糟糕的或者悲伤的事情——当然会让读者感受到相关情绪，但是音乐却非常神秘。

《巴黎评论》：《时间的黑背》的叙述者是一位名叫哈维尔·马里亚斯的作家，他出版了一本小说叫《灵魂之歌》。《时间的黑背》是小说还是回忆录？或者没有区别，我们无法回答这个问题，这个观点？

马里亚斯：我称之为伪小说。我使用这个词是因为我不认为它是一部小说。它在讲述真实的事情，曾经真正发生在和作者我同名的某人身上的事情。同时，我也不能说它是一部自传。尽管里面有我的题外话，但是它更具有故事性。如果作为回忆录的话，虽不能说低劣，但是很古怪：大多数事实都是真实的，但是也有一些事实是我为某页内容而虚构的，有些篇幅里叙述者，也就是作者，根本没有出场。这就是为什么我称之为伪小说。它像小说一样具有可读性，但是它不能算作小说——对我而言，因为我所讲述的事情确实发生过。

《巴黎评论》：在美国，作家会因为出版夸大其词、过分渲染或者歪曲事实的回忆录而饱受诟病。

马里亚斯：过去写自传或者回忆录的都是重要人物，他们曾在本国的历史上扮演过极其重要的角色——拿破仑、歌德——或者见证了重大事件，或者经历过非凡奇特的人生。否则写自传很可笑。人人都写自传，我看不出意义所在。有的作家每时每刻都在记录。每当说了什么话或者发生了什么事，他们就会想，哦，我可以把这个写成一本书。如果我从现实中汲取素材，那么总是事后才为之。大家认为我是一个优秀的观察者，但是其实我心不在焉、漫不经心。我更像是那种人：如果你转身问我你的眼睛是什么颜色，我可能不知道。不过我可以过后再去了解——我可以重拾我没有意识到自己已经注意到的东西。我所呈现给读者的来自我的经历以及我的虚构，但是都经过了文学的过滤。这是最重要的：过滤器。

当你看着一本小说，看着它的封面设计、简介、标题、题词时，帷幕是落下的。但是某页之后，帷幕升起，你说，好，我要开始用一种前所未有的方式读这本书了。从这一刻起直到小说结尾我都打算努力相信它。**这个**来自现实生活**那个**不是来自现实生活真的无关紧要。在《明日你的容颜》中，叙述者父亲的故事是否是我父亲的故事真的并不重要。而它引起关注的唯一原因就是我还活着，我的父亲在西班牙很有名气，但是在匈牙利人们不会知道这些。他们会把它当作小说来读，他们会努力去相信虚构的东西。

相反，如果有人发表了声称是自己的自传或者回忆录的作品，那么读者则不会去怀疑作者。作者会被认为是在讲述真相。如果他说，这是我的自传，但是所有事情都是虚构的，那么他就是在撒谎。当今假冒的东西大行其道。书可能很好，但是他在对读者撒谎。我不是在谴责所有这类作品，但是我自己不会写这类书。我不认为我的所见所为会让任何人感兴趣。

《巴黎评论》：但是您在您的小说里不记录您的生活吗？

马里亚斯：我通过一个过滤器过滤我的生活。这对我而言很重要。事实上，我希望读者不要注意到素材的不同来源，而是顺其自然地阅读任何内容——将它们作为小说的一部分来阅读。

《巴黎评论》：您有时在您的小说里使用真实的照片。

马里亚斯：对，因为当我读到一个形象时我喜欢同时看到它，无论是绘画还是照片。但是你在把真实的东西放入小说时必须特别小心。在《明日你的容颜》第一卷中，有一个时刻叙述者回想起在战争期间被杀害的舅舅的故事，因为他没有回家，叙述者的母亲只好去找他，最终发现了她死去的弟弟的照片。那是一个真实的故事——就发生在我舅舅身上。他在战争期间被害，死时十七岁。我确实复制了一张照片，但是我知道我不能放另外一张他死亡的照片。正如书中所述，那张照片裹着红布存放在这个盒子里。那是一张非常可怕的照片。我不敢让它成为小说的一部分。你不能过多地曝光已故的人。

我第一次用照片是在一九八九年的《灵魂之歌》中。我很犹豫是否应该使用它们，因为一般不会有人在小说里放照片。我用的两张照片是约翰·高兹华斯的。我讲述了他的部分故事——他的真实故事——而大多数人认为那部分内容完全是杜撰的。我说，但是有两张照片为证，一张是他的军官照，但是他们说，那可能是随便一位士兵的照片。一部小说，任何艺术作品的接受能力要小于现实的接受能力。事情确实发生了，但是有时如果你把它们置于一部小说中，它们就不可信了。生活是一位劣质小说家。它混乱又荒唐。

《巴黎评论》：您在小说里运用时间的方式别具一格，您的叙述者的思想活动长达数页。他们长时间地偏离原来的思路。一些微不足道的东西——一件物品，一个事件或者一个眼神——常常会让他们思绪纷飞。

马里亚斯：每个人都会这样，不是吗？但是我认为思路的偏离得到了控制。他们总是会回到原位。

《巴黎评论》：您这么做是为了教读者要有耐心吗？

马里亚斯：耐心？

《巴黎评论》：我最开始读您的小说时，叙述者的题外话让我急于回归正题。

马里亚斯：是的，我想我在刻意为之。在《明日你的容颜》第二卷中有一个场景：一个男人抽出了一把剑。这个场景发生在一个舞厅里，这个男人打算割断某人的喉咙。叙述者是目击者，他在讲述此事，他当然受到了惊吓，感到恐怖——这是在现代伦敦极少见到的事情，但是接下来的却是对剑的思考：一把剑意味着什么，剑在历史上曾经有过什么含义，现在又有什么含义，它是如何不合时宜。也正因如此，它可能比枪更让人感到害怕，因为如果你遭到袭击，一把枪——被掏出的可能性——会在你的意料之中。此处的思考长达许多许多页。没人知道那把刚刚抽出的剑发生了什么。如果有人想要跳过这些篇幅去获知那个人是否将被砍掉脑袋，那么他完全有自由这么做，但是我的意图——我一厢情愿的想法——是我书中所有的题外话本身都应该有趣到让读者愿意去等待，不仅仅为了等待，而是说，好吧，这个作家在此中断，虽然我很想知道剑怎么了，而他下面所讲的虽然不是剑接下来所发生的事情，但是我也很感兴趣。我在故意考验读者的耐心，但并非毫无缘由。

《巴黎评论》：您小说里的句子都是迂回的长句，有大量插入式从句和词组。相比之下，福克纳的句子似乎很简短。您在写作时意识到这点了吗？

马里亚斯：在这个意义上，福克纳和詹姆斯都对我有很大的影响。詹姆斯和福克纳之间的区别在于福克纳有时似乎忘记了是从哪里开始的。福克纳似乎不去寻找句号应该在哪里。这没什么不好。从文学的观点来看，这样很有活力和力量——像间歇泉一样。而詹姆斯永远不会忘记他是从哪里开始的。他总会把句子写完。总能知道在哪里点句号。胡安·贝内特和托马斯·布朗爵士对我的影响也很大。

我的句子往往很长，有许多从句，但是我的文字应该看得很快，而且并不沉重。词组和句子之间应该是有关联的。你会发现有时我用逗号的方式很奇怪，但是这并不是说我不用句号。我用句号。事实上，我痛恨不用句号的书。在我看来，我用逗号替代句号甚至替代真正的插入语的结果之一，就是产生了一种跨行连续。也许这些跨行连续更像福克纳。我希望这有助于让文字变得生动。

《巴黎评论》：弗拉基米尔·纳博科夫说过有些作家对他而言不存在：福克纳是其中之一，还有阿尔贝·加缪和D.H.劳伦斯。有没有什么重要作家唯独对您而言是不存在的吗？

马里亚斯：陀思妥耶夫斯基对我而言不存在。弗吉尼亚·伍尔芙对我而言不存在。她的随笔非常好，但是对她的小说我没有太大兴趣。还有乔伊斯。他的短篇很精彩，但是他的长篇小说太造作了，甚至可以说浮夸。我曾听到一些作家说："我读卡夫卡、福楼拜或者陀思妥耶夫斯基时会想我为什么要写作呢？他这么优秀。"对我而言，像卡夫卡那样的作家太封闭了，不允许你效仿他们，而像莎士比亚那样的作家却留下许多尚未探索的道路，许多刚刚崭露头角的事物，未经解释的个性鲜明的形象——这些不是引发你去效仿他，而是赋予你灵感。他启发了我。

《巴黎评论》：一位读者必须阅读您所有的书才能充分理解您的作品吗？

马里亚斯：不是，我的书在很多方面有关联，但是它们相互独立。不过我不明白被"充分理解"是什么意思。写书不是为了被理解，对吧？这不是写书的理由。

《巴黎评论》：写书的理由是什么？

马里亚斯：我从未有过文学规划或者计划。我不想为我的时间之类的东西构图，我也不想革新这一体裁。我甚至称不上"别出心裁"。想要"别出心裁"是非常危险的。如果你说，"我打算颠覆文学"，结果往往是可笑的。或许我写作是因为它是无可比拟的一种思考方式。是一种非常积极的思考方式。当你必须要把什么落实成文字的时候，你的思维会更清晰。即使是非专业作家也会在写信或者写日记的时候让自己的头脑清晰起来。

一些人说写作是认知的唯一方式，但其实它是承认的唯一方式。这在普鲁斯特的作品中尤其常见。你读到什么然后会说，对，这是真的，这是我所经历过的，这是我所见过的，我也有过这种感受，但是我却无法像他那样表达出来。现在我真正懂得了。在我看来，这就是小说比其他任何体裁或者艺术做得更好的地方。我不是说我在写作时思维最清楚，但是我以不同的方式思考。

《巴黎评论》：这是您写《文学的思考》所要表达的意思吗？

马里亚斯：这个术语当然不是新的。作为一名读者——我更像是一个读者，而不是作者，我想我们都是这样——我可以享受一个好故事，但是在一部需要花费很长时间去读的长篇小说里，仅有一个好的故事对我来说是不够的。如果我合上书之后没有共鸣，就会感觉很沮丧。我喜欢的书不能只是机智或者巧妙的。我更喜欢能留下共鸣和气氛的东西。我读莎士比亚和普鲁斯特时就有这种共鸣，其中有一些启示或者一闪而过的东西传递着一种截然不同的思考方式。我使用和光明有关的词汇，因为正如我相信福克纳所言，在暗夜的田野里擦亮一根火柴不会让你更清楚地看到任何事物，但是可以让你更清楚地看到你周围的黑暗。文学比任何其他东西更能发挥这个作用。它可能不能照亮事物，但是它像火柴一样让你看清黑暗的程度。

《巴黎评论》：您提到的光明和黑暗非常有意思，因为您小说里的人物常常怀着强烈的幻想自我蒙蔽。

马里亚斯：幻想很重要。你的预见或者你的回忆可能和真实发生的一样重要。我们讲我们自己的故事时往往只提那些正面的事情，但是构成你的也有你生活中的负面部分：你没做的，你拒绝的，你不敢做的，你怀疑的，你抛弃的，你梦想的，你期望的，你搁置一边的，你没有学习但是认为自己会学习的，你没从事的工作，尽管你想得到但是他们没有给你的工作。非你也是你的一部分。我们都避免谈这些事情，即使是对我们自己，似乎它们并不重要。在我的小说里，我想让它们有价值。

《巴黎评论》：您的所有书里都有暴力的事情发生。您认为您的小说暴力吗？

马里亚斯：如果有暴力的话，我认为是相当严肃或者冷静的。我不认为我很残暴。给你举个例子：我打算写《明日你的容颜》第三卷里的一个场景，这个场景将在一个录像中呈现出来，会是某种录音资料，在这个场景中——或许我现在不应该告诉你这个，因为我甚至还没有写出来——一个男人打算对另一个男人动手。可能他会把另一个人的眼睛剜出来。我不确定怎么讲述这件事，但是如果发生的话，他的眼睛根本不会被提及。我可能会用一个比喻：他像是在桃子上挖一个洞那样剜出了它们。直接讲出来太简单了。实际上，我讨厌那种不断地用残暴来震撼人心的小说。用那种方式给读者留下印象很容易。用暗示的手法则更让人毛骨悚然。

《巴黎评论》：您写小说时用笔记吗？

马里亚斯：我写《明日你的容颜》所有三卷所用的全部笔记就是一张纸，如果你能称之为笔记的话。这些笔记其实跟将要写什么没有关系。它们只是起提示的作用。在我的小说里有一种我称之为回音或者共鸣的方法。一个句子反复出现，有时会有所变动。我追求的不是简单的重复，而是让人联想到它以前出现的场合。如果我预见到某些东西会在书中再次用到，我就会记下它曾经出现的页码。通常我记性很好，但是写一本大部头的书就很难知道：我说过这个吗？我什么时候说过这个？我是在第一卷还是第二卷里说过的？我从没用过电脑，但是别人告诉我电脑会让我的生活简单很多。我似乎可以确切地知道我什么时候在哪里用过一个词。

《巴黎评论》：您曾经说您的写作方法让您不得不浪费大量的时间。

马里亚斯：我浪费时间指的是我一天的写作量很少超过一页，有时是两页，也就是说我的进度不是很快。直到我以最佳方式完成一页，需要重写多少次就重写多少次之后我才会进入下一页。我知道的许多作家都是先写出草稿然后再一遍遍地修改。在第二百页他们发现如果在第一页或者第二页换个说法会更好，他们就去修改第一页或者第二页，但我恰恰从不这么做。即使我在第五页没有说过这个或者那个会让事情更简单，我也不会更改。如果我写了某事将要发生或者某个角色会说什么话，那么在第二百页我就必须做到。

　　这种方法非常冒险，我不想推荐给任何人，因为最终的结果可能非常坏。但是我写小说遵循的正是支配生活的同一个知识原理：如果你在十五岁或者二十岁时做了什么，你是无法改变的。当你四十岁的时候你可能希望你在十五岁或者二十岁的时候没有做过此事，但是已经做了，你无法改变这个事实。有的人力图改变它，有的人力图编造一个过去，有的人成了骗子，有的人隐藏自己做过的事情，但是实际上你无法消除已经做过的事情。你必须保留已经发生的一切。我在一部小说开头所写的许多事情都是偶然发生的。一旦我写好一页，就会打印。之后我会强迫自己让事情前后一致，让异想天开的东西成为必然。如果你考虑一下，就会觉得在一部小说中这么做很荒唐，因为在小说中你有机会更改一切——直到小说出版。

　　《巴黎评论》：第二天您从上次停笔的地方继续往下写有困难吗？

　　马里亚斯：最好是新的一页已经有几行了——可以从这里着手。许多作家开始写作时已经有了一个地图。他们很清楚在旅途中他们会发现什么：这里我们会发现一条河；那里有一个沙漠；那里，一个悬崖；那里，一个峭壁。他们在写第一页之前头脑里已经有了整个故事。我写作没有地图。我只用一个指南针，意思是我大致知道我要去哪里。这并不是说我只是完全异想天开地、毫无意义地漫游。我很可能发现其他作家发现的同一条河，同一个沙漠，同一些悬崖峭壁，但是我的发现是预料之外的。我喜欢事先什么都不知道。

　　"创造"（西班牙语是 inventar）这个词来自拉丁语 invenire，意思是发现、找出。这正是我在写作中想做的：找出我在写作时想要写的东西。我决定地点。如果我从一开始就决定了整个故事——将有多少人物，他们会发生什么事，等等——我很可能就不会去写了。有那么几个短篇故事，我在开始写作之前就知道了整个故事，于是就有点厌烦了。感觉就像我在做报道。我猜你会认为读者并不知道整个故事，于是你努力想要写得感动他或者她，引发他们的兴趣或者兴奋等等，但是然后你只是纯粹在运用技巧。你知道整个故事，你试图使用这种或者那种技巧达到**效果**，但是那种效果并没有在写作的同时产生。如果你写第五页是为第五十页做准备，那么很有可能你在无意之中做得太明显了。那么这本书的内容就可以被预知了。

我一开始就说我绝不会把我的写作方法推荐给任何人，因为这种方法非常冒险。它也是一种荒唐的自我强迫。为什么我就不能更改我在第五页写的内容？我能，我完全可以理直气壮地这么做，但是我的方法有一个好处，就是我不知道整个故事，如果我连下一章会发生什么都不知道，读者也就不会知道，那么这本书的内容就无法被预知了。这是这种写作方法的一个小小的优势。

《巴黎评论》：看来似乎您不能中断写作过程，否则您就会失去线索。

马里亚斯：我当然会中断。当今时代一件荒谬的事情——我猜大多数作家都是这样——就是我们必须努力争取时间做我们想做的事情。分心的事情太多了：他们请你做讲座，做采访。我不是隐士，但是有时工作停下的时机不好。

《巴黎评论》：鉴于您的写作方法，您回顾已经完成的小说时有过遗憾吗？

马里亚斯：一本书写完后，你不能认为它可以是另外一个样子。你读《如此苍白的心》时，似乎作为其书名的引自《麦克白》的那句话是关键，或者如纳博科夫所言，是"第一次悸动"[①]。但是我知道是怎么回事。我在写那个场景之前已经写了约八十页。那些日子我晚上一般不在家，而是在外面，但是因为某种原因那天晚上我没出门。我待在家里，打开了电视。在看奥逊·威尔斯版的《麦克白》的时候我注意到了这个场景：麦克白夫人在麦克白杀了邓肯国王之后对他说："我的双手也跟你的同样颜色了，

---

① 这一表述出自纳博科夫小说《洛丽塔》。

可是我却羞于像你那样戴着一颗苍白的心。"（My hands are of your colour; but I shame / To wear a heart so white.）我想，麦克白夫人是什么意思呢？看完电影之后，我去找我的注释本莎士比亚，看到这句话没有一句注释，一句都没有。这很奇怪。对我来说，她所说的话，她为什么这么说，她用"苍白"（white）和动词"戴着"（wear）究竟是什么意思都不是很清楚。那个大约四五页的场景成了《如此苍白的心》的一个主题，但是我是偶然把它写入书中的。如果那天晚上我和其他晚上一样出门了，我就不会再次看到那个电影，也就不会注意到那句话，它就不会出现在那本书里，那本书就是另外一个样子了。我知道将来大家读我的书时会觉得这个场景出现在小说里是不容辩驳的，但是它很有可能不是这个样子的。

年纪越大，我对写作过程却越不理解了。我把每一页都当作是唯一的一页来写。但是令我奇怪的是最后总有东西跳出来，于是就有了许多页，而我知道这些都是我一行一行写出来的。

《巴黎评论》：您曾想过翻译自己的小说吗？

马里亚斯：没有。纳博科夫这么做过，贝克特也这么做过。我觉得再去翻译我写过的书会很无趣。但是更主要的原因是我的英语不够好。用另外一种语言写作是最难的事情。你可以用另外一种语言阅读、理解、做访谈或者做讲座，但那不是你的语言。我没有十足的把握。我会出错。这会是一项艰巨的任务。博尔赫斯曾经说过，翻译是最神秘的事情之一。一个文本剥离了构思它的语言之后怎么可能还是同一个文本呢？但是它是，我们接受它。你感觉你在读西班牙文版的狄更斯或英文版的塞万提斯，你所读到的每一个单词都不是译者的创作或者选择。

《巴黎评论》：您有固定的写作时间吗？

马里亚斯：没有，我做不到。

《巴黎评论》：您每天写作多少小时？

马里亚斯：不多，三四个小时。

《巴黎评论》：每天吗？

马里亚斯：如果可以的话。我通常都会在记事本上记下何时开始写一本书，何时中断，何时继续。每写五十页我就看看我写了多少天，过去了多少天。有时写作的天数是稳定的——我大概三十五天到四十五天写五十页，但是有时一百二十天过去了我还没写完五十页，这就说明这一百二十天里我只坐下真正工作了三十五天。

《巴黎评论》：您旅行时写作吗？您在其他城市时能写作吗？

马里亚斯：小说不行，不可以。但是我在距离马德里约二百三十公里的一个小镇租了一套公寓，在那里可以。那里是西班牙最冷的地方。冬天下雪。童年时我们在那里度过了许多个夏天，因为那里夏季凉爽，还有一条河，我们可以游泳。中间我有二三十年没去过那里。后来我受邀去那里做讲座，发现我父母的一位好友的公寓在出租。他已于数年前去世。他是一个非常好的人，妻子早已过世。他有一个儿子，和他的两个姐妹一起生活。每逢下雨我们不能去公园或者河边时，我们就去他家。他有一个很棒的书房。很多个晚上和下午我都在那里打牌或者看书。那套公寓我已经租了大概五年。我不时去那里住十来天。我在那里效率很高。没人知道我的电话。没有邮件进来。我喜欢散步去河边，去城堡。

所以说在那个乡村我能写东西。我另外有一台和这台一模一样的打字机。我在那里另有一套东西：我的剃须刀，每一样东西。去那里就像回家一样。但是我在旅行时不写作。

《巴黎评论》：您在西班牙报纸上写了十一年的社会政治专栏。您会对发表观点感到厌倦吗？

马里亚斯：有时我担心我发表意见的事情太多了。有时又很难找到可以谈论的话题。令人惊讶的是，许多欧洲作家似乎对每一件事都观点鲜明。一九九〇年第一次海湾战争即将爆发之际,大多数作家在广播和电视上对孰是孰非已有了定论,但是我却觉得那场战争并非那么简单。第二次海湾战争确实很简单——至少对我来说是一场闹剧,但是第一次要复杂些。比如,科索沃也不简单。但是没有人说"我不知道,我还没有考虑充分"或者"我还没有得出结论"。至于我,我本人是看不清楚的。

《巴黎评论》:是什么原因让您想成为作家?

马里亚斯:我以前从不知道我想成为作家。甚至现在我也不知道我想成为作家,但是我的大半生时间都在出书,所以我不能否认我是一个作家。但是我不是那种每两年就出版一部新小说的作家。我从未把这个当作一种职业。我从未觉得我的最后一部小说已经出版三四年了,我应该再写一本否则会被遗忘的。如果有东西写我会写的,但是我不会强迫自己去写,因为这不是我的职业。

《巴黎评论》:有没有什么品质是一个小说家应该具备的吗?

马里亚斯:耐心。

《巴黎评论》:您有耐心吗?

马里亚斯:我在努力培养。

《巴黎评论》:在《书写的人生》里,您指出约瑟夫·康拉德的自然状态是"近乎焦虑的不安"。您的自然状态是怎样的?

马里亚斯:犹豫不决——但是这并不是说我从不做决定。它的意思是我不急于做决定。

《巴黎评论》:如果您在写作时大脑里没有一个清晰明确的情节,您怎么知道小说什么时候结束?

马里亚斯:我想我之所以知道是因为已经再也没有什么可讲了。所有的书都可以一直写下去。《堂吉诃德》结束是因为堂吉诃德死了。这是唯一能阻止他进行更多冒险的事情。你知道对于"最终文本"这一概念，博尔赫斯曾说过：他不相信它存在。他认为唯有作者筋疲力尽，我们才会拥有所谓的最终文本。在《明日你的容颜》中，也许我会因为筋疲力尽而得知它何时结束。未来的某个时刻我会想，够了，和这些角色打交道打够了。不是说我认为他们是活生生的人，而是当你深入他们的气氛之中时文学人物有时会获得那种鲜活生动的感觉。不过仍然会有一个时刻你会准备返回这个世界。

（原载《巴黎评论》第一百七十九期，二〇〇六年冬季号）

大卫·格罗斯曼

◎唐江 / 译

一九八七年,为纪念以色列占领约旦河西岸和加沙地带二十周年,以色列新闻周刊《要闻》的编辑们,派年轻小说家大卫·格罗斯曼到西岸待了七个星期。格罗斯曼会讲流利的阿拉伯语,他走访了难民营和城区、幼儿园和大学里的巴勒斯坦人,也走访了在这片布防的领土上定居的以色列人,以及在巴勒斯坦地区巡逻的军官。这份杂志用整整一期的篇幅,刊发了据此写成的文章,在以色列引起轰动。格罗斯曼清楚阐明:巴勒斯坦人忍受占领状态下频发的暴行,已经忍受了一个世代之久,今后他们不会再忍气吞声了。"的确令人震惊,"他的一名编辑汤姆·塞格夫告诉我,"当时,我们并不知道,他们有多恨我们。"

翌年,格罗斯曼的报告被译为英文出版,题为《黄风》(*The Yellow Wind*),此时,巴勒斯坦抗暴行动正进行得如火如荼。格罗斯曼所作的报道预见了这一切,这为作者——其此前的小说作品在以色列备受好评,但尚未译成外文——赢得了国际声誉。

格罗斯曼于一九五四年生于耶路撒冷。其母亲生于巴勒斯坦,父亲来自加利西亚的波兰地区。他从小就在国家广播电台"以色列之声"担任演员和播音员,这家电台聘用了他二十多年,在部队服完四年义务役之后,他回到电台,担任记者和新闻节目主播。他从二十岁出头开始写小说,在电台全职工作期间,他发表了一部短篇集和两部长篇。

格罗斯曼的第一部长篇《羔羊的微笑》(*The Smile of the Lamb*,1983),是第一部以约旦河西岸为背景的以色列长篇小说。它讲述了年轻士兵乌

271

里——他就是书名中的羔羊——善待眼睛半盲的巴勒斯坦老人希利米,后来却被老人扣留为人质的故事。叙述者希利米讲述的故事,以沉缓而激昂的散文写就,将意识流和阿拉伯民间故事的优美笔调融为一体。格罗斯曼的第二部长篇《证之于:爱》(See Under: Love, 1986)是他的杰作,一部极富创造力、对历史进行重新想象的作品,全书分为四个部分,埃德蒙·怀特[①]将它与《喧哗与骚动》《铁皮鼓》和《百年孤独》相提并论;乔治·斯坦纳[②]干脆称之为"现代小说的伟大成就之一"。小说开头是以色列儿童莫米克在大屠杀阴影下的成长,结尾是一组奇异的百科全书词条,详细讲述童书里的一干英雄人物上了年纪之后,在华沙动物园抚养一个孩子的经历。中间的章节把波兰作家布鲁诺·舒尔茨变成了鲑鱼,从而让他避免了死亡的命运。

继《黄风》之后,格罗斯曼推出《睡在钢丝上》(Sleeping on a Wire, 1992),该书是对以色列境内巴勒斯坦人的生活记录,还有一部反映巴以冲突的随笔集《死亡作为一种生活方式》(Death as a Way of Life, 2003)。他总共发表了六部长篇小说,其中两本,他自称是"轻松读物"——《Z字形的孩子》(The Zigzag Kid, 1994)和《一同奔跑的人》(Someone to Run With, 2000)。其作品还包括一部戏剧和几本童书,以及对参孙的圣经故事进行诠释的《狮子蜜》(Lion's Honey, 2005)。如今,他被公认为以色列最伟大的作家之一,继阿摩司·奥兹和亚伯拉罕·耶霍舒亚之后的一代小说家中的佼佼者。

我们的采访是七月里进行的,前后用去四天时间,采访地点是静地区——从这个文化中心,可以看到耶路撒冷老城区的墙垣——和格罗斯曼家的走廊。他家坐落在耶路撒冷郊区梅瓦塞莱特锡安山上,他与妻子米海尔带着三个孩子,在这里住了二十五年。在地下室里,有一间格罗斯曼的小工作室,角落里摆着一台电脑,蔓藤贴着里侧那堵墙长到了天花板上;

[①] 埃德蒙·怀特(Edmund White, 1940—   ),美国著名作家、文学评论家。
[②] 乔治·斯坦纳(George Steiner, 1929—   ),法裔美国文学评论家、哲学家、小说家、译者和教育家。

墙上有张《一同奔跑的人》的电影海报，这部根据同名小说改编的电影很受欢迎。过道另一侧，是一间空阔的房间，里面摆了两张扶手椅，临床心理医生米海尔在这里接诊病人。

今年七月，正逢黎巴嫩战争打响一周年，格罗斯曼一家也刚刚过完不幸的一年。二〇〇六年八月，格罗斯曼的小儿子乌里，以色列国防军的一名坦克车长，在对真主党的战争临近尾声时，在黎巴嫩南部阵亡。此前两天，格罗斯曼还与奥兹和耶霍舒亚公开呼吁停火。乌里的葬礼在赫茨尔山的以色列国家公墓举行，格罗斯曼在葬礼上致悼词如下："对于你参加并遇害的这场战争，我现在没什么要说的。我们，我们一家人，在这场战争中已经输了。以色列这个国家要反思。我们一家人会回到我们的痛苦之中，被好友所围绕，被我们今天感受到的、这么多人付出的动人关爱所围绕，其中大多数我们并不认识。感谢他们的无条件支持。但愿我们在其他时刻，也能这样彼此关爱，团结如一。"

格罗斯曼不显年纪，总是面带忧色，不过去年的种种，把他的皱纹变深了。他那温文尔雅的举止——坦诚、好奇、热情——掩盖了他内心生活的紧张和近来的痛苦。在谈话时，他思路敏锐，耽于省思；谈到他本人的写作、当代以色列、文学的目的时，他调门不高，但颇为果断。在我们首次叙谈之初，我告诉格罗斯曼，我们先不谈政治，着重谈谈他的小说。他露出顽皮的笑容说："你怎么才出现在我的生命中？"

——乔纳森·谢宁，二〇〇七年

《巴黎评论》：对你来说，真正具有特殊意义的第一本书是什么？

大卫·格罗斯曼：八岁时，父亲给了我一本肖洛姆·阿莱赫姆的故事书，他写的是犹太小社区里的犹太人生活，这种小社区就是加利西亚、俄国、波兰的犹太村落和小镇。我是居住区里唯一一个阅读肖洛姆·阿

大卫·格罗斯曼小说《私密语法书》的一页手稿

莱赫姆的孩子。这件事挺让人尴尬的——探究流散的过去,可不是什么好事。当时,以色列是个崭新的国家,是强敌环伺的军事强国。它一定得像一只攥紧的拳头。与软弱、屈辱有关的往事,可不怎么受人欢迎。但这些故事,让我得以在耶路撒冷的现实中,给自己营造出一片犹太小社区。

我对这些故事的沉迷,让父母感到惊讶,但他们也感到自豪。我永远都会记得,父亲给我那本书时,脸上的那副笑容。那是一种孩子气的笑容,我记得,以前从未见过他那样的表情:没有把握、毫无掩饰、率直真诚。他不好意思与我分享他的回忆,但这些故事就像是一条隧道,通向他的青春岁月,因为他的童年,也像肖洛姆·阿莱赫姆笔下的那些孩子一样,他的老家是加利西亚的一个名叫迪努夫的小村庄。父亲见我被阿莱赫姆深深打动时,就开始向我诉说他本人的童年和人生经历。

我本人也做了父亲,我的孩子读我写的书时,我意识到,他们会从中发现我不常暴露在他们面前的某些方面。他们做出这样的努力,想对我多一些了解,既让我感到窘迫和担忧,也让我感到自豪。

《巴黎评论》:你父亲有着怎样的背景?

格罗斯曼:他是一九三六年来以色列的,当时他才九岁。他的父亲在两年前去世,撇下了他母亲跟两个孩子——我父亲和姑妈,一家人无依无靠。有一天,她被一名波兰警察当街骚扰,那个人侮辱了她。具体情况我们不得而知。但她回家之后说,我们要去阿里茨以色列[①]。她身材娇小,满面皱纹,是个爱冷嘲热讽的精明女人。她带着我父亲和我姑妈长途跋涉,乘火车和轮船,来到以色列。在此之前,这个女人连巴士都没坐过!

长大之后,我父亲当上了巴士司机。四十五岁时,他因为眼疾,不得不放弃开车,在耶路撒冷的运输机构做起了图书管理员。他建立了一个小图书馆,只有两间屋大,不过里面有近三千本书。我常常想,假如生活不

---

① Eretz Yisrae,即"以色列地",有"应许之地"的意思。

是那么残酷,他本可以成为一名大学教授。

《巴黎评论》:你年纪轻轻,就开始为国家广播电台工作。这又是怎么回事?

格罗斯曼:以色列人直到一九六八年才有电视。所以那时候,广播就是一切。有一天,广播电台宣布,它要举办一场知识竞赛,内容与肖洛姆·阿莱赫姆写的故事有关。六十年代初,这种竞赛节目在以色列大为风行。电台举办有关作家、电影和音乐的竞赛。人们纷纷猜测谁会胜出,这是生活中的一件大事。我告诉父母,我想参赛。当时我才九岁。他们说,不行,你不能去,你还只是一个孩子。我们家的遗传密码里,有这样一部分内容,就是不要出风头,不要成为人家的注意目标。要想方设法,让自己待在第二排里——这是一种行之有效的生存方式。但我想参加这次竞赛,于是就给节目组写了一张明信片。

在此之前,我从未寄过明信片——我能寄给谁呢?当时,耶路撒冷是个褊狭闭塞的小地方。我想,我是在十岁那年,才第一次见到非犹太人。当时,我们的居住区没有阿拉伯人,我只是在新闻里听说过他们。他们是敌人,跟我们打仗,他们是间谍。他们想把我们扔到大海里去。就因为这个,我让父母教我游泳。

于是我背着父母,把这张明信片寄了出去。我感到忐忑不安。一星期后,我收到一个政府公函信封,信里请我去试播。我的父母看到这封编导来信时——这就像是国王,或者大卫·本-古里安总理本人命令我去一样。他们不敢拒绝。

父亲既自豪又担心地陪我去电台大楼,那里变成了我此后二十五年工作的地方。当然,人人都以为我是陪父亲去的。等他解释说,我才是参赛者时,电台职员都乐了。他们考了考我,我知道所有答案。那时我记性很好,小孩子的记忆力总是十分鲜明,而且我深深喜爱肖洛姆·阿莱赫姆的那些故事。我觉得它们跟我的生活息息相关,于是把它们一股脑地牢记在心。

《巴黎评论》：试播时，他们问了你什么样的问题？

格罗斯曼：细节问题。《送奶工泰维埃》里，泰维埃的女儿嫁给非犹太人之后，他对女儿说了什么？希梅克向布齐示爱时，说了哪些话？我通过了那场测验，然后是又一轮测验，最后，我遇到一个在当时的以色列堪称典型的难题。广播电台的总编导认定，一个小孩子赢得这样高额的奖金，没有什么积极意义。那笔奖金大致相当于今天的五十美元，却让他们大费踌躇。

《巴黎评论》：他们觉得，这不符合以色列的社会主义精神？

格罗斯曼：对，不符合艰苦朴素的精神。于是他们做了一件很不光彩的事，这是我在多年之后，跟这些人成为朋友时，才明白过来的。他们说，因为我年龄太小，他们得对我作多次加试。所以我放学回家之后，电话就会响——在我们家，这样的事差不多一星期才有一次。我拿起电话后，广播电台的人就会说，大卫，我要问你三个问题，不过你要注意：只要有一个问题答不上来，你就会失去参赛资格。有一次，我答错了一个问题，他马上说，抱歉，我们不能让你参赛了，但我们想让你参加这次节目的公开录播。如果有参赛者不知道正确答案，我们就让你来回答。于是我坐在观众席里，一有参赛者回答错误，主持人就会让我给出正确答案。

《巴黎评论》：那些大人被一个十岁的孩子抢了风头，会不会觉得尴尬？

格罗斯曼：我确定，他们连杀了我的心都有。

《巴黎评论》：你的父母怎么想？他们改变了让你待在"第二排"的想法了吗？

格罗斯曼：我想，他们很为我骄傲。突然间，对这个坐着阅读流散题材小众故事的怪孩子，他们乐意接受了。竞赛节目结束后，电台的一个人问，我愿不愿意做广播电台的演员。我不明白他的意思，但他让我做了试播，我通过了。到了我十一岁的时候，广播的工作多得让我难以招架。我赚的钱比父亲还多，这样说真是挺遗憾的。这是一份全职工作。我两点放学，回家吃完午饭，再去广播电台，工作到夜里十点或十一点。

我在台里做两份工作。一份是采访，我在以色列四处奔走，跟名人见面——总统、足球运动员、戏剧演员，甚至还有当时最著名的诗人亚伯拉罕·什隆斯基。另一份工作就是在广播剧里演出，这些广播剧往往是根据文学作品改编的。六十年代初那时候，多数儿童角色是由女性扮演的。男人做不来，儿童演员只有一个，那就是亚利耶·伊达。亚利耶和我儿时是朋友，因为我们在一起工作。如今他是以色列的一个最极端右翼党派的领导人。

《巴黎评论》：你是在电台工作时，首次对小说创作、对讲故事有所体会的吗？

格罗斯曼：像大多数孩子一样，我的一半生活是在白日梦中度过的。在听广播时，你必须想象出自己听到的内容——广播中的一整套现实，完全是通过语言传达出来的。我刚开始接触电台工作时就发现，用人的声音可以做成多少事情。

《巴黎评论》：你参加了哪类广播剧的演出？

格罗斯曼：所有的文学经典剧目。我从这些剧目中，首次熟悉了契诃夫、托马斯·曼等作家。那时我还太小，读不了他们的书，但参与这些广播剧的演出，还是可以的。还有一点，就是我接触到了广播剧演员的那种自由不羁的氛围。这种氛围跟我家截然相反，我喜欢往返于两者之间。

《巴黎评论》：你的青少年时代是怎样的呢？

格罗斯曼：那些年，我变成了一个待人更友好、交际更主动的孩子，但性格还是内向。在《私密语法书》里，有个不合群、孤独的孩子阿伦，他最要好的朋友是基甸，一个纯粹的以色列少年，后者跟女孩子约会，是童子军成员，想做飞行员。基甸这个人物，是以我十六岁时的一个朋友为原型写成的——我甚至还采访了他。出书之后，我给他寄了一本，焦急地等待着他的回应。过了一段时间，他给我打来电话说，他喜欢这本书，当然，他在书里找到了自己，他就是阿伦。我听后大为吃惊。如果我在十六岁时，听到他说这样的话，我的整个人生都会大不相同。我的孤独感、绝望感、放逐感——所有这一切，都会变得大不一样。

《巴黎评论》：你在广播电台待了多久？

格罗斯曼：整个高中阶段都在。服完兵役之后，我又回去了，又做了十三年的记者和早间新闻节目主播。

《巴黎评论》：你在部队里做些什么？

格罗斯曼：我在情报部门。我在那里服了四年兵役，从一九七一年到一九七五年。一九七三年开战时，我不在前线。不过一九八二年，我又回到黎巴嫩东部阵地，作为预备役军人服役。

《巴黎评论》：你是在部队里学会阿拉伯语的吗？

格罗斯曼：不，其实我是在高中学的。我很喜欢阿拉伯语。我属于第一批从十五岁起，以高强度学习阿拉伯语的以色列学生。

《巴黎评论》：为什么会有这样的学习计划？

格罗斯曼：在某种程度上，这个学习计划的宗旨，就是为情报部门培养战士，对这一点，我们心中有数。我们的第一本阿拉伯语词典上就有情报部门的标志，我们感到自豪，觉得自己是在做一件隐秘的事。当时，"六日战争"[①]已经打完，人们开始意识到，努力融入我们周围的文化，是多么重要。

当我告诉母亲，我想把阿拉伯语，而不是法语作为第二门外语时，母

[①] 即发生在 1967 年 6 月初的第三次中东战争，以色列方面称"六日战争"。

亲感到震惊。她说，法语是种文化。它代表着戏剧、巴黎，等等。我抱来我们家的大地图册，让她看法国在哪儿，我们在哪儿。我说，如今，我们每时每刻都遇到阿拉伯人，我们到阿拉伯领土去，他们到我们这里来——所以我想学阿拉伯语。

阿拉伯语是一门美妙的语言。奇怪的是，我认为学习阿拉伯语，让我的希伯来语有所提高。两种语言就像姊妹，以有趣的方式彼此呼应、相互映照。有一位给我们上课的年轻老师颇有魅力，他让我们体会到了这门语言的美妙。发现这片未知天地，让我们那个小小班级陶醉不已。我们学习古兰经、穆斯林的历史，以及阿拉伯国家的政治局势。我参军时，阿拉伯语的确有了显著提高。

《巴黎评论》：你在部队的体验是怎样的？

格罗斯曼：部队让我走向成熟。它给我赋予需要切实担负的责任，尽管那时我只有十九岁。跟许多从事情报工作的年轻男女一起，远离家人，在沙漠里生活，大家组成了一个强有力的集体。但我也得给自己营造一个保护壳，因为我想写作。每天，我都迫切需要有几个小时，能孤身独处，写点东西。

《巴黎评论》：你在部队里写过什么？

格罗斯曼：故事，篇幅短小的东西。真正像样的小说是到后来，到我退伍之后才写出来的，不过我喜欢写作这件事。我和三个朋友备有特殊的笔记本，除了非写不可的报告，我们还会彼此写一些私人评论和信件。每个人都知道我们把这些笔记本放在哪儿，每次有人换班，他就会读读看。这种做法简直形成了某种制度。就连情报部门的头头来作正式视察时，也会读读看。

《巴黎评论》：你在这些笔记本里具体写了些什么？

格罗斯曼：有时是色情的东西，有时是富有诗意的内容。对营房生活的描绘、青春期的自白、向我们周围的女性示爱、淫词艳曲——不过是用最优美的希伯来文写的。如果我今天读到这些本子，可能会感到难堪，不过我不清楚它们的下落。

《巴黎评论》：这段为读者写作的经历，对你在写作方面的成长有帮助吗？

格罗斯曼：我想是的，因为我们收到了大量反馈意见。我觉得，阅读这些东西，是基地生活的一种解脱，那座基地是个可怕的地方，是一座用混凝土建成的城市，坐落在西奈山的一座高峰上。在"赎罪日战争"[1]中，它是埃及人的首批轰炸目标之一。在那个地方，被巨大的空旷所包围，四周除了沙漠还是沙漠，我需要给自己营造出更有想象力的氛围。写作帮我在沙漠里营造出某种绿洲。

《巴黎评论》：你是什么时候写出第一则短篇的？

格罗斯曼：一九七五年，我一退伍，就开始写短篇小说，但我从没给任何人看过。第一篇叫《驴》，写的是一个在越战期间开小差的美国士兵，偏偏在奥地利找到了栖身之处。他仅有的朋友是某家小旅馆附近的一群驴。他每个月都载着满满一车面包，去喂它们一次，从它们那里获得些许温暖。

《巴黎评论》：这是某种飞跃，不是吗？原先你并非作家——你在广播电台工作，你往军官笔记本上写东西。是什么让你决定写小说的？

格罗斯曼：我知道是如何开始的。那时候，我跟米海尔住在一起，不过还没结婚，我们像普通情侣那样，吵了一架。她像女人在这种情况下常做的那样，拿起一个小包，装起所有东西——我们都没有多少东西——去了海法的父母家。我被撇在耶路撒冷的小屋里，茫然失措。我感到自己

---

[1] 即第四次中东战争，发生于1973年10月。

的人生完了，没有了值得让自己活下去的人。然后我来到桌边，开始写《驴》。在动笔前的片刻，我还不知道自己要写作。为什么我写的是这则短篇，而不是别的短篇，我也不清楚。不过在我写这则短篇的前几分钟里，我知道，我找到了自我。

我总是把这一经历与发现性爱相提并论。在你开始做之前，你对它是怎么回事，只有模糊的认识。它令人不安，富有吸引力，它至关重要。完事之后，你会觉得不解：自己怎么会在没有这般体验的情况下，熬过这么多年的。你很快就会上瘾。你知道这就是你想做的事。

《巴黎评论》：你的短篇构思，通常都是这样得来的吗——就像凭空冒出来似的？

格罗斯曼：我常有这样的感觉：是题材找到了我。当我开始写一个人物时，比如一名年轻女士，我并不理解，她对我来说为何如此重要。她是个全然陌生的人，来自另一片天地。但我慢慢看出，选取这样一个人物，为什么是无可避免的，她如何在我心中唤起一些事物，若是没有她，我永远也无法探索这些事物。有时候，我有了一个人物，不知道该拿他怎么办。就拿中篇小说《狂暴》来说吧，这个中篇我断断续续地写了十一年，中间还写过别的书。我从这个偏执、嫉妒的丈夫开始写起，但我找不出什么人来陪伴他的夜间旅程。我试过，让他的哥哥、朋友跟他做伴，还试过其他三四个人，每一回我都写不下去，因为我找不出什么人来抵消他的疯狂。后来有一天，一个名叫埃斯蒂的人物跳了出来。我不确定自己是否喜欢她。对我来说，她是个陌生人，但她硬是挤了进来，突然之间，我把这本书写成了。我如释重负。有了埃斯蒂这个人物，我总算可以探讨"嫉妒"这种惯常的情感、这个魔鬼了。

《巴黎评论》：你总是从人物写起吗？

格罗斯曼：每本书各不一样。有可能是一个画面，或者一段模糊的情节构思。我开始写《证之于：爱》时，头半年里，我写了这样一个故事，它的情节发生在耶路撒冷的一家麻风病院。我想到一些人,他们在某个地方工作——他们要跳过一道道水瀑,才能逃走。我觉得,这并不是我要写的书,但我也搞不清,我真正要写的那本书是什么样。

然后我读到了有关鲑鱼的内容,鲑鱼就有越过一道道水瀑的习性。我记得自己跟一个朋友散步时,谈起鲑鱼的奇特之处,我用脑袋做出了跳过水瀑的动作,就在那一刻,我恍然大悟。我发现,在鲑鱼的生命周期里,有某种深具犹太人特质的东西。它在某个地方出生之后,就会游向广阔的世界,后来,它的头脑里会突然涌起一股冲动,让它返回自己孵化的地方。我觉得,这就是我下意识想写的东西。一旦我意识到这一点,一切都顺理成章了。

在写作过程中,有可能会发生奇迹。遗憾的是,在现实生活中,奇迹不会如此频繁地出现。有时候,我开始写一部长篇,我以为自己写的是开头,结果却是书的中间部分。有一点是明确的——我从来不会提前写好一本书的结局,只有在快要写完的时候,我才会写。

《巴黎评论》:为什么?

格罗斯曼:如果我知晓了结局,这本书就不会让我感到惊喜了,更重要的是,它就不会将我引入歧途了。这很重要:作品应该把我引入歧途,就是说,它应该把我带到我不敢涉足的地方。就拿《私密语法书》来说吧。我开始写的时候,故事情节与成书的内容截然不同。它的开头就像《做我的刀》,写的是一名三十五岁的男子,对一个女人一见钟情。不过在我用九个月的时间写这部分内容时,我觉得,为了理解这位主人公,我得对他的童年有所了解才行。那种感觉就像是一波大浪淹没了我。我开始写这个孩子的故事,后来我给这孩子取名为阿伦,有一年的时间,就是我写这本书的第二年,我同时写起了两部不同的长篇。它们的差异变得越来越明显,我体验到了重婚者的所有痛苦和欢乐。上午,我写一部长篇,全身心地投入其中,然后到了下午,我会毫不害臊地从中窃取好的点子,放进另一部长篇里。

《巴黎评论》：你写不下去的时候，有没有什么办法可想？

格罗斯曼：有时候我会给主人公写封信，就好像他是真人一般。我会问，困难在哪里？为什么你做不到？是什么在妨碍我理解你？这样做总能奏效。

《巴黎评论》：你说过："写小说最重要的，就是要在事实方面做到一丝不苟。"你在为自己的小说做调查研究时，会做到何种地步？

格罗斯曼：比如在《证之于：爱》中，如果我要写一个人融入到一群鲑鱼之中，我就得先把鲑鱼描绘得十分真实可信。于是我加入潜水者当中，亲自体验了做一条鲑鱼的滋味。我有好多年没法吃鲑鱼了——真的。我吃鲑鱼时有种同类相食的感觉。在写《Z字形的孩子》时，我跟耶路撒冷警局的侦探组一起待了六个月，几乎每天晚上都跟他们在一起。写《黄风》的过程让我感到享受，也是由于这个原因。我不只是阅读有关局势的材料，再采访一些人。我愿意置身于难民营、监狱、西岸的大学里和约旦的桥上。做调查研究是走出自我，融入世界的一种方式。在我的小说新作里，我正在写一场穿越以色列的旅程，全长五百公里。其中的人物从以色列最北端，沿着曲折的路线，走到耶路撒冷。于是我去了最北端，去了加利利山，一路南下，回到家中，足足用了四十五天。

《巴黎评论》：你如何知道，一部小说何时就要完成了？

格罗斯曼：小说已经发展成一个自足的世界，你只能谦卑地退后，让主人公们自行其是——当你写到这个地步的时候，就应该停笔了，这时，摆在面前的大把选择会让你感到诱惑，所以你必须克制住自己，不要做得过火。这本书已经变成了独立自足的世界。你用不着再杜撰了，只要做好记录就行。

《巴黎评论》：你交稿后，还会做重大修改吗？

格罗斯曼：《做我的刀》交稿时，是一部书信体小说——亚伊尔和米丽亚姆写给对方的信交替出现，双方的信都有同样的篇幅。双方之间的这种书信往来，就像打乒乓一样机械刻板。后来，一天晚上，我突然想到，把米丽亚姆写的信全撤出来，这部分内容在书里占了近两百多页。

《巴黎评论》：你这样说可真有意思，因为读者们想从亚伊尔的信中，推断出米丽亚姆是如何回复的，从亚伊尔的信看出她的想法。不过它们当真存在？

格罗斯曼：它们当然存在。我把它们全写出来了。不过当我决定，把它们统统删除之后，我只好坐下来，又写了一年，因为我不能只把她的信一删了事。我必须确切弄清，米丽亚姆会在哪些地方现身，从亚伊尔信中的哪些缝隙闪现出来。这很复杂，因为她才是在幕后推动全部情节向前发展的引擎。在某种程度上，是她创造了他，所以把她的信剔除后，我十分不安。我喜欢她，对她十分了解，但我突然意识到，把她的信剔除，是对传统书信体小说的改进，因为在这样一本书里，如果两个主人公写的信都在，感觉就像是握有同一个保险柜的两把钥匙。如果你有两把钥匙，保险柜里的全部财富就都是你的了。但如果你只有一把钥匙，读者就必须亲自配制自己的钥匙。

《巴黎评论》：在《羔羊的微笑》中，乌里说："哪里才是家呢？阿布纳会说，家就是钢笔笔尖与纸页之间的空白空间。"这是你本人的体会吗？

格罗斯曼：家就是我爱的人生活的地方。我年龄越大，越觉得这个世界陌生，甚至富有敌意。我正在写的故事，就像是另一个家，不过有时候要过两三年，才能变成一个家。在我有故事可写时，我从来不会感到孤独，我了解每个人物和语言的 tonus（可译为"张力"）。

《巴黎评论》：tonus？

格罗斯曼：tonus，就是肌肉的紧张。在以色列，我一下子就能体会出，人们的情绪波动与我切身相关，在国外，我没有这样的感受。

《巴黎评论》：不过外国犹太作家似乎对你不乏影响。

格罗斯曼：当你刚开始写作时，每个人都会告诉你，你写得像谁，你从谁那里偷师了。我年轻的时候十分老实，人家告诉我什么，我都会表示赞同。在以色列电视台工作的一个家伙，刚从波兰过来，他打电话来告诉我，《羔羊的微笑》显然受了布鲁诺·舒尔茨的影响。我说，唔，也许吧。我从未听说过布鲁诺·舒尔茨，但我不想承认自己的无知。

我读到舒尔茨的作品时，激动不已。每个段落都是奇异现实的轰炸——梦境、噩梦、想象和幻想。阅读他的作品，让我更愿意活下去。然后我读到了有关他死亡的逸闻。他受一名德国军官保护，这名军官杀死了另一个德国军官保护的犹太牙医。于是第二名德国军官去找舒尔茨，用枪将他当街击毙。你杀了我的犹太人——我杀了你的，那个军官说。

当我读到这些内容时，我强烈感受到一种被切实摧毁的感觉。我不愿生活在这样一个世界上：像这样的事竟然也能发生，人竟然会被视为可以取代的、可以任人处置的。我感到自己必须挽回他那毫无必要的残酷死亡。于是我写了《证之于：爱》。这本书推出了近十三种语言的版本，差不多在每种译本问世一年内，使用那种语言的国家都推出了新版的布鲁诺·舒尔茨短篇集。得知我的这本书能对他有所回报，感觉真的不错。

《巴黎评论》：除了舒尔茨，还有谁对你产生过影响？

格罗斯曼：卡夫卡，不过很难找到哪个作家没受过卡夫卡的影响，哪怕他的写作风格与卡夫卡并不相似。卡夫卡是你必经的一个文学阶段。我时常想象，卡夫卡是这样一种形象：他站在那儿，把双手放在窗上，窥看着生活。就好像他是从死亡的境地向外窥看一样，甚至在他还活着的时候就是如此。这一点，我在其他作家那儿从未发现过。

《巴黎评论》：你认为这与他所处的政治局势有关吗？

格罗斯曼：有一定关系，但我不确定，政治背景是否造就一名作家的关键。我觉得卡夫卡即使生在美国、英国或澳大利亚，他也依然会是卡夫卡。他触及生活的那种角度非同寻常。

我刚开始写作时，人们告诉我说，我受了乔伊斯的影响。我羞于承认：当时我也没读过乔伊斯。不过当然，哪怕我没读过他的作品，我也无疑受了他的影响。你总会受到乔伊斯、舒尔茨和卡夫卡的影响，就像你会受到氧和碳的影响一样。对我来说，西格弗里德·伦茨也很重要，还有海因里希·伯尔。当我读到《九点半钟的台球》[①]时，我突然明白了，该怎样把一个故事写出来。亚伯拉罕·耶霍舒亚和阿摩司·奥兹早期的短篇，对我也有所影响。我在少年时代就读了耶霍舒亚的《面向森林》，那是一场启示。

近些年来，我感到其他作家对我的影响越来越小了。顺便说一下，我不认为这是好现象。我愿意被其他作家影响。我觉得，被其他作家影响，表明自己没有固步自封。我最近发现的一位出色作家是克拉丽斯·李斯佩克朵，一位犹太裔巴西作家，已经过世三十年了。我读到她的作品时，感觉就像第一次读到卡夫卡一样。

《巴黎评论》：你在哪里写作？

格罗斯曼：年轻时候，我在我们位于耶路撒冷的小公寓卧室里写。我想不出自己还有什么别的选择，所以觉得在那儿写也挺自然的。多少有点不方便，因为我妻子也在那儿工作。我在写书期间，只阅读相关题材的作品。所以我在写《证之于：爱》的时候，我的书桌、床、床边的桌子和地上，堆了几十本有关大屠杀和"二战"的书，它们的封面上，大多印有纳粹党徽"卐"。屋里就像个纳粹纪念堂。就在那时，我们认定，我需要一间自己的屋子。我们不能让这些暴行侵扰我们的卧室。很快，我们搬进了一套更大的房子。

[①]《九点半钟的台球》系海因里希·伯尔发表于 1959 年的一部长篇小说。

《巴黎评论》：那你现在如何写作呢？

格罗斯曼：我早上六点左右起床，在耶路撒冷的山上——就是我们住的梅瓦塞莱特山——散步一小时。然后我到租来的一间单房公寓去工作，这间公寓就在我家附近的村子里。当初我去看房时，房东太太说，可惜这里没有电话线。我说，太好了！我要了。我每天早晨过去，风雨无阻，在与世隔绝的状态下，待六个小时。

《巴黎评论》：然后，一天的工作就结束了？

格罗斯曼：不，然后我回家写。不过下午或晚上的工作内容与上午不同，基本上是对上午写的内容作一些删改。这部分的创造性弱一些，因为生活就围绕在你周围——家人和朋友。

《巴黎评论》：你在电脑上写吗？

格罗斯曼：开始时，我先用手写。我会写满十来本本子，直到手稿的数量多得无法控制，然后我再用电脑写。我会写好多稿。从经济角度来看，这种写法不怎么划算。

《巴黎评论》：你用四五年的时间写一部长篇小说时，要在整个写作期间维持同样的风格和活力，有无困难？

格罗斯曼：我写一本耗时数年才能完成的书时，写到最后一页的我，与当初写下第一页的我，已经大不相同了。我常常向我的书取经。我之所以会耗费数年才能完成一部长篇，是因为我其实并不真正理解，自己写的是什么，为什么要写这些。直到事后，我才会明白，这本书想告诉我些什么。我不是故作神秘——事实上，我觉得唯有通过写作，我才能体验到自己在现实生活中不敢体验的事物。

《巴黎评论》：你的长篇小说当中，有几本更受读者青睐，另外几本可能相对难读一些。你刚开始写一本书的时候，是否知道这本书会有一定难度？

格罗斯曼：我写得越多，就越是发现：作品越是私人化，得到的理解也就越少。人们不会让私密的内容轻易影响到自己。对于像《Z字形的孩子》或《一同奔跑的人》这样较为轻松的读物，他们更容易作出回应。

但对我来说，那些真正重要的书，那些我无法想象自己若是没有写，自己的生活会是怎样的书，是那些需要读者花费更多心思阅读的书，比如《私密语法书》《做我的刀》《证之于：爱》，还有我正在写的这本书。也许，我偶尔会写一本有趣的书，但我把文学看得很重。就像经手处置爆炸物一样。你可能会改变一名读者的人生，你可能会改变——我认为也应该能改变——你自己的人生。

通常来讲，较为轻松的书可以帮我恢复身心。我写某一类书时，会给自己造成不小的破坏——其中有个过程，是把我的人格拆解开来。我的所有防御机制、稳稳当当地发挥作用的一切、隐藏在生活中的一切，全都会变得支离破碎，因为我需要进入内心的破碎之处、脆弱之处、并非理所当然之处。写完这些书时，我已经把自己破坏得够呛。当然，我不会抱怨。因为写书就是这样的。但我从这种完全孤独的状态中恢复过来的方法，就是写一些能让我跟其他人建立紧密联系的书。我写《Z字形的孩子》，是因为我得从写完《私密语法书》和《睡在钢丝上》的状态中恢复过来。

《巴黎评论》：《睡在钢丝上》延续了你在《黄风》中探讨的课题。是什么把你带回到这个问题上？

格罗斯曼：那本书令我深受震动，因为我意识到，《黄风》只说出了巴以问题的一半。另一半，我觉得可能是更重要的一半，就是在以色列境内的巴勒斯坦人问题。

《巴黎评论》：更难解决的一半？

格罗斯曼：更内在，也更复杂的一半。我们有着同样的定义——以色列人，但他们对以色列这个国家，这个犹太人的国家，作何感想？他们是

289

这样一个国家的公民——这个国家宣称，它不属于他们。

《巴黎评论》：你在《睡在钢丝上》里说过，以色列人和西岸的巴勒斯坦人有一个共同的目标，双方都想与对方隔绝开来。但这本书表明，不论他们如何努力尝试，双方不会如此轻易分开。

格罗斯曼：我们不得不彼此共存。我不像左翼和右翼立场的多数以色列人那样，把这看成是诅咒。我不愿让这个国家变成铁板一块。我宁愿要一个多元化的国家。犹太人和阿拉伯人感受不到这种多元性，是因为我们双方的敌意太重。如果我们的生活有安全保障，那我们就能无拘无束地探索双方的文化了。但我们还有很长的路要走。

我写完这本书后，大为震动，因为我意识到了危机的深重。在边境另一侧，跟巴勒斯坦人存在冲突是一回事，在国内存在冲突，又是另外一回事。这边潜在的破坏力更大。

《巴黎评论》：但你并不认为，在以色列的巴勒斯坦人是"第五纵队"。

格罗斯曼：我一点也不这么想。我把他们看作是一场挑战。从一开始，双方的关系就不是爱的结合。彼此共存是强加到我们身上的。但为什么不欣然接受呢？在以色列境内，有五分之一的人感到，自己在文化、经济、人道方面，并未从以色列这个国家获益。他们感到自己受到排挤，蒙受了屈辱。放弃五分之一的人口，简直是自杀行为。多数以色列人几乎对阿拉伯人一无所知，只把他们看成是安全方面的威胁。有几名阿拉伯人的确是这样。我遇到过一些阿拉伯人，他们想在以色列内部，再建立一个国家——不光是要有与我们接壤的巴勒斯坦国，还要在以色列内部建立一个国家，这样我们就会有三个国家了，加沙地带一个，西岸一个，加利利一个。对我来说，这种要求有些过了。双民族国家的想法，在别处很少能行得通，尤其是在双方都曾遭受如此重创的地方。我还认为，眼下，我们需要在西岸和加沙走廊，在我们与巴勒斯坦人之间，设立一条边境。对我来说，这很重要。不是一堵墙，而是一道双方认可的边境。

要接受这一想法,需要在政治上达到相当的成熟。这是一种崇高的想法,不过我还能想出更崇高的:所有的国家,舍弃所有的边境。这种想法符合我与生俱来的倾向,但不符合现实,更不符合我们这里的现实。

《巴黎评论》:你是否认为自己是后犹太复国主义者(post-Zionist)?

格罗斯曼:不,完全不是。后犹太复国主义者认为,以色列应该成为双民族国家。我跟巴勒斯坦裔的以色列朋友聊天时,他们告诉我,如果他们在这里占多数的话,他们是不会羡慕我们犹太人的。他们对自己能否保护好我们,会不会让我们得到自由,没有多少把握。我很抱歉这样说,但我并不想参与这样的实验。我们这个民族已经经历过太多的实验。我宁愿让检验的重担落在我的民族肩上,而不是他们肩上。我宁愿让我们来表现慷慨大度和政治上的成熟。对我来说,犹太人国家面临的一大挑战是,让这里的所有公民都有家的感觉。

你要知道,批评犹太人很容易。但在我看来,犹太复国主义的基本想法是高尚的:让犹太人休养生息,在自己的土地上体验政治、社会和文化的常态,有自己的军队保卫自己的土地——这是我们被剥夺多年的权利。我不会把战争神圣化,但在我们这个疯狂、狂暴的世界上,尤其是在中东,拥有部队是重要而必要的。

《巴黎评论》:你会不会觉得,你——作为一名作家,一个自由主义者——这样说,有些奇怪?

格罗斯曼:只有不在这里生活的人,才会觉得奇怪。一名意大利记者采访我时,总把我描述成和平主义者,因为我致力于追求和平。我努力向他解释,我并非和平主义者。和平主义者是这样的人:哪怕别人当场杀死他的母亲,他也不会拿起枪来。我当过四年兵,还做了三十年预备役。我有两个儿子是坦克车长。我们必须自卫。话虽如此,但能将我们从当下困境中解救出来的办法,并非始终坚持武力路线,而是要做到敞开胸襟、宽宏大量、富有勇气。我们没能做到这一点。我们已经沉溺于自己的武力和恐惧，无法自拔。

以色列人和犹太人往往被看作是圣书的子民（people of the book）和有故事的人（people of the story）。我们常常不被当人看，只被当作某种其他事物的隐喻。就好像别人可以从我们的经历中，汲取到什么教训似的。这让我们很容易成为刻板印象和偏见的攻击对象。几百年来，犹太人一再经历重大事件，一直生活在绝境之中。

我认为，和平能为我们解决这一问题。如果我们能享有和平——如果我们能享有常态，如果我们能感到，我们在这里是有希望的，如果我们能有稳固不变的边境线——那么我们或许就不会再认为，我们的活法与别人不同。这很重要，因为如果你的活法异乎寻常，那你其实体会不到正常生活的那些品质——那些琐碎、细小、常见的国内问题。

《巴黎评论》：《睡在钢丝上》似乎表明，犹太人和巴勒斯坦人的经历惊人地相似。

格罗斯曼：你马上就会体会到这一点。以色列人和巴勒斯坦人一起来到自由环境下的时候，尤其是在以色列之外的时候，你能看得出，这两个民族是多么亲近。我深信，如果我们能有机会——能有这样的殊荣——和平共处，我们会成为好邻居，因为我们在个人层面上，彼此能够达成理解。眼下，我们对彼此的憎恨和怀疑，已经严重到了这样的地步，一方所采取的每一个步骤，都会被另一方视为诡计或花招。在这层意义上，我们陷入了困境。

但这两个民族存在着巨大的差异，就是是否经历过大屠杀。非犹太人谈起大屠杀来，就像谈起其他往事一样。那时发生了什么？他们会问。而犹太人，不论他们说的是何种语言，都会谈到"在那儿发生的事"。问"那时发生了什么"，意味着事过境迁。但对犹太人来说，悲惨的是，它从未结束。它就在跟我们的生活并行不悖的某处，是我们的另一重选择。我说这话，不是妄加评断。这就是我们的处境。它影响着我们的社会行为，我们的个人行为，我们对未来可能性的信念，我们抚养孩子的方式，我们搞政治的方式。它的影响力无处不在。

在我的婚礼上，我姨妈——她的胳膊上文有一个数字，因为她在奥斯维辛集中营待过——在那个数字上，贴了一枚小小的邦迪创可贴。我看了看那个创可贴，又看了看她的眼睛，我意识到，她贴上那东西，是怕给喜事带来不快。我很难过。我想，这种事可不是邦迪创可贴能掩饰得了的！

《巴黎评论》：但在《死亡作为一种生活方式》中，你说："有些人相信，大屠杀是专属于犹太人的事件，我不属于这类人。"

格罗斯曼：我不认为有谁能把犹太人身份与大屠杀分割开来，但这是一场事关全人类的事件。每个人都应该问自己几个有关大屠杀的问题。其中之一就是：面对如此的专制，我如何维持自己作为一个人的唯一性？我有什么无可磨灭的地方？

在《做我的刀》里，我把这种想法称作"luz"，核心。"luz"是《塔木德》里的词。它是你脊骨里最小的、无法消灭的骨头。你的全部本质，都保存在这个核心里面，它可以让你在复活时，恢复如初。有时我会做这样一件小事：我让人闭上眼睛，用一分钟的时间想象一下，他们的"luz"是什么。如果把人格比作是眼睛，那这个核心就是瞳仁。我得到的回答颇为有趣。

《巴黎评论》：你的"luz"是什么？
格罗斯曼：我觉得它跟迫切的创作欲有关。

《巴黎评论》：你在《睡在钢丝上》里写道，有必要"摈除先入为主之见，虚心看待"以色列境内巴勒斯坦人的"复杂情况"，"在我们心里，给他们腾出地方来"。这一做法在你的许多书里，似乎都有所体现，某人摈除先入为主之见，虚心看待他人的生活。这个例子能否说明，政治局势塑造了你的小说的面貌？

格罗斯曼：我宁愿相信，哪怕我在美国或别的地方生活，也会写一写这些事。但在这片有如此破坏潜力的地方生活，遁世隐居的想法很有诱惑力。

我们坐在这条走廊上，满目青翠，鸟儿啼啭，但紧张局势无处不在。身为以色列人，是件累人的事。在这片土地上，在你遇到的人们身上，在语言里，在别人给你讲的故事里，几乎没有什么中立的空间。这里的一切都充满了意义，有时都被意义给毒化了。在我的后两本书里，我写的故事在某种程度上，都与当下紧密的现实有些脱节——我想营造出一小片亲密、平常、不受政治影响的小天地。因为我们有时会忘记，在某些地方，我们只是人，感谢上帝，而不是以色列人。

《巴黎评论》：透过巴以冲突的镜头来解读你的所有作品，是否是一种诅咒？

格罗斯曼：这种感觉挺伤人。《她的身体知道》在意大利出版时，有位记者问我，沙乌勒的断腿是不是以色列人的犹太复国主义梦想粉碎的隐喻？你能想象吗？我差点走出房间。这种从政治角度解释以色列的一切，将其归类为政治隐喻的倾向，令人恼火。这无疑是一种误解的表现——不是对以色列的误解，而是对文学的误解。文学有许多层面，政治层面只是其中之一而已。不可能只因为我们是以色列人，我们就不猜忌我们的妻子，不恋爱，不抚养孩子，没有原始的举动。我们首先是人，然后才是以色列人。对普通人来说，在这里生活可能会很艰苦，但对作家来说，这里就像天堂。这是个充满激情的地方，我把它看成是一项恩赐。

《巴黎评论》：用希伯来语写作的局限和优势是什么？

格罗斯曼：希伯来语的各个层面，从圣经时代、拉比犹太教时代到其他时代的希伯来语，直到最新的以色列俚语，都可以用来玩文字游戏。不过需要记住的是，有一千八百年的时间，人们并不说希伯来语，他们只用这种语言书写和祈祷。孩子、士兵们不说这种语言，人们在做爱时，也不说这种语言——因此这种语言原先不具备日常生活的层面。如今,以色列的俚语既丰富又密集——它自身就堪称一门语言。许多俚语是在部队里形成的,用这种语言,差不多可以表达任何事。因为以色列是个吸收移民的国家,所以对那些,比方说,俄国和埃塞俄比亚来的人来说,俚语也充当了一种共同的交流手段。

《巴黎评论》:你熟悉俚语吗?

格罗斯曼:我有好几个孩子,所以我经常听到俚语。它为语言赋予了活力,但也不无危险,因为它在某种程度上,也促成了希伯来语的不断衰退。能读《圣经》的孩子越来越少,《塔木德》更是如此。我不得不为我的孩子把《圣经》的章节翻译出来,因为他们的老师读不懂《圣经》的语言,或者起码领会不了语言的内在含义和联系。显然,希伯来语对他们来说,不像对我们这些五六十年代长大的人来说那么重要,那时候,掌握高级的希伯来语,对成为以色列人至关重要。

有时候,我写下一个词,意识到很多人也许不认得这个词时,我会自问,这个词该不该用。我觉得担心,是因为如果我们运用的语言是枯燥乏味的,那我们的现实也会变得乏味。

《巴黎评论》:在《证之于:爱》里,你谈到了"挫折"这个词,这个词直到七十年代中期才进入希伯来文。你写道:"只说希伯来语的人永远也不会有挫折感。他们也许会感到愤怒或失望,甚至在某些处境中,体会到迷乱的感受,但他们从不了解尖锐的挫折感是怎么回事,直到描述这种感受的那个词,被人从英语里移译过来为止。"

格罗斯曼:我们找到这个词的时候,尽管备受挫折,又是何等欢欣!我记得,我们突然给这种感受找到名字时,那种如释重负的感受。在此之前,我们有"tiskul"[①]这个词,我们模糊不安地感到,这个词不够贴切,

---

[①] 希伯来语词,也是"挫折"的意思。

不够敏锐。不过尽管如此,也许还有上百种"tiskul"我们没有意识到,因为我们把它们归结成了一个词,也许日后,我们还会找出一百多种其他版本的"tiskul"。

《巴黎评论》:现在这种情况,对作家来说,是否就像一块空白的画布——充满用写作塑造当代希伯来语的崭新机会?

格罗斯曼:希伯来语是一门富于变化的语言,它可以热切地投入到各种各样的文字游戏当中。你可以用俚语谈论《圣经》,你也可以用《圣经》的语言谈论日常生活。你可以编造出人们很容易理解的单词,因为几乎每个词都有词根,人们认得衍生出来的词缀,或者通常能看懂它的意思。这是一门非常性感的语言。它恢宏、豪迈、壮美,但与此同时,它也有些巨大的缺口,亟待作家们填补。

《巴黎评论》:这么说,这是作家的职责所在?

格罗斯曼:对,作家绝不该把任何事视为理所当然,不论是公式、词句,还是现实。这也是我对孩童那么着迷的原因之一——他们从不把任何事视为理所当然。一切都是令人惊讶和新奇的,是恒久的启示。我还记得自己放完暑假,发现最好的朋友比我高了一个头。还有一天,家里突然挤满了人,奶奶在哭,爷爷去了某个地方,没有回来,没有人肯告诉你他去了哪儿。人们窃窃私语——儿时的我不论何时走进一间屋子,就会有某个人闭口不言,就好像他刚刚说了什么可怕的事似的。

我儿子三岁时,一天晚上,我安顿他上床,我解释说,那天是十二月二十一日——一年当中夜晚最长的一天。我给他掖好被子,给了他一个晚安的吻。第二天早上,天一亮,他就冲进我们的房间,大汗淋漓,又激动又宽慰地喊道:爸爸、妈妈,结束了,夜晚结束了!你能想象得出,他是伴着什么样的想法,度过了一整夜吗?因为他并不认为"太阳还会再出来"是理所当然的事。

我在写作时,就努力把自己带到这样的境地。我想被引入歧途,被带到能动摇我对自己、对家庭、对国家的基本判断的危险境地。

《巴黎评论》：你在写作期间，会把稿子给别人看吗？

格罗斯曼：会，不过就拿我现在正在写的这本书来说吧，我写了四年，才把它拿给妻子和几个朋友看。

《巴黎评论》：你的妻子是你的第一位读者吗？

格罗斯曼：一直都是。甚至在她还没读到正文之前，我们就已经聊了很多了。我正在写的这部小说，有点像是我们的生活当中的另一重生活。我们还谈论她的工作——她是个临床心理医生。

《巴黎评论》：亚伯拉罕·耶霍舒亚的妻子也是心理医生。

格罗斯曼：这种结合很不错，因为这两种职业十分接近。米海尔用她的职业给我带来影响，我用我的职业给她带来影响。但我们的婚姻，还有她的家庭给我带来的改变，比她的职业对我的影响还要大。因为她，我变成了左翼。我还记得自己和米海尔第一次因为政治争吵的情景。我们是在部队里认识的，两人都是年轻士兵，一天晚上，我们去看了左翼剧作家哈诺赫·莱文（Hanoch Levin）创作的歌舞剧，他是个天才。对我们的占领，还有我们对待巴勒斯坦人的方式，他道出了最令人愤慨的事。我大为震动。与此同时，她的祖父是共产党员，她们家非常反对占领，我第一次去他们家，就意识到了这一点。我感到大开眼界。

《巴黎评论》：人们常把你与耶霍舒亚和阿摩司·奥兹相提并论。你觉得自己跟他们有竞争关系吗？

格罗斯曼：我认为我们是好搭档。在别的国家，可能会有不少妒忌和竞争。我不能说，以色列作家之间没有妒忌——有妒忌之情，是自然而然的事。甚至有句希伯来谚语说的就是这件事：Kin'at sofrim tarbeh hochmah。作家之间的妒忌会催生更多的智慧。

《巴黎评论》：这话是什么意思？

格罗斯曼：意思是说，竞争是好事，会逼迫你变得更有创造力。

《巴黎评论》：你笔下的人物常对语言文字感到着迷。在《证之于：爱》里，莫米克会玩这样一种游戏：用手指清点某个词有多少个字母。《私密语法书》里的阿伦，选出一些特殊的词，在七天之内，他都不会说这些词，好让它们得到"净化"。《狂暴》中的沙乌勒确信妻子有了私情，因为她说起一些从没说过的话，还开始学习葡萄牙语。在《做我的刀》里，亚伊尔写道："我曾想过，教我儿子学习一种私人的语言。有意让他与世隔绝，从他一出生，就开始欺骗他，这样，他就会只相信我教给他的那种语言。"对你来说，这种私人的语言意味着什么？

格罗斯曼：我觉得这也许是让某人成为作家的第一推动力——按照自己的私人方式命名事物的需要。这也是让外部世界不那么陌生的方式。通过对私人语言——通过特定的节奏组合、对特别词汇的特殊运用来实现——的运用，读者可以感受到你的内心世界的特质，我认为他们会有所回应。

《巴黎评论》：与此同时，你的书里始终有着持久的怀疑，怀疑存在通过语言从事不轨行径、操纵他人的可能。

格罗斯曼：在以色列生活了这么多年，我看到，用语言巧妙地操纵人心，是多么容易的事。人们几乎急于被人操纵，因为他们不愿意认识他们生活其间的现实——现实太粗粝狰狞，让他们觉得难以忍受。他们运用虚假的语言，在他们与现实之间营造出一片缓冲区，这与语言理应发挥的作用截然相反。这种做法包括：将敌人妖魔化、使用陈腔滥调、只强调负面因素，等等。

与此同时，我们又不能当真发愿，要了解全部真相，我们只须指明语言的含混之处。这是非常重要的，因为我并不清楚什么是绝对正确或错误的，但我在运用政府描述时局时使用的那些词时，我也应该注入别样的观点。

我参加了一个名叫"Keshev"的组织，这个词的意思是"关注"。这个组织负责运营以色列人和巴勒斯坦人发起的一个项目：监督以色列和阿拉伯双方的新闻舆论所使用的语言。媒体通过在报纸上给新闻报道留出的篇幅，或者通过头条新闻的标题——有时这类标题还与报道的内容相悖——来操纵民意，看出民意是多么容易被操纵，让人深感着迷。谎言被报道出来，最后渗透到了人们的意识当中。就以在以色列深入人心的这个观点为例吧：没有一个巴勒斯坦人是我们的伙伴。在 Keshev，我们对电视和广播是如何促成这种看法的，作了系统的研究。

《巴黎评论》：不久之前，你甚至都不能提到"巴勒斯坦人"。

格罗斯曼：事实上，人们很生我的气，因为我在《睡在钢丝上》用了这个词。人们说，你干吗要让他们有想法呢？其余那些阿拉伯人是埃及人、叙利亚人、约旦人——只有以色列的巴勒斯坦人，只叫阿拉伯人，因为我们害怕"巴勒斯坦人"这个词。

我在广播电台做新闻节目主播时，手头有一份特定词汇表，词汇表上面的词都是不允许我说的。我不能说"被占领土"。每天，我都得报道巴勒斯坦人被以色列士兵杀害的新闻，我的措辞是这样的："在领土地区的骚乱中，一名当地少年[①]被杀。"这句话里的每个词都是谎言。"骚乱中"，听起来就像有人违反了特定的命令；说"在领土地区"，就可以不用提及"被占领土"或"占领"；说"当地"，就可以不用提及"巴勒斯坦人"——愿上帝阻止他们发现自己是巴勒斯坦人，他们有可能反抗我们；那个"少年"可能只有两三岁大。我们总是用被动语态来讲，"被杀"，这样我们就不用提及，究竟是谁用枪打死了那个孩子。

我们从来不提受害者的名字，直到我们当中有人提出抗议，说我们必须说清军队杀害的人叫什么名字。哪怕人们只是支持占领，他们也应该为

[①] youngster，也有青年和孩子之意。

这一事实承担部分责任：我们的士兵以占领政策的名义，杀害了某个人。

《巴黎评论》：你有没有觉得，你的作品遭到了误解，哪怕在以色列国内？

格罗斯曼：我写的政治题材作品，遭到右翼分子的激烈抨击。比如《黄风》就招来了一股仇恨，我们不光收到书信和电话威胁。他们还弄坏了我家的车。他们把水箱散热器给堵了，结果开出三公里，车子就冒烟了。当时车上还有两个孩子。我还遭到总理伊扎克·沙米尔的公然斥责，最后广播电台把我给解雇了。

《巴黎评论》：沙米尔说了什么？

格罗斯曼：我当时是早间新闻节目的主播，所以在"六日战争"二十周年纪念日那天，我一定要采访他，这是全国性节目。他想举行一场大阅兵，我问他，在国家经济状况如此糟糕的情况下，是否真的有此必要。我们不能把钱用在别的地方吗？我还向他问起巴勒斯坦人，暗示说，他们也许会造反。

他涨红了脸，突然抓起他的麦克风，扔了出去。他说，你在小说里，在你的想象里，爱怎么编都行，作家。阿拉伯人和巴勒斯坦人的处境，从未像在我们的统治下这样好过。他们永远也不会做出你说的那种事。他拂袖而去，不肯继续接受采访。

然后是好一通协商。我待在内阁会议室里，身边只有他的一名助手和一名技师。在这样的情况下，该如何是好？他终于还是回来完成了采访，但在接下来的一年半时间里，他不肯再接受我的采访了。当时我是两大新闻主播之一，竟然不能采访总理。你能想象吗？讽刺的是，半年之后，抗暴行动就爆发了。我在《黄风》里写的事当真发生了。结果证明，他制定的政策完全是一场灾难。

《巴黎评论》：尽管身为公众人物，你还是一个很注重隐私的人。但令郎的死这一私人的不幸，让举国上下同悲。你是如何对待这件事的？

格罗斯曼：很不好受，感觉也有些奇特，因为悲痛具有私人的性质。但我感到，以色列内外，有那么多人，深感同情和震惊。我受到许多巴勒斯坦人、埃及人、黎巴嫩人、约旦人、伊拉克人和伊朗人的回应，他们写信给我，或者在各种场合告诉我，这是他们第一次为一名以色列士兵的阵亡感到难过。如今对我来说，他不是以色列士兵，他是我儿子。但他们告诉我那番话时，我的内心受到了触动。

我无法公开谈论乌里的事。我说了悼词，因为那是父亲悼念儿子的场合，但要是换作别的公开场合，我是无法说起他的。甚至在他离开一年之后，也不行。我对他的悼念只能私下进行，不好意思。

《巴黎评论》：你个人遭遇的不幸，对你的写作有影响吗？

格罗斯曼：我不写作的时候，感觉就像带着悲伤，来到了不同的空间。四年前，乌里入伍时，我开始写一部长篇小说，这部小说与我的生活密切相关，它以一种意想不到的方式迎合了现实。"愉快"这个词用在这里，似乎不大合适，但让我感到愉快的是，当时我在写的，是这部小说，而不是其他任何一部小说，因为在他阵亡之前的三年零两个月里，我创造出来的这片空间，如今是我能与发生在我身上，发生在我们身上的这件事共处的唯一一片空间。我可以全身心地投入那片空间，就像我全心投入我要写的任何环境一样——毫不设防，彻底袒露内心，陷入悲痛，同时无比真切地体会到，自己丧失了什么。所以如今，要潜心于小说并不容易，不光是因为我在以色列生活，在疯狂、激烈的现实中生活，还因为我现在过得是这样一种生活。我很难谈论这种生活。

《巴黎评论》：你还有日子不好过的感觉吗？

格罗斯曼：如今，我过的是痛苦的生活。就像一直身处地狱一般，而且还是慢动作的。我无意逃避悲伤，我在写作的过程中，激烈地直面悲伤，但我不光是在写作的过程中这样做。如果我一定要承受痛苦，那我要彻底弄清自己的处境。这一处境并不舒适，但既来之则安之。如果我注定承受这一处境，我愿意——这也是人的一种困境，我愿意体验一番。

有一件事，我确定不疑：如果我不写这些人物，这些故事，我会痛苦得多，也许还会反常得多。写作让我得以探索自己在生活中不可能探索的处境。但在我心里，它们都很生动。在感情方面，我是个极端的人，写作让我有了继续前行的可能。

《巴黎评论》：你说的极端，是什么意思呢？

格罗斯曼：就是热切，不惮接触他人的极端状况，对他人的内心生活感兴趣，尤其是在备受压抑的地方。我总会质疑自己观察到的情形。不论何时，我总能看到裂缝——甚至在我有那种经历之前就是这样。这是看待事物的一种方式，我不能说，这种方式是我有意选择的，但我愉快地投入到这种方式之中，因为我觉得，这是看待人生无常的准确方式。在我看来，一切平静安稳，都像幻觉。

（原载《巴黎评论》第一百八十二期，二〇〇七年秋季号）

大卫·米切尔

◎唐江／译

大卫·米切尔早年在英国伍斯特郡马尔文镇度过，生活平淡无奇——如他所说，"白人、异性恋、中产"。二十四岁那年，他爱上一个日本女人，去了广岛，生活变得更激动人心。六年后，他发表了第一部长篇小说《幽灵代笔》(1999)，A.S.拜厄特宣称，这是她读过的最佳长篇处女作之一。该书荣获约翰·卢埃林·里斯文学奖，这一奖项旨在奖掖由三十五岁以下的英联邦作家创作的文学佳作。他的第二部长篇《九号梦》(2001)和第三部《云图》(2004)，都入围了布克奖的决选名单；《格兰塔》杂志将他评选为最出色的英国年轻小说家之一；《时代》杂志在他发表第四部长篇《绿野黑天鹅》(2006)之后，将他作为唯一一位文学小说作者，列入二〇〇七年全球最有影响力的百人名单。其新作《雅各布·德佐特的千秋》是一部重要而引人入胜的历史小说，以十八世纪末的日本出岛为背景。出岛是长崎港里的一座隔绝封闭的人工岛，是整个日本国唯一允许西方人涉足的场所。他的五部长篇小说全都雄心勃勃，形式复杂，有着富有感染力的想象和完美无缺的笔法。它们凭借毫不停歇和坦率直爽的才智，在世界各地和不同世纪之间迂回穿行，在不同的文学类型之间跳转。

尽管评论界赞不绝口，米切尔依然谦逊友善、彬彬有礼。他很容易大笑，充满孩子气的热情。他的装扮就像游手好闲的人，松垮肥大的牛仔裤和分层的T恤衫，这副穿着让他显得愈发年轻——他那头剪得很短、略微发红的金发，那副瘦长的身材，那双有些透明、支棱着的耳朵，也让他显得年轻。因为他善于巧妙地斟词酌句加以回避，他的口吃乍听之下并不明显。

二〇〇二年,米切尔从日本回国后,在克洛纳基尔蒂定居下来,这是爱尔兰科克郡的一座海滨小镇。他和妻子育有一子一女。这篇访谈的大部分内容,就是在克洛纳基尔蒂镇奥多诺万酒店狭窄而嘈杂的楼上休息室完成的,中间几次休息时,我们到附近的餐馆吃了羔羊肉汉堡包。我们还在伦敦的哈兹利特酒店会面,那儿颇有一副十八世纪老店的风貌——要采访一个过去五年都沉湎于一七九九年的人,在那儿正合适。

——亚当·贝格利,二〇一〇年

《巴黎评论》:在动笔写作之前,你有没有什么准备仪式?

大卫·米切尔:绝对没有。我差不多在哪儿都能写。要是我在一个嘈杂的地方,又能听懂那里的语言,那我写不了;不过通常来说,这个世界需要刻意安排一些环境,才能阻止我写作,倒不用刻意安排环境来让我写作。不过我最喜欢在科克郡的自家小屋里,伴着一壶绿茶和一张整洁的大桌。

《巴黎评论》:如果你在自家小屋,守着茶壶茶杯写作,你是用笔记本电脑,还是用笔写?

大卫·米切尔:我在纸上构思,然后在笔记本电脑上将构思付诸实现。

《巴黎评论》:眼下你在写什么?

大卫·米切尔:眼下我在写一本书,以二〇一〇年的前后各三十年为背景,不过我不该透露太多细节,否则你很快就会发现,这些细节已经出现在维基百科上了。倘若我改变主意,决定让一个池塘里的青蛙和蟾蜍重演《李尔王》，那某一位勤奋工作的维基百科编辑就有的头疼了。

《巴黎评论》：你还记不记得，你最早是什么时候想当作家的？

大卫·米切尔：并没有一次性的顿悟，不过我能想起早年的几个片段。十岁的时候，有些书会让我感到欣喜若狂——厄休拉·K.勒奎恩的《海地三部曲》、苏珊·库珀[①]的幻想小说、艾萨克·阿西莫夫的作品——我迫切地想把它们带给我的感受带给读者。有时，那股迫切感会让我开始写作，不过我顶多只能写出几页。又过了几年，我开始幻想着，我的名字会出现在某一本书——通常是费伯出版社的书——的书封上，我会感到，胸中会这样"唰"的一下。

《巴黎评论》：那时你有没有把你的愿望透露给谁？

大卫·米切尔：十三岁的时候，我曾向母亲夸口，自己要写一本书。她回答说，哦，好啊，这算不上什么惊喜。我大失所望。

《巴黎评论》：你父母有文学方面的兴趣爱好吗？

大卫·米切尔：我父亲在一家师范学院教美术，后来他加入了皇家伍斯特瓷器的设计部门，在那儿设计餐具和限量版产品——我记得有个系列，上面的图案是著名美国轮船，时至今日，也许奥马哈或圣克鲁斯的人还在用它们吃饭。我妈是一名自由职业的画师，专攻植物画，用在广告、包装和贺卡上。当我说起搞艺术的父母，人们会想象出一种狂放不羁的生活氛围，心想：啊哈，原来他的才能是这么来的！但我们只是白人、异性恋、中产家庭，跟我们在白人、异性恋、中产居民区里的邻居并无不同。不过我父母的确在不经意间让我明白，靠艺术天赋谋生并非不可能。当然，家里的书不少——我妈向来都是胃口很大的读者，如今也是；在我的童年，从阅读中寻找乐趣并不奇怪。我父母还发现，他们只要给画板安上

[①] 苏珊·库珀（Susan Cooper, 1935—　），英国童书作家，著有儿童幻想小说"黑暗崛起"系列等。

一大张图画纸，就能让我安静好几个小时——那是很漂亮的高档纸，雪白漂亮的一大张，任由我在纸上画画，画出想象中的群岛和大陆地图，给它们命名。我想，那些地图，就是我的小说雏形。那时我在读托尔金，那些地图像文字一样令我浮想联翩。佛罗多和同伴从未去过的那些大山后面，发生过什么事？那座海滨城镇呢？那儿住着什么样的人？那些空白地带要求我成为人类学家和创作者。

《巴黎评论》：你给《绿野黑天鹅》里的杰森·泰勒安排了历经重创的童年，你的童年跟他的有多大区别？

大卫·米切尔：我爸妈要比《绿野黑天鹅》里的父母好得多，我也没像杰森那样备受作弄。我的口吃不那么严重。

《巴黎评论》：你有过口吃？

大卫·米切尔：现在仍然有。我是英国口吃协会的一名自豪的赞助人，我跟你说吧，他们可不是谁都接收。有人告诉我，酒鬼始终是酒鬼，但他可以立志成为戒酒的酒鬼。同样，口吃者也可以立志成为不再口吃的口吃者——以我为例，这就需要努力达到一种与口吃和平共存的状态。

《巴黎评论》：你是否觉得，你的口吃跟你想写作的愿望之间有很大关系？

大卫·米切尔：一方面，是这样：一个没法口头表达自己想法的孩子，更愿意在纸面上表达自己的想法，这能说得通。另一方面，又并非如此：多数作家并不口吃，多数口吃的人并非作家。或许最好的回答是，我如今身为作家，正是由从前那个口吃的孩子造就而成，尽管口吃并未促使我写作，但它在一定程度上，激发和影响了如今身为作家的我。口吃的人在句法结构方面更擅长，这是事实。同义词往往并不能简单互换。有时，选用 B 词代替 A 词，你得另造一个句子来安放它——还得够快，趁听你说话的人还没发觉口吃的苗头。

《巴黎评论》：你的学校生活是怎样的？

大卫·米切尔：就我所属的阶层和年代来说，普普通通，不过也有几个方面，算是幸运的突破。《绿野黑天鹅》多少算是以伍斯特郡的一个名叫天鹅原的村子为原型，大约在一九七六到一九八一年间，我们家在那儿住过。由于人口上的短期变化，跟我同年的孩子只有五个，全校总共只有二十八个孩子，所以当时的师生比很有优势。按一九八〇年代的英国标准来看，我受的教育还算不错——既没有糟得可怕，也并不催人奋进。不过我遇到了三四位有才能的老师，这可不算少。他们让我知道了一些优秀作家，鼓励了我隐秘的书虫习气。

《巴黎评论》：那时你就以书虫自居了？

大卫·米切尔：在家里，是的。在公开场合，男生若是表露出自己的"病症"，可不是明智之举。

《巴黎评论》：那大学怎么样？

大卫·米切尔：我在坎特伯雷的肯特大学读了英美文学。后来我申请就读同一所大学后现代小说专业的文科硕士学位，得到了助学金——但我没有生活费，于是我去给水石堂书店打工。一年后，我找到一份在西西里岛卡塔尼亚市教英语的工作。那是我第一次尝到独居异国的滋味，第一次尝到探索别人的城市走到脚疼的滋味，陌生人纷纷回家吃饭去了。那年，我写完了论文，读了很多天赋过人的十九世纪巨匠——狄更斯、托尔斯泰、乔治·艾略特的作品。当时并没看到什么创作的前景。

《巴黎评论》：你在日本生活多年，已经写了两部以日本为背景的长篇。你是怎么去日本的？

大卫·米切尔：我在伦敦生活的时候，认识了一个日本女人，她的签证到期后，我陪她一起回了日本，最后我们结婚了。我在广岛教英语，后来在那儿的市区和郊区定居下来，住了八年。

《巴黎评论》：是什么让你重返西方？

大卫·米切尔：二〇〇二年，我和妻子回到英国，因为我们发现——当时妻子的身孕已经到了中期——回到英国，只靠当作家的收入，我就能养活我们这个快要变成三口之家的家庭。反之，如果我们留在日本，生活开销更高，我将不得不坚持上班，才能赚足日元，而我养活新生儿的能力，充其量也就跟普通的日本丈夫差不多——也就是说，收入有限。英国的生活，加上初次成为父母，对我和妻子来说就像一记重击，不过人能适应更戏剧化的人生转变，我们很快就调整过来了。

《巴黎评论》：你的第一部长篇小说《幽灵代笔》引用了桑顿·怀尔德的话。他是对你有影响的作家之一吗？

大卫·米切尔：我十五岁的时候，我们就在学校里学过《我们的小镇》。那是最早打动过我的文学作品之一。它让我学着不去相信，高中低端的书有什么明显的分别。对我来说，是否优秀，是否引人入胜，这样的分别更为有用。后来我在大学里读了《圣路易斯雷大桥》。那是一部煌煌大作，里面的思想可以再写好几本书。怀尔德的小说尝试解释，当秘鲁的一座绳桥垮塌，为什么一伙人随之死去——它尝试在混乱中锁定意义何在。它是一部探究因果关系，以小说形式写就的散文作品。《幽灵代笔》是对同一主题进行的一系列探索，我将其中一个人物命名为路易莎·雷，算是某种致敬。为什么各种事如其所是地发生，每一章都给出了一个不同的理由。在以冲绳为背景的第一章里，重大事件的发生是因为人放弃了自己的意志。

《巴黎评论》：那这里的重大事件，应该是一九九五年，奥姆真理教对东京地铁系统实施了致命的沙林毒气袭击。引发这一事件的，是邪教的教导手段——洗脑。

大卫·米切尔：还有情愿被人洗脑的愿望——还有把个人的责任交托给一位上师，一名高级权威，一个神明的愿望。在"东京"那一章，爱是首要的推动力。在"香港"那一章则是贪欲。在"圣山"那一章，是历史。我当时的编辑喜欢讲，起初他以为《幽灵代笔》是一部有八个章节的长篇，不过又过了几天，一份传真表明，好吧，其实它有九个章节，又过了几个星期，变成了，嗯，现在它是有十个章节的长篇了。

《巴黎评论》：类星体（Quasar）害死了好多人，进入这种人的头脑，会不会感到痛苦？

大卫·米切尔：如果是现在这样做，会感到痛苦，不过年轻作家往往对"我能做到吗？"比"我应该这么做吗？"更感兴趣。那时的我也是这样。我当时在追寻着这样的奖赏——"我们瞧瞧，我能不能做到！我们瞧瞧，我能不能写好谋杀！"我有个写犯罪小说的朋友，有一天，她心烦意乱，因为她扪心自问：天啊，我在做什么，写这些残暴、戕害灵魂的事？如今我理解了她的困境。如果你的作品想要真实，而不是一场索然无味的室内游戏，如果你的作品力图照亮人心里最深邃、最黑暗、最病态的所在，那你就得到那儿去，与之同化，那绝非易事。

《巴黎评论》：《幽灵代笔》中各个故事之间的联系，花了多久才发展成型？

大卫·米切尔：我中断了广岛的工作，休了六七个月的假，经由香港、澳门、中国大陆，然后经由西伯利亚大铁路，由东向西，游历了欧洲。我在背包客落脚的旅馆里，写出了《幽灵代笔》最初的几个故事，主要是为了纾解一下自己的作家瘾。写完中国的章节，我意识到，这些故事可以合在一起，串成一部怪模怪样的长篇。

《巴黎评论》：有位作家朋友曾把长篇小说写到中间时的感受，比作家里二楼上的洗澡水一直开着，时刻不停。

大卫·米切尔：他这种形容比我的更令人愉悦。我觉得那种感觉就像听到邮箱里收到了电子邮件的嘀嘀嘀声，心里也明白，总有一个时间，你不得不坐下来，逐一翻看这些邮件，但不应该是今天，可恶，不应该是今天晚上，拜托，一定要让我先写完这最后一个场景。

《巴黎评论》：《幽灵代笔》"东京"那一章里那个可爱的青年男子悟，跟你之后的一部长篇《九号梦》的主人公咏尔颇为相似。

大卫·米切尔：那种音乐方面早熟、年轻的日本孤儿或半孤儿男性——没错，我的体系是有一些问题。你写的书越多，这一点就越容易成为问题。要让你笔下的角色各具鲜明特色，充分摆脱彼此相似之处，会越来越难。其实我当时是在旅游，只是顺手也在写那部小说。我还为日后要写的故事在笔记本上做了笔记。

《巴黎评论》：用的是铅笔还是钢笔？

大卫·米切尔：或许是从一家旅店偷走的一支劣质圆珠笔。那时我太穷，买不起笔记本电脑。

《巴黎评论》：那时你对使用哪种笔记本有什么偏好吗？

大卫·米切尔：当时没有，不过如今我用 Moleskine 牌笔记本，只是因为你摊开它们的时候，它们能保持平整。多数笔记本都想合拢起来。

《巴黎评论》：你写到哪个阶段，才从手写转到电子媒介？

大卫·米切尔：一旦我急于用一种整洁的屏幕字体，看到我的文字，只要我手边有笔记本电脑就行，这意味着，如果我在家里，那么只要几小时之后就行，如果我在外面，那就是几天之后。

《巴黎评论》：你一天能写几小时？

大卫·米切尔：假如时间充裕，或许能写十个小时，但我有两个年幼的孩子，所以我只能要么做个不太像样的老爸，要么做个整日写作的作家。我没法两者兼顾。按目前状态来看，不怎么出活的日子，我能写三个小时，出活的日子，我能写六七个小时。

《巴黎评论》：写到五六个小时的时候，你的效率还在？

大卫·米切尔："写作"二字包含多种活动，就像种地一样。翻耕处女地——写新场景——需要有新鲜感，但也要精心打磨，核查事实，编写人物小传，如果做出新的决定，影响到前面的段落，还得重新编排文本——这种工作可以做五六七个小时。有时，不一定是什么时候，你会收到天赐的礼物——写出一些既扎实又生动的内容，还那么有趣，会让我忘记时间，直到我妻子忍无可忍，开始用种种噪声向我发出暗示。

《巴黎评论》：有些作家说，进入某种心境，就能文思泉涌。

大卫·米切尔：作家们谈起这类事情，听起来可能怪玄乎的。我真的很怀疑"灵感"和"创造力"之类的字眼，虽说我聊自己的作品，聊上半分钟，自己也会说出这些词来。有时我觉得，创造力就是能看出或发觉不同事物之间不甚明显的相似性——就像造出一个新鲜的比喻句，只不过还要复杂得多。一天晚上，我在广岛，忽然觉得，月亮掩藏在某种形状的云翳后面，看起来很像一片止痛药融化在一杯水里。我并没有努力写出那个明喻句，它就在那儿：可以说，我被这两种截然不同的事物之间的相似性给搞懵了。文学创作也可以是类似的过程。作家的现实世界和作家的虚构世界之间会有比较，这种比较就会转化成文字。不过别的时候，文学创作也可能是明明白白、老一套的苦差事，跟心境或灵感毫不相干。文学创作是创造世界，往世界里安排人物，用时间线和心痛来完善它们。

《巴黎评论》：你的书里有很多奇幻和科幻的内容。但也有很多历史方面的内容，尤其是《幽灵代笔》里写茶棚夫人的那一章。你尝试把整个二十世纪的中国史浓缩到一个章节里。

大卫·米切尔：去中国之前，我刚读完张戎的《鸿》，还有一本更学术化的中国史。有时候，身为局外人，反而不受熟视无睹这层幌子影响，或者不受审查制度影响，更容易从街道的形状、楼宇的奢华或粗粝中，看出历史给一个国家带来的影响。在日本的一位中国朋友曾怀疑地问我，你称之为"文革"的所有那些事——是你编的，还是当真发生过？许多日本青少年对他们的国家曾由美国人掌控过七年这件事知之不详——或者干脆一无所知，让人难以置信。我并不是说，外国人比本国人更了解一个国家——这怎么可能呢？——但外国人的视角或许有所不同，又或者，外国人的无知也会迫使他们采用不同的方式，去书写这个国家。

在中国，我跟一名会讲普通话的英国人同行，我们在一个茶棚歇脚，那儿有个老妇人坚持说，她的树上结了好几种果子。她说，尽管是一棵树，但一处结了苹果，这儿结了柿子，这儿结了胡桃——我觉得，这真是一种美妙而奇绝的陌生感，我从她身上找到了《幽灵代笔》"圣山"那一章的主人公和结构。

《巴黎评论》：在《幽灵代笔》中，我们见到了蒙古杀手苏巴托，他起初看起来没有多少深度，但后来发展成一个血肉丰满的人物，后来还在《九号梦》里再度登场。

大卫·米切尔：苏巴托是我让一部小说里的人物在另一部小说里重新出现的早期尝试。坏人很容易写砸。要写出詹姆斯·邦德式的猛男的确不难，但要写得好，写得聪明，这就是一项最高的要求了。《古拉格群岛》里有个令人难忘的段落，索尔仁尼琴谈到，恶不是一种人格类型，而是贯穿每个人心里的一根线，环境会把你放到线的这一侧或另一侧。要是我现在再写苏巴托，我会把他刻画得更丰满。

《巴黎评论》：《幽灵代笔》里有一句给作家们的金玉良言：要是你想写完一本书，就避开纳博科夫——他会让你觉得自己就像个乡巴佬。这一忠告是否源于痛苦的切身体会？

大卫·米切尔：没错，纳博科夫兼具尖刻的智慧和光彩夺目的想象力，令人自愧弗如。还有那词汇量！我以前常用 X 光透视般的眼光去读纳博科夫，力图描绘出他所刻画的线路图，还有他的手法是怎样的。

《洛丽塔》是一场教唆犯罪活动。你觉得，这个亨伯特·亨伯特是个可爱的恶棍。有了他的陪伴，生活变得多么有趣！然后有个地方，临近结尾的时候——这是英语文学中最让人心生寒意的场景之一——他意识到，洛丽塔已经失去了她的魔力。她再也不是从前那个柔顺的小仙女了。不过那没关系，他心想，因为我可以跟她再养个女儿，一切从头来过。这时你明白过来，你真的上当受骗了——这个名叫亨伯特的家伙是个心智不健全的危险人物，而你坐在他的车里，已经跟他同行了一百五十页。来人哪，快报警！

《巴黎评论》：《幽灵代笔》里有一句"穿过花园的无数条小径"令我印象深刻，这句话好像是在描述这部长篇本身。

大卫·米切尔：这句话要归功于博尔赫斯的短篇小说《小径分岔的花园》。博尔赫斯说，人类的生活是各种或然方向的枝蔓横生，我们只取其一，或者我们认为我们只取其一——长篇小说也是这样写成的。你从一张白纸开始写起，第一个词为第二个词打开了诸多可能性。如果你写的第一个词是 Call（叫），那么后面两三个词可能是"医生"或"我以实玛利"[①]。也可能是"应召女郎在星期六晚上的要价，往往高于……"第二句话为第三句话打开了诸多可能，就这样，我们挥舞着大砍刀，从我们选中或放弃的密密麻麻的选择中穿过。

《巴黎评论》：你如何创造没有传统意义上的背景的人物——比如动物园管理员，一个数字化的实体，它形象鲜明地出现在《幽灵代笔》后面的一章里？

大卫·米切尔：科幻作品往往会起用某种后备应急装置——"进取号"飞船[②]的计算机，就是一个没有实体、漂浮不定、声调平板的声音。我觉

[①] "叫我以实玛利吧"是美国作家赫尔曼·梅尔维尔长篇小说《白鲸记》的开篇第一句话。
[②] 进取号（Enterprise）是一个常见于欧美的海军舰艇名称，此处飞船当指科幻影视系列《星际迷航》中的同名星舰。

得，哈尔（HAL）①就是典型的进取号计算机，只不过经过了库布里克的提炼，他很擅长化腐朽为神奇。我很好奇，我们称为原创性的这种东西，是否就像一台靠两个电极来发动的电动机，一个电极是旧套路，一个电极是新转变，或者说是熟悉与新颖。塞缪尔·戈尔德温②是怎么说的来着？"咱们来点儿新鲜的俗套吧。"如此令人安心、富有母性的 HAL，怎么也会行凶杀人？它理应不会，但它的确如此，这就是原创。倘若某种事物缺乏深度，或者缺乏新意，就应该这样来调整：找出它的某种不太可能成立的对立面，将它们煞有介事地糅合在一起。

《巴黎评论》：在《九号梦》里，你描述一名歹徒的嗓音"就像砂纸一样干燥"。他有着"深坑般的眼窝、丰满的嘴唇、色泽斑驳而起皮的皮肤——年轻演员扮演老年角色时用的那种皮肤，眼角有个疣子，比情欲勃发的乳头还大。"

大卫·米切尔：天哪！

《巴黎评论》：你不喜欢吗？

大卫·米切尔：我不确定。奥威尔曾批评狄更斯，说他的作品像破烂的建筑，却有着出色的怪兽状滴水嘴，为之增色③，我是否也犯了同样的错误？"他的声音就像砂纸一样干燥。"我觉得这话来自大卫·鲍伊对鲍勃·迪伦嗓音的形容，说后者的声音就像砂子和胶水。至少"深坑般的"（cavernous）是个贴切的词。它给人的感觉有点像"尸体般的"（cadaverous）。"丰满的嘴唇"（plump lips）也还行——里面的 ps 读起来有点爆破感：丰满的嘴唇。年轻演员扮演年老角色时的化妆，这样写能讲得通。化妆总是看起来不对劲儿，不是吗？"情欲勃发的乳头"未免有些洋

---

① 哈尔（HAL），斯坦利·库布里克科幻电影《2001 太空漫游》中掌控飞船的超级电脑。
② 塞缪尔·戈尔德温（Samuel Goldwyn, 1879—1974），美国著名电影制片人。
③ 乔治·奥威尔曾撰文《查尔斯·狄更斯》，在其中提到狄更斯的作品有重局部而轻整体的问题，犹如"破烂的建筑"却有着"美妙的怪兽状滴水嘴"。

洋自得了。我觉得，这就是写作——要做大量的斟酌取舍，什么搭配什么，什么机智却不老实，什么太过老实已是老生常谈，什么华而不实——只为完成一幅简短的速写。

《巴黎评论》：你把《九号梦》献给你太太惠子。她会读你的手稿吗？

大卫·米切尔：我写那本书的时候，我们正在约会，我们聊那本书聊得很多——预先品尝到了未来的滋味，可怜的姑娘。她是我的第一位读者，不论手稿的内容是否跟日本有关。不论《九号梦》有何优点，它们都在很大程度上受惠于她。

《巴黎评论》：我注意到了《九号梦》里的这个句子："云图翻卷着它的页面。"

大卫·米切尔：哇哦，《九号梦》里有这句话？这样说来，这个词萦绕在我脑际的时间，比我发觉的还要早。"云图"是日本作曲家一柳慧的一支乐曲的名字，他是小野洋子的第一任丈夫。我买下那盘CD，只是因为那支曲子的名字很美。《九号梦》的名字取自小野洋子更出名的那位丈夫的歌曲[①]，这让我感到愉快，但我不能无限期地复制这一模式。

《巴黎评论》：《九号梦》的题词来自唐·德里罗："忘却现实要比舍弃梦想容易得多。"

大卫·米切尔：书里最妙的句子，却并非出自我手。

《巴黎评论》：这话与你笔下的主人公咏尔——一个耽于幻想的幻想家，梦想着见到素未谋面的父亲——之间的联系显而易见，不过《九号梦》与德里罗之间有没有更深层的联系？

大卫·米切尔：那段时间，我读了《地下世界》，它给我留下了深刻

[①] 即约翰·列侬创作的同名歌曲《九号梦》，收录于其1974年发行的专辑《墙与桥》。

印象,随后我又读了《毛二世》和《美国志》,那句题词就是《美国志》里的——不过我不认为,我们的写作有着更深层的联系。德里罗是个比我更有想法的人——就这点而言,他胜过我知道的任何一位小说家。

《巴黎评论》:那《九号梦》与村上春树呢?

大卫·米切尔:那时我对村上的作品十分着迷——尤其是《奇鸟行状录》。我当时在日本生活,多少有些疏离,不确定哪里是书中世界的边界,哪里是身边真实世界的起点,在那种很容易被渗透的状态下,我有些太容易受到影响了。我希望书里有足够多的个人印记,能确保它不只是对村上的致敬或模仿——但我并非作出这一判断的最佳人选。

在《九号梦》里,或许我在安排故事线的数量方面,做得有些过火了。我以前会说,我正在探索小说的叙事饱和点,好尽量让自己显得聪明些,但现在嘛——你没有厌倦"实验小说"这个说法吗?如果我能直截了当、像模像样地提出一些理论,或许我会忍不住尝试一下,但我做不到,我宁愿通过人物塑造来探讨人的内心,通过故事情节来道出人的状况。许多大师都是这样做的——契诃夫、塞林格、奥斯丁。当一位作家按下暂停键,朝我扭过头来,说,现在我要给你讲讲人生,亲爱的读者,我会想,最好能讲得精彩些,倘若做不到,这位亲爱的读者就会借故离开。

《巴黎评论》:在写作之外,你是个擅长讲故事的人吗?

大卫·米切尔:不是。我讲不好笑话,要是我说得太多,朋友们就会觉得厌烦。

《巴黎评论》:你是怎么想出《云图》的结构的?

大卫·米切尔:我第一次读卡尔维诺的《如果在冬夜,一个旅人》时,并不知道这是怎样一本书。我还以为读到后面,就会重新回到叙事中断的地方,我也很希望是这样。结果读完这本小说后,我有点受骗的感觉,卡尔维诺并没有沿着开头往后讲——当然,这也是整本书的旨趣所在。但有个声音在这样说:如果在这本书的末尾放一面镜子,你接着读完这本书的后一半,让它带你回到开头,看起来又会是什么样?从十八九岁起,这个想法就一直萦绕在我的脑际,通过我的第三部长篇,它终于来到了队列的前面。

《巴黎评论》:《云图》中的第一位叙述者亚当·尤因,是怎样突然闯进你的头脑的?

大卫·米切尔:尤因是慢慢走进焦点,而不是突然闯进来的。我花了好几个月,阅读十九世纪的东西,大量梅尔维尔的作品,还有理查德·亨利·达纳(Richard Henry Dana)的《两年水手生涯》(*Two Years Before the Mast*)。我还读了贾雷德·戴蒙德的《枪炮、细菌与钢铁》,我发现了有关莫里奥里人的小段内容,他们是新西兰以东查塔姆群岛上的原住民,这非常诱人。我想找出办法把这件事写进书里,我还读到,旧金山真有一个姓尤因的人,此人的来历没有历史记录可查——幸亏一名莫里奥里末裔把他的来历告诉了他。

《巴黎评论》:你是不是先写出第一个故事的前一半,然后开始写第二个故事的前一半,这样进行下去?

大卫·米切尔:不。我是从头到尾地写出全部六个中篇,不过在写每一篇的时候,我都很清楚,应该从哪里中断开来。

《巴黎评论》:第一次中断发生在句子的中间,让经验不足的读者大为惊讶。

大卫·米切尔:惊讶不是坏事——只要读者没有惊讶到半途而废,把书丢进慈善商店就好。

《巴黎评论》:第一章——尤因的叙述前半部分——本身也被野蛮人奥拓华(他的名字 Autua 是个回文词)的故事所打断,所以说第一章反映出

317

了整本书的样式。或者这是一种过度解读?

大卫·米切尔: 存在过度解读这回事吗?它不在我的总体设计里面,并不意味着它不存在。书里的确会有一些事,作者因为太沉迷于把故事讲得活灵活现,没有注意到它们。自夸一点地说,《云图》这部长篇里呼应了谁,背离了谁,与谁互为参照,就连作者都不甚了然。这并非独一无二的情况——许多作家可以就许多书说出这番话来。

《巴黎评论》: 食人行径在《云图》中表现得颇为突出——在《雅各布·德佐特的千秋》里也有出现。

大卫·米切尔: 一位作家往往只有数目较少的一类主题,不论你多么努力,想要写些别的东西,它们总会重新出现,就像打地鼠游戏里不可摧毁的地鼠一样。我的一个连续出现的主题就是弱肉强食——吃人就是弱肉强食古老而原始的表现形式之一。我记得上学时看过一部有关动物的纪录片,里面有头猎豹成功地追上了一只羚羊。当猎豹把羚羊撕成碎片时,一个名叫安吉拉的可爱女孩说,哦,小姐,这太残酷了。老师回答,是的,安吉拉,不过大自然就是残酷的。

这是我与道德相对主义的早期相遇。没错,一只无辜的羚羊被撕成了碎片——但可怜的猎豹夫人和她那六只可爱的猎豹宝宝呢?难道我希望它们变得瘦削饥饿,被鬣狗逐一消灭吗?那可怜的鬣狗宝宝呢?我们可以一直推究下去……最终会遇上这样的问题,什么才是残酷?不久之后,还会遇上,什么是恶?作为小说家,我想要得到答案,以便为折磨我笔下主角的反派们提供看似合理的动机。

有一个评说恶的名句,是艾萨克·巴什维斯·辛格的短篇小说《月亮与疯狂》末尾的一句话:"别傻了,雷布·扎尔曼。月亮明亮照人。天堂是光明的。恶不是别的,只是一卷疯狂而已。"我愿意把辛格的话和索尔仁尼琴的看法加以平衡,当时索尔仁尼琴在谈论那些将他逮捕并押入劳改营的密探。这位作家心想,自己原本很有可能谋至他们的工作——意外事件是多么容易把他轻推一把,让他穿上压迫者的制服。这个令人为之屏息的高尚观点暗示，善与恶之间在道德上的距离，可以被人用一长串的小碎步悄然越过。身为人类，我相信，人们必须理解这串脚步。作为一名靠别人养活的小说家，我觉得这串脚步迷人、重要，可以用在小说里面。文学的力量之一，就是它能回溯得足够久远，找出堕落行径背后的原因。伊阿古这个人物是《奥赛罗》最大的亮点，也是这部戏的动力引擎——为什么这个家伙会因为整桩不幸而兴高采烈？他真的可以只因本性邪恶就行事邪恶吗，就像他让我们相信的那样？他的心灵是否被辛格所说的一卷疯狂所渗透呢？或是别的什么情况？莎士比亚没有解答这一问题，正因如此，所以他的剧作如今仍在上演，所以他才是他，所以他才是一位披着伊丽莎白时代剧作家外衣的小说家鼻祖。

《巴黎评论》：显然，你对轮回转世很感兴趣——《云图》中有这样的暗示，每个新章节里，都有一个曾在前面的章节里出现，又在后世转世重生的人物。《雅各布·德佐特的千秋》中暗示，其中的一个重要人物马里纳斯医生已经重生了多次。你当真相信轮回转世吗？

大卫·米切尔：我很愿意相信轮回转世，但答案是不信。不过碳元素和氮元素会进入循环，这让人感到宽慰。至少在生物学意义上，轮回是个事实。所以不妨把骨灰捐给果农。

《巴黎评论》：《雅各布·德佐特的千秋》里的榎本为了长生不死，犯下食人的恶行。在你心里，食人行径和轮回转世有联系吗？

大卫·米切尔：此时此刻，你我都在把我们吃掉的午餐转化成表皮细胞、脑细胞、血液、黏液、精液、毛发、脚趾甲，等等。榎本的做法也是一样，只不过是精神层面的：他采食灵魂，以确保自己的灵魂永远不会脱离肉体。

《巴黎评论》：在你的作品中，还有另外一种轮回转世——你让人物重新出现在一部又一部长篇里。

大卫·米切尔：我会喜欢上我创造出来的这些人物。在成年后的生活里，我跟蒂莫西·卡文迪什或雅各布·德佐特等人共度的时光，比我跟骨肉至亲的父母兄弟还要多。任由他们烟消云散，感觉很像把一只不方便养下去的猫丢弃在水库旁边。另外还有一个实用的理由——我就以福斯塔夫①为例吧，不过用杰克·斯帕罗船长这样的人物为例也行：因为福斯塔夫出自历史剧，所以我们在《温莎的风流娘儿们》中对他的了解就会有所不同，更加丰富。当他和年轻的哈尔在一起时，我们对他投入了感情，当他在《温莎的风流娘儿们》中登场时，这些感情还在。对人物和背景的看法是可以保留下来，过渡下去的。所以才会有续作的存在。

《巴黎评论》：《云图》中的未来章节，关于"人造人"星美的内容，写起来有没有什么特别的难处？

大卫·米切尔：的确：首先，她说起话来是怎样的？我是在用英语写一个英语已经不复存在时的人物，一个通过基因工程造就出来、只会运用几百个单词的人物，她生活的世界简直是未来的一家地下麦当劳。她的声音是什么样的？这比电脑 HAL 的问题还难办。我记得自己再三重写，最后我就像那个桌子不稳的老笑话里讲的那个笨蛋，最后他把桌子腿削得只留一个桌面了。

《巴黎评论》：你让星美说出了这样华丽的语句，比如："山里的星星可不像城里天上那些可怜的小点；它们圆鼓鼓地挂在那里，滴落着光芒。"

大卫·米切尔：在《绿野黑天鹅》里，我可以让十三岁的杰森·泰勒说出这样的话，因为他是个孩子；他没有完全掌握词语搭配的规则，或者他没有成人在语言方面的那种自我审查。鉴于他对词语痴迷不已，就算他并非什么神童，也偶尔能触摸到诗意。但星美其实并没有权利用如此抒情的语言来说话。多亏她注射了药物，她的智能才有所提升，但那种提升会

---

① 莎士比亚戏剧人物，曾先后在《亨利四世》《温莎的风流娘儿们》这两部戏剧中登场，在《亨利五世》中亦有提及。后文他与哈尔王子的故事见于《亨利四世》。

如何反映在她的语言里？老实说，我觉得我最后把这个问题给蒙混过去了。

《巴黎评论》：《云图》中更引人瞩目的一句话，有着格言警句般的品质："人的不知餍足催生了文明，但人的不知餍足也毁掉了它。"

大卫·米切尔：用达尔文主义者的话来说，让人类得以成功的，是我们利用环境的能力，如今这一能力给我们带来了灭绝种族的威胁。电影《黑客帝国》里的史密斯探员将行事轻率的人类比作病毒，很好地表达出了这一感受。他只是努力做好这份很有价值的工作，将这些自我增殖的生命体——我们人类——纳入并不显眼的控制之下。或许猎豹也会就羚羊说出同样的话。

《巴黎评论》：《云图》取得的成功，对你的职业生涯来说有多重要？

大卫·米切尔：它卖了不下五十万册——按照全球畅销书的标准来看，仍然只是零头，不过对我来说已经不错了，还要多谢理查德与朱蒂图书俱乐部，其在英国的地位堪比奥普拉。商业和媒体的支持，使我可以靠这份职业维持生计，我可不是要挑刺，但我不擅长应付这个，它也会干扰写作。刚写完的书出版时，我总是确保自己沉浸在下一本书里，所以我总有一个内心世界，让我可以继续工作。

《巴黎评论》：《绿野黑天鹅》和《云图》是否就是这样，在创作时间上有所重合？

大卫·米切尔：其实我开始创作《绿野黑天鹅》，也就是几年前的事。二〇〇三年，我正在给《云图》收尾，《格兰塔》杂志请我提供一则没发表过的短篇，当时我手头只有几篇速写，写的是我长大的那个世界。我不想从《云图》的结局上太过分心，于是我决定把这几篇速写敲敲打打，凑出一个可以发表的短篇。就这么着，我开始了下一部长篇小说的创作。

《巴黎评论》：你有没有像杰森·泰勒那样，用笔名给教区的报纸写诗？

大卫·米切尔：有过。

《巴黎评论》：你用的笔名跟杰森的一样吗：艾略特·玻利瓦尔?

大卫·米切尔：詹姆斯·玻利瓦尔——这是美国科幻小说作家哈里·哈里森笔下一个人物的名字。我以前从未跟人说过。原因嘛，你懂的。

《巴黎评论》：你是否像杰森一样，去看过语言治疗师?

大卫·米切尔：完全一样，也是在十三岁左右。像杰森一样，我会去看，当着治疗师的面，我的口吃会消失得无影无踪，不过到了第二天，我的口吃又回来了。《绿野黑天鹅》取得了一个令人满意的结果，就是这本书如今出现在了英国语言治疗师的授课大纲上。但愿这本书对每个想了解语言障碍亲历者记录的人，都能有所帮助。在我的大半生里，这一课题都是足以让人瘫软无力的耻辱之源，家人和朋友小心翼翼地加以回避。他们是一片好心，但要解决某个问题，必须直呼其名，予以探讨，加以思考。在写完《绿野黑天鹅》第二章的时候，我意识到，这就是真实、现实和自由。我的感觉有点像想象中男同志出柜的滋味。谢天谢地——好吧，其实应该谢我——我再也不用伪装了。如今，我更能体会到，如果别人对我的口吃有看法，那是他们的问题，不是我的问题。几乎有些好斗。如果杰森出现在今后的书里，他会成为一名成年人的言语治疗师。

《巴黎评论》：你塑造杰森·泰勒的时候，有没有自问，那个年龄的大卫·米切尔是什么样呢?

大卫·米切尔：没错，很大程度上是这样。很可能，记忆行为是一种虚构行为，而虚构行为在很大程度上有赖于记忆行为。尽管杰森和我在青春期表达自我的声音十分接近，但他的声音不那么容易拿捏准确，因为它必须得让成年读者感到既合理又有趣。

《巴黎评论》：你在写完三部长篇之后，又写出一部处女作长篇，这可真够反常的。

大卫·米切尔：在我开始这份挠头的职业时，我自己的背景经历对我的吸引力并不高，不足以让我写它。来东京寻父的海岛少年；沙林毒气袭击者；坐落于太平洋中部的、衰朽的未来文明——这些才是吸引我的东西。我写完三本书才意识到，太阳底下的任何事物都不乏趣味，只要写得够好就行。契诃夫能把黯淡无光、令人失望的沉闷内容变得引人入胜。

《巴黎评论》：《绿野黑天鹅》的结构经过精心编排。

大卫·米切尔：若是把结构搞错了，那刚起步不多久就会完蛋。若是没搞错，你就不至于手稿作废、数月写作付诸东流。只要结构富有新意，最终写出的长篇或许就会与众不同。所以没错，《绿野黑天鹅》的结构经过精心编排——像所有还算像样的书一样，但结构也并不复杂，十三个月里，每月一个短篇。写完《云图》之后，我想从复杂当中抽身，给自己放个假。我当时在读雷蒙德·卡佛、约翰·契弗和艾丽丝·门罗的作品——这三位都是了不起的"不玩花招"的家伙。在写完一部一半像中国套盒、一半像俄罗斯套娃的长篇之后，我想看看自己能否写出这样一本引人入胜的书：讲一个貌似平凡的男孩囿于貌似平凡的时空，没有任何鬼花招，没有烟花——只有老派的内容。

《巴黎评论》：不玩花招，但有足够多的故事。你的长篇全都充满了故事——故事里套故事再套故事。包括你最新的长篇《雅各布·德佐特的千秋》。但它别具一格，或许是因为，就我所知，它没有跟别的长篇共有的人物——或许只有一只月灰色的猫是例外。

大卫·米切尔：这是年代编排的结果——《雅各布·德佐特的千秋》的时间背景要比我的其他作品早五十年。不过小说末尾处，女先知号上的年轻海军准少尉贝尔哈弗，正是《云图》中女先知号上的大副贝尔哈弗，眼尖的读者或许会发现，那个爱尔兰木匠跟《幽灵代笔》里的爱尔兰裔粒

323

子物理学家同姓,他们的老家都是西柯克地区。

《巴黎评论》:这本书的源起是怎样的?

大卫·米切尔:在日本度过第一个新年假期时,我独自一人,在这个国家转了转。在长崎,我在错误的站点下了有轨电车,发现有些建筑看起来,像是更早的世纪落成的。结果它就是出岛①博物馆。我在那儿待了一天,写了半本笔记本。那是一九九四年,我当时还没真正尝试写小说,但那个地方令我着迷。那是怎样一扇窗,怎样一个猫洞啊,它连接着欧洲和日本,足有二百四十年之久。我们以为当时的日本是个封闭的国家,其实不然——日本有出岛这个钥匙孔,可以向外窥看,及时了解国际事件,观察试图忽视欧洲崛起和欧洲新技术的各国各民族遭遇了何等命运。此外,出岛颠覆了常见的东方学术语——在这座小小的人工岛上,是白人被关进畜栏、遭到盘剥,被当成西洋景。塞斯·诺特博姆说,所有国家都各有差异,但日本的差异很异样。出岛就是一朵连差异都很异样的文化奇葩——即便在日本和荷兰,也很少有人知晓它的存在。我怎么会不想写它呢?

《巴黎评论》:你认为《雅各布·德佐特的千秋》是离开了四部长篇小说确立的道路,还是沿着它前进了一步?

大卫·米切尔:它还在同一条道路上,只是这条路穿过一扇门,进入了一片新的园地。

《巴黎评论》:这是你第一次大量——几乎是排他地——使用第三人称。

大卫·米切尔:我试过用第一人称来写,感觉就是不对头。这本书给我带来了很多麻烦,所以才用了四年来完成。我重写了两遍,只有在我尝试用第三人称来写的时候,它才生动起来。然后我不得不决定,哪些人物

---

① 出岛,日本江户时代建造的人工岛,在锁国政策实行期间此岛专供荷兰商人居留。

的心声是我们能够听到的。最后,我设计了一条规则:每一章里只有一个首要观察者,他戴着一台假想的、正在录像的数码摄像机,就像煤矿工人戴的帽子,上面有一根监听其大脑活动的长针,于是他的所思所想——只不过只有他的——就能被读者所知晓。

《巴黎评论》:这是否打开了一片新天地?

大卫·米切尔:我感到如释重负,这样十分基础的东西——第三人称叙述者——终于被纳入到我的写作技艺工具箱里了。

《巴黎评论》:那对话呢?你从一开始就具备写好对话的技巧。

大卫·米切尔:对话是一座建成一半的房子。去年,我听过英国犯罪小说作家大卫·皮斯(David Peace)的讲座。大卫是一位第二人称叙事的专家,有位听众发问,第二人称叙事有什么吸引他的地方。大卫不动声色地回答,嗯,它介于第一人称和第三人称之间。用对话驱动叙事,是一种更为传统的手段,这样写既能获得第一人称的联络效果,又有第三人称的与作者相分离的效果。对我这样有第一人称依赖问题的人来说,这是一种灵活变通的手段,可以把活动范围拓展得比第一人称的写法通常允许的更远。对话可以成为披露情况的手段——你可以只通过人物的斟词酌句,就偷偷夹带进去很多与之相关的信息。在看到我儿子的一张婴儿照时,一位上了岁数、还有点种族歧视的亲戚惊呼道,他看起来根本不像日本人!我并没发火,而是在心里默默感谢她,感谢她让我想起,人的斟词酌句可以说明很多问题。我还心想,有朝一日我要用上那个句子。

《巴黎评论》:梅尔维尔是否对《雅各布·德佐特的千秋》有所影响?

大卫·米切尔:你要书写十九世纪和海洋,不可能没有梅尔维尔的长长阴影落在你的笔记本电脑上。他就在那儿,而且他写得很好很好。不过我不确定,我对他的崇敬对塑造这本书有多么直接的影响。

《巴黎评论》：书中有一处写到，一个奴隶在给主人的喉咙那儿剃须时，起了杀心——这似乎清楚地借鉴了《班尼托·西兰诺》[①]。

大卫·米切尔：那是无心的——不过没错，这是一处响亮的呼应。另一方面，假如你我是十九世纪的奴隶，主人是一个腰身肥胖的白人酒鬼，连胡须都懒得自己刮，难道我们不会每天冒出同样的想法吗？

帕特里克·奥布莱恩[②]的作品是描绘拿破仑时代海上生活的宝藏。梅尔维尔急于展示他身为文人的资格，而奥布莱恩，像许多二十世纪或二十一世纪作家一样，愿意采用仿照历史的写法。奥布莱恩笔下既有粗俗也有高贵——他笔下的人物打嗝、放屁、感染淋病、使用当时的俚语。因此在我的笔记本里，更多的内容趋向奥布莱恩，胜过梅尔维尔。

《巴黎评论》：那约瑟夫·康拉德呢？

大卫·米切尔：他的短篇《青春》里有这么一个优美的段落，写到你在亚洲的第一次登陆，以及这一幕如何会在你的余生里让你魂牵梦萦——从那以后，一切都走上了下坡路。《雅各布·德佐特的千秋》的结尾部分也有一些这样的韵味。我们都会把我们的青春浪漫化，不过若是青春跟东亚纠缠在一起，那么那种渴望和失落感都会被放大——对个中缘由，爱德华·萨义德或许会加以嘲笑，谁知道呢，或许他的嘲笑自有道理。不过康拉德并未过甚其辞，我也没有，所以或许我们只要接受批评就好。

《巴黎评论》：你告诉过我，你很欣赏兰佩杜萨的《豹》。当你着手创作自己的历史小说时，有没有想到这本书？

大卫·米切尔：起初，我有些鲁莽地暗想，要是不能尽量把它写得像《豹》一样好，还不如别麻烦了。所以后来，我遭到了兰佩杜萨幽灵的干扰，他在我的肩头那儿（夹在梅尔维尔和爱德华·萨义德的幽灵中间——

[①] 《班尼托·西兰诺》(*Benito Cereno*)，赫尔曼·梅尔维尔发表于1855年的一部中篇小说。
[②] 帕特里克·奥布莱恩（Patrick O'Brian，1914—2000），英国小说家、翻译家，因创作以拿破仑战争时代为背景的海洋惊险小说而蜚声文坛。

真是一间拥挤的小屋）说，呸。

我立志写出像《豹》一样优秀的作品，是有些失之轻率，但我并不为此感到难为情。过去意义重大——随着时代精神的脚步开始超过日渐老去的小说家们，过去可以充当一处不失尊严的庇护所。

《巴黎评论》：《雅各布·德佐特的千秋》涉及翻译的问题，荷兰语和日语的翻译，后来还有英语。不同语种的人物之间的对话难不难写？

大卫·米切尔：我的另一个一再重复出现的地鼠式主题，就是文化的错位。但这本书让我意识到，还有一个主题：沟通不畅。口吃也是无法说出自己想说的意思。同样，这本书里的许多人在重要关头，无法表达出自己的心意。在初稿中，我一直在努力设计出巧妙的办法，绕开语言的藩篱——后来我意识到，这道藩篱也可以为这部长篇所用，而不是妨碍它。于是我让笔下的人物困在语言的囚牢里，望着他们努力地挣脱出来。

《巴黎评论》：你还常为了让一个时代能够了解，去呈现另一个时代的风貌。你有没有动过采用古语的念头？

大卫·米切尔：起初我是这么做的，我大肆攻读十八世纪狂人斯摩莱特和菲尔丁的作品，列出了庞大的词汇表，准备将它们纳入我的文本——结果进行到 Blackadder[①] 这个词就半途而废了。

《巴黎评论》：你有没有看到，助产士织斗这个人物的工作，与作家的工作之间存在着联系？

大卫·米切尔：小说家更像怀孕的女人，在无人帮助的情况下生出她的孩子。是个混乱的过程，伴有大量的呻吟声。

《巴黎评论》：你之前说过，你不相信"灵感"这样的词能描述创作

[①] 苏格兰一村庄与河流的名字。

过程……

大卫·米切尔：我甚至不相信"创作过程"这个词。

《巴黎评论》：那这个隐喻呢？你让书中一个无足轻重的恶人说："讲故事的人并非能沟通某个精神国度的神职人员，而是饺子工那样的手艺人，只是动作要慢上一些。"

大卫·米切尔：我必须坦白，这又是唐·德里罗的话，出自《毛二世》——不过我用饺子工替换掉了原来的甜甜圈师傅。

《巴黎评论》："灵魂是个动词，而非名词。"马里纳斯医生这样说过。他是个富有智慧的人。他也是作者的代言人吗？

大卫·米切尔：他是作者的代言人之一。他比创造他的人更有智慧。这本书的读者并不知道，但在《雅各布·德佐特的千秋》里面，马里纳斯医生正在度过他的第二十八世人生。

《巴黎评论》：雅各布和马里纳斯在出岛遭受炮击时，如有神助般地获救，很大程度上是因为他们当时正在背诵一首赞美诗——这是否使得信仰在小说里的科学与信仰之争中略占上风呢？

大卫·米切尔：但愿这部长篇没有成为一架重此轻彼的天平。我不是基督徒，但我不喜欢如今英国文化中贬低基督教信仰的风气，基督教信仰曾经——如今也是一样——激励虔诚的人们在旁人不敢冒险的场合，做出人道主义的善行，从废除奴隶制到向感染艾滋的孤儿提供食物，不一而足。当然，基督教也能激励人们做出不那么值得称道的事，不过这些例子已经被世俗社会大肆宣扬过了。

在《雅各布·德佐特的千秋》里，我想塑造一个浸淫于新教，但同样值得尊敬的人物。马里纳斯并非基督徒，但他相信人的信仰。

《巴黎评论》：你是否这样设想过，或许到下个世纪，你的小说仍会被人阅读?

大卫·米切尔：最好别那样想。奥尔罕·帕慕克曾在《巴黎评论》的访谈中说过，近十年出版的不计其数的长篇小说，再过两个世纪，仍然被人阅读的只有一小撮，所有作家在某种程度上都希望，他们的作品会是其中之一。我也一样，不过为未来写作，是我能想到的保证被人遗忘的最佳方式。让你的作品尽量优秀，尽量经得起风浪，尽量人性化，那它或许就能渡过这段距离，但历史是一位难以预料的法官。《安娜·卡列尼娜》《项狄传》《格列佛游记》，它们肯定没问题，但哪位十九世纪的评论家能预见到，二十一世纪仍有人读《汤姆叔叔的小屋》《小妇人》或《爱丽斯梦游奇境》呢？

《巴黎评论》：你的第一部长篇小说出版后，你的雄心有没有什么变化？

大卫·米切尔：我的第一部长篇问世时，我没有任何雄心——我只希望它的销路还算不错，能帮我争取到第二部和第三部长篇的合约。如今，我的雄心只是在有生之年，作为职业小说家继续工作下去。

《巴黎评论》：事到如今，这一点不是很有保证吗？

大卫·米切尔：我不相信保证，不过但愿如此。天知道我还能做什么。

《巴黎评论》：做饺子工怎么样？

大卫·米切尔：或者甜甜圈师傅——你能不能帮我跟德里罗说点好话？

（原载《巴黎评论》第一百九十三期，二〇一〇年夏季号）

329

米歇尔·维勒贝克

◎丁骏/译

"你喜欢'傀儡乐队'①吗?"采访第二日,米歇尔·维勒贝克这样问我。他放下手中的电子烟(他每吸一口,电子烟就会发出红光,产生水汽,而不是烟),慢慢从他的蒲团沙发上站起来。"伊基·波普②根据我的小说《一个岛的可能性》写了几首歌,"他说道,"他跟我说那是过去十年里他唯一爱读的一本书。"这位法国健在的最著名的作家打开他的苹果手提电脑,小小的厨房间里顿时充满了那个已经成为朋克传奇的沙哑声音,它在唱着:"死了也挺好。"

米歇尔·维勒贝克一九五八年③出生在法属留尼旺岛,靠近马达加斯加岛。如他的官方网页所言,他的波希米亚父母,一位麻醉学家和一个登山导游,"很快对他的存在不再感到任何兴趣"。他没有一张自己童年时的照片。最初他在阿尔及利亚与外祖父母住了一段时间,从六岁开始他在法国北部生活,由他的祖母抚养成人。维勒贝克过了一段没有工作、被抑郁症所困的生活,几度进出精神病院,之后他在法国国民议会里找了份做技术支持的活。(国会成员们"非常友好",他这么说)

维勒贝克在大学时就是个诗人,一九九一年他写了一本研究美国科幻小说作家 H.P. 洛夫克拉夫特的书,深受好评。三十六岁那年他发表第

---

① 傀儡乐队(The Stooges),组建于 1967 年的美国朋克乐队。
② 伊基·波普(Iggy Pop, 1947—),美国音乐人,"傀儡乐队"创建者。
③ 维勒贝克的出生年份存在争议,其出生证明显示他生于 1956 年,但他一直坚称自己实际生于 1958 年。《巴黎评论》访谈者在此处采用了作家自己的说法。

一部小说《战线的延伸》(1994)，讲两个电脑程序员的无聊人生。这部小说吸引了一小批狂热追捧者，还有一队粉丝受书的启发办了一份杂志，名为《直立者》，基于一个他们称之为"抑郁主义"的运动。(维勒贝克接受了名字登上刊头的荣誉，他说自己"并不真的明白他们的理论，而且，坦白说，也不在乎"。)他的第二部小说《基本粒子》(1998)混合了社会评论和直白的性描写，这部作品在法国卖了三十万册，令他成为世界瞩目的明星。由此也引发了一场延续至今的激烈争论，关于维勒贝克到底是个秉承巴尔扎克之伟大传统的了不起的现实主义大师，还是一个不负责任的虚无主义者。(一位一头雾水的《纽约时报》评论家将小说描述为"令人深深作呕"。另一位形容该书"在淫秽色情和精神错乱之间郁郁蹒跚"。)《直立者》的编辑们深受冒犯，认为这本书是维勒贝克对性解放运动的反动谴责，于是把他踢出了杂志。

几年之后，他的母亲出版了一本四百页长的回忆录，她感觉在《基本粒子》中有一些自传性质的部分，对她的描述很不公平。维勒贝克在他的公众生活中第一次也是最后一次获得了法国媒体的普遍同情，人们不得不承认，与这本自传中那个唯我独尊的女人比起来，《基本粒子》中对那位嬉皮母亲的苛刻描述简直可以算客气的。在她的巡回售书活动上，她问了一句很出名的话："有谁没骂过自己的儿子是个可怜的小蠢货呢？"

二〇〇一年，维勒贝克出版了《站台》，讲一家旅游公司决定积极促销泰国性爱游。在小说中，这一营销导致了一起穆斯林激进派发动的恐怖袭击。小说主人公表达的一些观点（"我每次听说一个巴勒斯坦恐怖分子，或者巴勒斯坦孩子，或者巴勒斯坦孕妇又在加沙地带被枪杀，我就会想又少了一个穆斯林，然后一阵激动。"）引发了关于作者有厌婚症和种族主义的控诉，维勒贝克至今还得用行动来赢得人们的原谅，他明显为此感到难过。"您怎么有胆量写那些东西？"我问他。"哦，很容易。我就是假装自己早已经死了。"

在推荐《站台》的一次采访中，维勒贝克说了一句如今已是恶名昭著的话："Et la religion las plus con, c'est quand meme l'Islam."（不尽如人意的温和翻译是"伊斯兰是最愚蠢的宗教"。)他被一个民权组织以散布仇恨言论的名义起诉,但他靠言论自由一说胜出。"我没觉得穆斯林已经成了一个动不动就上纲上线的群体,"他解释道,"我知道犹太人确实是那样的,随时随地要找出点反犹意识来,但是穆斯林嘛,说实话,我真是没跟上这变化。"二〇〇五年他出版《一个岛的可能性》,讲未来的克隆人族群。

维勒贝克素来有醉酒和向采访他的女人献殷勤的名声,所以我按响他在巴黎的短租小公寓的门铃时,心情略微有点忐忑。但是我们一起度过的两天中,他礼貌周全,还有些害羞。他身着一件旧的法兰绒衬衣,脚上穿着拖鞋,他的慢性湿疹显然正处于发作期。采访的大多数时间里他都坐在那个蒲团上,抽着烟。(他想从一天四包的量减下来,所以才会有电子烟)我们说法语,偶尔才用英语,维勒贝克的英语听力没问题。我的每个问题一出口,都是一段葬礼般的寂静,他总是吐着烟,闭着眼睛。我不止一次心想他该不会已经睡着了吧。最终,他会给出答案,以一种精疲力竭的单一音调,直到第二天他的声音才略微有了点精神。他后来发来的邮件也都是兴之所至,让人着迷。

维勒贝克已经获得很多重要的法国文学奖,尽管不包括备受瞩目的龚古尔奖[1],法国文学界诸多人士认为这有失公允。他还出版了几本诗集和散文集。有几首他的诗被谱成歌曲,维勒贝克在巴黎的一些夜总会里演唱过。法国第一夫人,卡拉·布吕尼-萨科齐还录制了一首改编自他的诗作的歌曲。最近,伯纳德-亨利·列维,另一位不讨法国人喜欢的公共知识分子,与维勒贝克合著了一本书《公敌》,收录两人之间的信件往来,英译本将于明年冬天出版。他最近一部小说《地图与疆域》今年九月在法国问世。

维勒贝克目前单身,曾两次离婚,第一次婚姻有一个儿子。从二〇〇〇年起他住在爱尔兰的西海岸,夏天在安达卢西亚的公寓度过。

——苏珊娜·哈尼维尔,二〇一〇年

---

[1] 2010年11月维勒贝克已经凭借后文提及的《地图与疆域》获得了这项法国文学最高奖。

《巴黎评论》：谁是您的文学前辈？

米歇尔·维勒贝克：最近我也在想这个问题。我的回答一直都是波德莱尔曾经非常震撼我，还有尼采和叔本华，陀思妥耶夫斯基，后来还有巴尔扎克。这都是真的。这些是我崇拜的人。我也喜欢另外一些浪漫主义诗人，雨果、维尼①、缪塞、奈瓦尔、魏尔兰以及马拉美，既因为他们作品的美，也因为这种美所富有的骇人的情感张力。但是我已经开始怀疑是不是我童年时念过的书对我来说有更重要的意义。

《巴黎评论》：比如说呢？

维勒贝克：在法国有两位经典的儿童文学作家，儒勒·凡尔纳和大仲马。我一直更喜欢凡尔纳。而大仲马的作品太多历史的东西，让我感到无聊。儒勒·凡尔纳对这个世界有种海纳百川的视角，深得我心。世上任何东西都能引起他的兴趣。汉斯·克里斯蒂安·安徒生的故事对我的影响也很深。这些故事让我难过。然后就是《精灵狗》，威兰出版社出版，受共产党资助。我现在重读的时候意识到精灵狗史比夫的很多冒险都带有共产主义思想的色彩。比如，一个史前人会一个回合放倒当地的巫师，然后跟部落里的人解释他们不需要巫师，也没必要害怕打雷。这个漫画系列很有创新精神，质量高得非同寻常。

我读波德莱尔出奇得早，大概才十三岁，但撼动我生命的人是帕斯卡尔。那年我十五岁。我们全班去德国旅行，是我第一次出国，很奇怪，我带的书就是帕斯卡尔的《思想录》。我被下面这段话吓到了："想象这样一群人，他们戴着镣铐，全都被判了死刑，每天都会有几个人当着所有其他人的面被杀死；那些还活着的人在同伴身上看到自身的处境，互相伤心而又绝望地注视着，等待轮到自己的那一刻。这便是人类处境的写照。"我觉得这段话对我的影响非常深，因为我是由我的祖父母带大的。我突然意识到他们会死，而且可能很快就会死。我就是那时候发现了死亡。

---

① 艾尔弗雷德·德·维尼（Alfred de Vigny，1797—1863），法国诗人、小说家、剧作家，法国早期浪漫主义文学代表。

《巴黎评论》：还有哪些作者对您产生过影响？

维勒贝克：我读了很多科幻小说。H.P. 洛夫克拉夫特和克里福德·西马克①。《城市》是部杰作。还有西里尔·科恩布鲁斯②和 R.A. 拉弗蒂③。

《巴黎评论》：是什么让科幻小说如此吸引您？

维勒贝克：我觉得有时候我需要摆脱现实。在我自己的作品中，我觉得我是个现实主义者，还会略作夸张。洛夫克拉夫特的《克苏鲁的呼唤》有一点肯定对我有影响：他使用不同的视角。先是一段日记，然后是一个科学家的日志，跟着是本地一位白痴的证词。你能在《基本粒子》中看到那种影响，我从关于动物生物学的讨论到现实主义，再到社会学。如果不算科幻小说，给我最大影响的作品就都属于十九世纪了。

《巴黎评论》：您是十九世纪社会改革派的粉丝，尤其是孔德④，实证主义的创立者。

维勒贝克：很多人觉得孔德读不下去，因为他重复到简直疯狂的程度。从医学角度来看，他离精神错乱也不远了。据我所知，他是唯一一个试图自杀的哲学家。他因为一颗破碎的心跳进了塞纳河。他们把他拉了出来，他在疗养院过了六个月。而这位就是实证主义之父，实证主义被认为是理性主义的巅峰。

《巴黎评论》：您说自己是"老派加尔文主义鬼见愁"。这是什么意思？

维勒贝克：我倾向于认为存在对立的善与恶，而我们每个人体内的善

---

① 克里福德·西马克（Clifford Simak，1904—1988），美国科幻小说家，后文提及的《城市》是他的代表作。
② 西里尔·科恩布鲁斯（Cyril Kornbluth，1923—1958），美国科幻小说家。
③ R.A. 拉弗蒂（R.A. Lafferty，1914—2002），美国科幻小说家。
④ 奥古斯特·孔德（Auguste Comte，1798—1857），法国哲学家，实证主义和社会学创始人。

恶量是恒定不变的。人们具有固定的道德特性，至死不变。这类似加尔文主义的命定论，所谓人出生就已经注定了是获拯救还是下地狱，对此我们完全无能为力。而我是个特级鬼见愁，因为我拒绝偏离科学的方法，或者说拒绝相信在科学之外还存在真理。

《巴黎评论》：您有一点科学背景。高中毕业后，您学了农艺学。什么是农艺学？

维勒贝克：所有跟食物生产有关的东西。我做的一个小项目是绘制科西嘉的植被地图，目的是找到能放羊的地方。我在学校手册上读到学农艺学以后可以从事各种工作，但后来发现这种说法很可笑。大多数人就是干某种务农的活，只有少数几个挺有意思的例外。比如我有两个同学成了牧师。

《巴黎评论》：您学得开心吗？

维勒贝克：非常开心。事实上，我差点成了科研者。那是《基本粒子》中最具自传性质的内容之一。我有可能做的工作是找到一些数学模型，可以用于罗讷-阿尔卑斯地区楠蒂阿湖的渔民人口。但奇怪的是，我拒绝了这份工作，这是很傻的，事实上，因为我后来就再也找不到工作了。

《巴黎评论》：最后您做了计算机程序员的工作。这之前您有类似经历吗？

维勒贝克：我对此一无所知。不过那时候对程序设计需求特别大，而且根本没有这方面的专科学校，所以很容易进去。但我立即就对这份工作深恶痛绝。

《巴黎评论》：您的第一本小说《战线的延伸》关于一个计算机程序员和他的性压抑的朋友，是什么促使您写这部小说的？

维勒贝克：我从没见过哪本小说声明进入职场如同进入坟墓。自此之后再也不会发生什么，而你还得装出一副对工作感兴趣的样子。此外，有些人会有性生活，而另一些人没有，仅仅因为一部分人比其他人更有吸引力。我想指出如果有人不过性生活，那不是出于道德原因，只不过是因为他们长得丑。你一旦把这话说出来，感觉显而易见，但我就是想把这话说出来。

《巴黎评论》：可怜的提泽朗没人喜欢，他是个非常深刻的人物。

维勒贝克：他是个不错的人物。回过头去看看，我自己都奇怪，仅仅靠着性压抑这一块跳板，竟然就弄出了一个这么有趣的人物。提泽朗这个人物的成功是一次伟大的教育。

《巴黎评论》：据《战线的延伸》里的叙述者说，"年轻遭人恨"。

维勒贝克：那是陷阱的另一部分。第一部分是职业生涯的现实，不会再发生任何事情。第二部分就是会有一个取代你的人，各种经历都是属于他的。这就引出父亲对儿子的天然憎恨。

《巴黎评论》：是父亲而不是母亲？

维勒贝克：是的。女人怀孕时会经历某种生理和心理上的变化。那是动物生物学。但父亲们对自己的后代完全不当回事。会有荷尔蒙一类的事情发生，对此任何文化都一筹莫展，一般来说女人会喜欢孩子，而男人则基本上不把他们当回事。

《巴黎评论》：那婚姻呢？

维勒贝克：我觉得对大多数人来说，他们会在大学里遇到很多人，而一旦进入职场，他们基本上就不会再遇到谁了，这形成一个强烈的对比。生活变得无聊，所以人们就结婚，过自己的生活。我可以说得更具体些，但我想谁都明白。

《巴黎评论》：所以婚姻只是对抗……

维勒贝克：对抗一种相当孤独的生活。

《巴黎评论》：您一度找不到出版社愿意接受《战线的延伸》。编辑们为什么拒绝这本书？

维勒贝克：我怎么知道。不过这本书看起来与当时出版的任何书都不一样。比如，那时候勒克莱齐奥被认为是个伟大的作家，我想。

《巴黎评论》：您怎么看获得二〇〇八年诺贝尔文学奖的勒克莱齐奥？

维勒贝克：我没读过他的书。我试过，但是觉得无聊。不过就发表物而言，有很多都是为艺术而艺术、按"新小说派"传统写作的人。没人写办公室职员。

《巴黎评论》：那么说您不喜欢"新小说派"？

维勒贝克：时不时地我也喜欢来点唯物主义理论。其中一条就是"口袋书"丛书①完全改变了文化的传播，令文化更加国际化，也更缺少聚合力。我从没在大学读过文学。"口袋书"丛书里没有"新小说派"的作品，所以我一本也没读过，直到很晚才读。真的是太晚了——大脑萎缩了。

《巴黎评论》：那诗歌呢？

维勒贝克：我觉得你喜欢的一个作家如果真的可以说影响到你，那也只有在诗歌领域，因为一首诗你会一读再读，读那么多遍，以至于诗就印在你脑子里了。很多人都读过波德莱尔。我的经历比较特殊，我几乎把高乃依的作品读了个遍。没人读高乃依，但是我看到一小堆经典作品，因为某种原因我很爱读。我喜欢那种传统的亚历山大体十二音节诗行。在大学的时候，我写了不少四音步的古典诗，其他诗人们喜欢。他们说，嗨，这

---

① Le Livre de Poche，著名法语经典名著丛书，由法国阿歇特出版社创始于 1953 年。

不错啊。为什么不写古典诗呢？能写出来。

《巴黎评论》：您觉得自己既是小说家又是诗人吗？

维勒贝克：不完全是。当你写的小说有了一定的影响力，你会开始觉得编辑们出版你的诗是慈善之举，这么说挺让人难受的。这就让人尴尬了。

《巴黎评论》：但您确实把诗放进您的小说里了。

维勒贝克：但是不成功。我一直试图把诗放进我的小说里，但我从来没有真正成功过。

《巴黎评论》：您曾说过："挣扎于诗歌和散文之间是我生活的常态。如果你遵循诗的冲动，你就陷入没人能读的危险。如果你违抗这种冲动，你就是做好了准备要当一个诚实的'讲故事的人'。"

维勒贝克：你也许得到一个印象，觉得我对讲故事略有轻视，这只在某种程度上是那么回事。比如，我是真心喜欢阿加莎·克里斯蒂。她首先遵守这一体裁的规则，但是她也会不时成功地做一些非常个人的事。而我自己，我觉得是一个相反的过程。一开始，我不遵守规则，我不设计情节，但是时不时地，我跟自己说，行了行了，总还得有个故事吧。我控制我自己。但我不会仅仅因为一个美丽的片段跟故事不合拍就放弃它。

《巴黎评论》：您现在怎么看您的第一部小说？

维勒贝克：这本书很野蛮，但是本好书。我是从那时开始和 *Les Inrockuptibles*[①] 长期合作的，他们一看就喜欢上了这本书。

[①] *Les Inrockuptibles*，创刊于 1986 年的法国文化杂志。杂志名是一个仿 "Les Incorruptible" 的新造法语词，后者是美剧 "The Untouchables"（贱民）的法语译名；又因这个名词的主干是 "rock up"，所以大致可以译作《摇滚民》。

《巴黎评论》：Les Inrockuptibles？

维勒贝克：这是一份杂志，大概三分之一音乐，三分之一文学，还有三分之一什么都有。杂志刚开办的时候（一九八六年做月刊，然后一九九五年起做周刊）法国媒体被吓坏了，因为它胜过市面上所有其他东西。传统周刊还有它们的文学副刊与之相比都显得可笑。巴黎知识分子圈里所有算得上的人物都拜倒在他们脚下。不幸的是，他们中间没有一个人有真正的责任感，所以也就没有人真正负责。如今杂志已经完了。

《巴黎评论》：一开始有哪些价值观？

维勒贝克：你可以说只有一个——来点现实，老兄！让我们看看真实的世界，此刻正在发生的事情，植根于人们真实生命中的事情。

《巴黎评论》：一九九八年，您出版了第二本小说，如今闻名遐迩的《基本粒子》，讲一位杰出科学家的悲剧爱情生活和他那位性压抑的同母异父弟弟。是什么让您写这本小说的？

维勒贝克：真正的灵感是一九八二年的阿兰·阿斯佩克特[①]实验。这些实验展示了EPR悖论[②]：粒子一旦互相起反应，它们的命运便互为联结了。当你作用于一个粒子，其效应立即传递到另一个粒子，即便它们相距遥远。这真的让我震撼，两个事物一旦发生联结，就会永远联结。这标志着一个哲学上的基本转折。自从宗教信仰消失之后，目前占主导地位的哲学是唯物主义，唯物主义称我们孤独无依，并把人性归结为生物学现象。人就和台球一样可以被计算，面对的是彻底的腐朽毁灭。这种世界观受到了EPR悖论的冲击。所以这部小说的灵感来自一个设想，设想下一个形而上的变异将是什么样的。它肯定不会比唯物主义更让人沮丧。唯物主义

[①] 阿兰·阿斯佩克特（Alain Aspect，1947—   ），法国物理学家，因其在量子力学领域、尤其是量子纠缠方面的研究闻名。
[②] EPR悖论（Einstein-Podolsky-Rosen paradox），物理学家爱因斯坦、波多尔斯基和罗森于1935年为论证量子力学的不完备性而提出的一个悖论。EPR是这三位物理学家姓氏的首字母缩写。

是很让人沮丧的，这我们得承认。

《巴黎评论》：您是怎么从这个设想发展出一个故事的？

维勒贝克：我从主要人物迈克尔开始，他是个物理学研究者。接着，就是布鲁诺，他是提泽朗的延续，因为我在《战线的延伸》里杀死了提泽朗，至今都感到遗憾。这一次我要写写他的生命故事。那是真正的愉悦。写迈克尔不如写布鲁诺好玩，因为我得读很多书。

《巴黎评论》：您得做大量量子理论的研究。

维勒贝克：哦，真是可怕。我记得有些书难到同一页我得读上三遍。有时候在智力上做些努力也挺好，但是我怀疑自己不会再来第二次了。

《巴黎评论》：您写小说最想达到的境界是什么样的？

维勒贝克：我真正想要的是写出一些场景，用你们的英语来说就是，"让人心碎的"场景。

《巴黎评论》：让人心碎？

维勒贝克：迈克尔的女朋友死的时候就很感人，我觉得。我真的就想把那一类的场景写好，这是第一位的。

《巴黎评论》：为什么您尤其想把那一类的场景写好呢？

维勒贝克：因为那是文学中我最喜欢的部分。比如，《卡拉马佐夫兄弟》的最后几页：我不仅一读就会哭，我简直是一想起来就会哭。那是文学里我最敬佩的部分，即文学所具有的让你流泪的力量。有两个成就是我真正珍惜的。"我流泪了。"以及"我一个晚上读完了。我停不下来。"

《巴黎评论》：当然了，您也因为您书里无数的性爱场景而受到大量媒体的关注。

维勒贝克：我没觉得我书里的性爱场景多得不同寻常。我觉得让人震惊的不是这些东西。让人震惊的是我描写了性的失败。我的描写没有美化性感。最重要的是我描写了一个基本现实：一个充满性欲的人其性欲得不到满足。那是人们不喜欢听到的。性被认为是积极的。展示受压抑的性欲是下流的。但那也是真实的。真正的问题在于，谁是被允许获得性满足的？比如说，教师们和那些让人瞠目结舌的年轻女孩，我不明白这些教师是怎么活下来的？当女人加入性爱旅行的队伍，这要比男人那么做更隐晦、更可耻、更是禁忌。就像，一个女教授把手放到一个学生的大腿上，这会更糟糕，更加难以启齿。

《巴黎评论》：您的小说中还有一个重复的命题，就是性和钱是这个世界的主流价值观。

维勒贝克：很奇怪，我已经五十岁了，但我仍然没想明白性究竟是好还是不好。我对钱也有疑虑。所以很奇怪有人认为我是个思辨作家。我感觉我大多是在暴露自己的疑虑。我确实也有一些肯定的想法。比如，你可以付钱给一个姑娘，我觉得那是件好事。毫无疑问，一个进步的巨大标志。

《巴黎评论》：您是说妓女？

维勒贝克：是的。我举双手赞同卖淫。

《巴黎评论》：为什么？

维勒贝克：因为这样大家都是赢家。我个人对此没什么兴趣，但我觉得这是件好事。很多英国人和美国人愿意付钱。他们很高兴，姑娘们也高兴。她们赚很多钱。

《巴黎评论》：您怎么知道那些姑娘很高兴？

维勒贝克：我跟她们交谈。这很困难，因为她们不太会说英语，但我还是跟她们交谈。

《巴黎评论》：一般的观点是那些女人是受害者，她们的处境是被迫的，对此您怎么看？

维勒贝克：这不符合事实。在泰国不是这样。反对这样的事就是愚蠢。

《巴黎评论》：他们说您在政治上是右派，因为在《基本粒子》中您似乎反对六十年代的自由主义。您对这种分析怎么看？

维勒贝克：我的想法基本上就是，对于重大的社会变化你是不可能做什么的。家庭单位正在消失，这也许很可惜。你可以争辩说这会增加人类的痛苦。但是可惜也好，不可惜也罢，我们什么也做不了。这是我和反动派之间的区别。我对于拨回时钟完全没有兴趣，因为我不相信我们能做到。你能做的只是观察和描述。我一直喜欢巴尔扎克的一句很侮辱人的话，他说小说唯一的目的就是展示由价值观变化所造成的灾难。他夸张得很有意思。但是我做的事情就是：我在展示价值观自由化所造成的灾难。

《巴黎评论》：您曾写过您"不仅是个宗教上的无神论者，也是个政治上的无神论者"。您能说得再具体一点儿吗？

维勒贝克：我不太相信政治对历史的影响。我认为主要的影响因素是科技，有时候，不常常是，也有宗教因素。我不认为政治家们真的能有什么历史的重要性，除非他们造成重大的拿破仑式的灾难，但至多到那个程度。我也不相信个体的心理对社会运动有任何影响。你会在我所有的小说中找到这个观点。今天早晨我和人讨论比利时，一个完全不对劲的国家。从心理学的角度来看，没人明白这是为什么，因为比利时人自己似乎很愿意、很想让国家对劲起来。但还是不行。这个国家就要消失了。所以我们不得不相信存在一些巨大的社会力量，那是用个体心理学无法解释的。

《巴黎评论》：《基本粒子》一书获得的反响让您吃惊吗？

维勒贝克：是的。我期待它能有我第一本书差不多的成功。获得评论家的肯定，有一定的销售量。那是我生活中的一个关键性时刻，因为我可以不用工作了。

《巴黎评论》：从《基本粒子》开始您会玩世不恭地利用媒体给每本书做宣传，您的法国评论家们对此很有意见。那时候您的态度是什么样的？

维勒贝克：那时候我觉得如果你想卖书就得大量上媒体曝光，我确实想赚钱，这样可以辞掉工作，这也是真的。那是有钱的唯一作用，换取自由的时间，这是最重要的。我现在没那么肯定媒体能卖书了。

《巴黎评论》：那什么能卖书？

维勒贝克：口口相传。比如，眼下法国最畅销的作家是马克·李维。他从来不上媒体。

《巴黎评论》：评论家们也是因为《基本粒子》开始关注您的生平，因为书中人物似乎跟您有很多共同点。但您似乎对此很厌烦，即人们总把一切归结为传记。

维勒贝克：是的，很烦人，因为这否定了小说写作的一个核心特点，即人物们是自发生长的。换句话说，你从一些真实的事实出发，然后你就任由它凭着自己的动量滚动向前。你走得越远，就越可能把现实完全抛到身后。事实上你是没法讲述自己的故事的。你可以使用其中的元素——但别以为你能控制一百页之后某个人物会做出什么事来。你唯一能做的是，比如，赋予这个角色你自己的文学品位。没有比这个更简单的了。让他打开一本书就是了。

《巴黎评论》：说到您的生平，您最近写过您有一个和祖母一起度过的幸福童年。

维勒贝克：是的，我的祖母。我六岁到十八岁之间和她一起生活。分两个阶段，第一阶段是真正的幸福，六岁到十二岁之间。我们住在约纳的乡下。我骑自行车。我搭建水坝。我读了很多书。没有太多电视。这很好。但是后来我们搬去了克雷西-布里。如果你现在去那里，不太能找到当时的感觉。那时候更农村。现在基本上都是郊区项目。但我还是感觉不舒服。人太多了。我喜欢乡下的荒僻。

但是，说实话，青春期从来都不如童年愉快。

《巴黎评论》：您祖母是个共产党人？

维勒贝克：这么说有点夸张。那时候，来自某个特定阶层的人都会投共产党的票，但他们完全不知道马克思是谁。那是属于阶级的一票。

《巴黎评论》：她工作吗？

维勒贝克：她不工作，她退休了。

《巴黎评论》：她以前做什么工作？

维勒贝克：她在铁路上工作。我想她以前是村里火车站的负责人吧。

《巴黎评论》：您和您的祖母亲近吗？

维勒贝克：是的。我非常爱她。

《巴黎评论》：您有不同寻常的幽默感。她也是个有趣的人吗？

维勒贝克：不是。她不太开玩笑。

《巴黎评论》：她很有母性吗？

维勒贝克：是的。她的四个孩子都喜欢她。她是个非常好的母亲。

《巴黎评论》：您常常见您的父母吗？

维勒贝克：我很少见到我母亲。我父亲倒常见。冬季和夏季假期的时候。

《巴黎评论》：您和他亲近吗？

维勒贝克：谈不上亲近。他是个很难接近的人。他是个怪人，独来独往。但我跟他还是比跟我母亲更亲近些。我更了解他。

《巴黎评论》：六岁之前您和您的外祖父母住在阿尔及利亚。您还记得您儿时的事吗？

维勒贝克：非常少了。我模模糊糊记得有操场，上面有很多树叶。我也记得催泪瓦斯的味道，我很喜欢。我记得关于战争的一些小事，比如大街上开机枪。

《巴黎评论》：那吓人吗？

维勒贝克：不，一点儿也不。孩子们会觉得那些事情很好玩。

《巴黎评论》：您小时候家里人都读书很多吗？

维勒贝克：我的祖父母完全不读书。他们不是受过教育的人。

《巴黎评论》：那么《基本粒子》之后您的生活有什么变化？

维勒贝克：《基本粒子》最重大的影响除了钱和不用工作之外，就是我有了国际名声。比如，我不再做游客了，因为我的巡回售书活动满足了我可能有的旅行欲望。于是我也访问了一些一般人不太会去的国家，比如德国。

《巴黎评论》：您为什么那么说？

维勒贝克：没有人会在德国发展旅游业。旅游业在那里不存在。但是他们那样做是错的。没有那么糟糕。

《巴黎评论》：旅游业是您第三部小说《站台》的中心内容，讲一个主流旅行社决定对市场推销性爱旅游。

维勒贝克：写小说最难的是找到一个起点，一个能打开局面的点。即便是这样一个起点也不能保证成功。在《站台》中我基本上是失败了，尽管旅游业是理解这个世界的一个绝佳的出发点。

《巴黎评论》：您对旅游工业着迷在哪里？

维勒贝克：我感觉读旅游指南是绝对的乐趣，尤其是米其林指南系列，读他们对那些我也许永远不会去的地方的描述。我花了很大一部分生命阅读有关饭店的描写。我喜欢他们的用词。我喜欢他们展现这个世界的方式。我喜欢对幸福和发现的描述。然后还有一些我开始问我自己的基本问题。中国七日游，比如说。他们是怎么选择不同阶段的？他们是怎么把一个真实的世界变成一个愉快的、可消费的世界的？

《巴黎评论》：跟我们说说泰国的芭提雅，性爱旅行发生的地方。

维勒贝克：这本书在芭提雅结束，我完全被那个地方迷住了。所有人都去那里。盎格鲁-萨克逊人去那里。中国人去那里。日本人去那里。阿拉伯人也去那里。那是最奇怪的地方。我是在一本导游书里读到的，这让我决定去一趟泰国。他们说在曼谷的一家宾馆里泰国妓女们戴上面纱取悦她们的阿拉伯客户。我觉得这很神奇，这种适应性。有很多阿尔及利亚的法国人去芭提雅找妓女。所以泰国女孩们说带口音的法语。"Ouais, j'tassure! Ouais, ta mère!"（是的，我肯定！是的，我保证！）

有为日本人准备的卡拉OK吧，有接待俄国人的存了很多伏特加的饭店。这也有很深刻的一面，所有这些人身上都有点儿穷途末路的感觉，尤其是那些盎格鲁-萨克逊老头。你感觉他们永远也不可能离开那里了。还有那些午后的灰尘，演歌歌舞的酒吧还没开门。女孩们坐着她们的电动车陆续赶来，然后你就开始看到那些盎格鲁-萨克逊老头像一只只海龟似的在灰尘里走着，那一刻你会感到一些非常深刻刺痛的东西。那个小镇有一些非常非常奇怪的东西。

《巴黎评论》：小说结尾处芭提雅发生了恐怖主义者制造的爆炸，小说出版一年之后巴厘岛的一家夜总会真的发生了爆炸，前者似乎是对后者的预演。

维勒贝克：预言这样的爆炸并不难。也可能在马来西亚发生，另一个有着很多服务西方人的妓女的穆斯林国家。

《巴黎评论》：那您所谓卖淫对所有人来说都是个好主意的观点又怎么说呢？

维勒贝克：嗯，那伊斯兰就得消失。不然是行不通的。

《巴黎评论》：这么说在一个完美的世界里有卖淫但是没有伊斯兰？

维勒贝克：我从没说过什么完美世界。我说过卖淫不是个灾难。

《巴黎评论》：您为什么觉得《站台》是个失败？

维勒贝克：对于旅游工业还没有足够的分析。有一个角色瓦莱丽，她在书里占的分量太重了。倒不是说那样的事情你能做多少改变。我喜欢瓦莱丽这个角色，结果我就感觉那个男性角色枯燥乏味。

《巴黎评论》：您说过书评人对角色的关注不够。

维勒贝克：普通读者有一个可贵之处，有时候他们会对角色产生感情。这是评论家们永远不会讨论的东西。这很可惜。盎格鲁-萨克逊评论家总结故事情节很在行，但是他们也不谈角色。相反，读者们聊起角色来无拘无束。

《巴黎评论》：那您的评论者呢？您能不能简短地总结一下您对法国新闻界有什么意见？

维勒贝克：首先，他们恨我胜过我恨他们。我批评他们不是因为评论写得差，而是在于他们谈论跟我的书毫无关系的东西——我的母亲或者我怎么逃税。他们那样讽刺我，以至于我成了那么多讨厌的东西的象征——犬儒主义、虚无主义、厌婚症。人们不再读我的书，因为他们已经对我有了看法。在某种程度上，当然谁都是这样。两三本小说之后，一个作家就不用指望别人读他了。评论家们已经做了决定。

《巴黎评论》：您最早什么时候开始写作的？

维勒贝克：这很难说。我们在学校的时候得写作文，比如"描述一个秋日的午后"，我写这些小文章时感到的快乐确实有些不成比例，而且我会把文章留着。此外，我还写日记，尽管我不确定那时候我能写点儿什么。我觉得我更可能描写自己做的梦而不是日常生活。

《巴黎评论》：您现在的写作时间是怎么安排的？

维勒贝克：我大概凌晨一点醒过来。我在半清醒状态中写作。等我喝了咖啡，我会越来越清醒。然后我就一直写一直写，直到写得烦了。

《巴黎评论》：您写作时还有别的要求吗？

维勒贝克：福楼拜说你得永远处于勃起状态。我觉得不是那么回事。我得时不时地散个步。其他方面嘛，饮食的话，有咖啡就行，真的是这样。咖啡会带你经历不同的清醒阶段。你一开始处于半昏迷状态。你写啊写。你喝更多的咖啡，你的清醒程度增加，这样的中间状态可以持续几个小时，这种时候就会发生一些有意思的事。

《巴黎评论》：您会给小说设计情节吗？

维勒贝克：不会。

《巴黎评论》：您不知道从这一页到下一页会发生什么？

维勒贝克：我从来不计划任何东西。

《巴黎评论》：那您的风格呢？您有一个习惯，您会做一些野蛮的、常常是有趣的并置，比如"我儿子自杀的那天，我做了一个番茄煎蛋饼"。

维勒贝克：我不会真的把那个说成风格。那只是我认识这个世界的方式。我身上存在一种紧张，会让我不假思索地写出并置句。那和朋克摇滚没有太大区别。你尖叫，但是你也略作调整。有关于我的风格的渐进研究。

《巴黎评论》：有什么结论吗？

维勒贝克：我的句子长度中等，有丰富的停顿。换句话说，我的句子属于中号，但是有各种切割法。副词是人们厌恨的一样东西。我用副词。还有一个东西源于我是诗人的事实。文字编辑总是要你去掉重复。我喜欢重复。重复是诗歌的一部分。所以我会毫不犹豫地重复我自己。事实上，我觉得我是今天还在写作的作家中最爱重复的一个。

《巴黎评论》：您喜欢引用商品名字。比如，"loup au cerfeuil Monoprix Gourmet"（"不二价美味海鲈配西叶芹"）。

维勒贝克："海鲈配西叶芹……"很诱人。写得好。我使用商品名字也因为它们，客观来说，是我所生活的世界的一部分。但是我倾向于选择名字最诱人的商品。比如这个词"西叶芹"很有吸引力，尽管我根本不知道西叶芹是什么。你想吃点带西叶芹的东西。这很美。

《巴黎评论》：您写过灵感的源头之一在于人们会跟您讲他们生活中的故事。显然，陌生人喜欢向您袒露内心。

维勒贝克：我觉得我可以成为世界上最好的精神科医生，因为我能给人不偏不倚的印象。事实不完全是这样。有时候我对于自己听到的事情非常震惊。我只是不表现出来。

《巴黎评论》：您写过一本 H.P. 洛夫克拉夫特的传记，我震惊于他经历的灾难性爱情故事和您书里的爱情故事多么类似。

维勒贝克：是的，一个充满勇气和活力的女人，为了爱情成功而竭尽所能，以及一个不幸的无能的男人。

《巴黎评论》：您对于一个男人和一个女人之间爱情的可能性怎么看？

维勒贝克：要我说，爱情是否存在这个问题在我的小说中扮演的角色就和上帝是否存在这个问题对陀思妥耶夫斯基的意义是一样的。

《巴黎评论》：爱情也许已经不存在了？

维勒贝克：这是当下的问题。

《巴黎评论》：那么是什么造成了爱情的消失？

维勒贝克：是唯物主义的观点，说我们是孤独无依的，我们孤独地活着，然后我们孤独地死去。这一观点跟爱是不太合拍的。

《巴黎评论》：您的上一部小说《一个岛的可能性》结尾是一个荒凉的世界，生活着一群孤独的克隆人。是什么让您想象这样一个灰暗的未来，人类不到中年就都被克隆了？

维勒贝克：我已经相信女权主义并不是政治正确的根源。真正的源头要可怕得多，它不敢自报家门，其实就是对老年人的憎恶。男人与女人间的权力之争相对是次要的——重要但仍然是次要的，较之于我试图在这部小说里捕捉的东西，那就是我们已经陷在一个孩子的世界里无法自拔。父权体系的消失意味着今天一个老头就是一个无用的废物。我们最珍视的是青春，那意味着生命自动变得令人沮丧，因为生命整体上来说就是由变老组成的。

《巴黎评论》：在《一个岛的可能性》的前言里，您提到是一个记者给了您这本书的灵感。您能解释一下吗？

维勒贝克：那是一个非常奇特的时刻。我在柏林一个湖上咖啡馆里，等着接受采访。非常安静。上午十点。周围空无一人。那位德国记者到了，有意思的是她的行为很不正常。她没有带录音机，她也不做笔记。她说："我做了一个梦，梦见世界末日之后你在一个电话亭里，你在和人类说话，但是你不知道是不是还有人在听。"那感觉就像在一个吸血鬼电影里。

《巴黎评论》：这就引出了这本书的主要构思：一个克隆人写日记，给他的后来者看。

维勒贝克：我对这个情境做了思考：世界末日之后我在一个电话亭里，我似乎在说话，但我不知道电话那头是不是有人，或者我是不是在跟我自己说话，就为了听到我自己的声音。而这确实很像是对我所有小说的一个隐喻。这个想法过了一段时间才有下文。与此同时我写了我的第三部小说。然后我在西班牙南部买了一个公寓，淡季的时候去那里住，一月份，那里没有人。在那个没有人的海滩的房子里，我有种独自面对人类末日的感觉。我写了最初的几页。有很长一段时间，我什么也没写。

《巴黎评论》：雷尔教①给了您灵感创造书里这个怪异的宗教组织，那您是怎么会对雷尔教感兴趣的？

维勒贝克：我买有关邪教的书。我去了一个为非雷尔教徒举办的宣讲会。

《巴黎评论》：在那里干吗？

维勒贝克：有一些小组讨论会，一个先知跟我们说感谢科学，一切都

---

① 雷尔教（Raëlism），又名雷尔科学协会，其主旨是雷尔运动，宣扬人类源自乘不明飞行物来地球的外星科学家。

会好起来。它是一个对科学进步的彻底乐观主义和对性的非道德主义的混合体。那是吸引参加者的地方。他们说存在远比我们发达的外星人,这些外星人能带给我们他们的科技幸福的处方。

《巴黎评论》:您为什么把你的主角设定为一个喜剧演员?

维勒贝克:这个角色源于两件事。首先,我去了一个土耳其度假胜地,客人们会举办才艺秀,我看了一场。有一个女孩——她应该有十五岁,她模仿席琳·狄翁,显然也是献给席琳·狄翁的表演,这非常非常重要。我跟自己说,天哪,这个女孩是真的要放手一搏。有意思的是,第二天,她一个人坐在那里吃早饭,我心想,已经是一副明星高处不胜寒的模样了!我感觉到类似这样的某种东西可以决定人的一生。所以那个喜剧演员有类似的经历。他突然发现自己可以让整个人群发笑,这便改变了他的人生。第二件事是我认识一个女人,她是一份杂志的主编,她经常邀请我参加那些时髦活动,比如会有卡尔·拉格斐[①]参加。我想塑造一个属于这个世界的人物。

《巴黎评论》:跟那个喜剧演员一样,您会不由自主地去碰一些当下敏感的政治话题,然后东拉西扯到侮辱人的地步。而那又很搞笑,人们会震惊到发笑。

维勒贝克:你笑是因为所谓侮辱仅仅是陈述了显而易见的东西。这在文学中也许不同寻常,但在私下里很普通。"嗯,你不得不承认,伊斯兰很白痴"是你私下里很容易出口的话。这一类多少有点带歉意的说法在我看来像是法国文化的一部分。比如,有个女孩告诉我她有个很丑的朋友在为堕胎权利抗争。她在描述他们的对话,她说:"我不是故意要这么坏,但是还真没人想让她怀孕。"在对话中,法国人总在这样带歉意地侮辱着别人。这类侮辱带有常识性的一面,那是我很喜欢的。

[①] 卡尔·拉格斐(Karl Lagerfeld,1933—2019),德国著名服装设计师。

《巴黎评论》：您有侮辱人的特殊天分。您侮辱别人会很开心吗？

维勒贝克：是的。我不得不说，能获得满足感。

《巴黎评论》：您说过您在《一个岛的可能性》的最后部分让诗歌在一部小说中获得胜利，对此您很骄傲。那个部分是讲克隆人没有获得允许便离开了限制区，他要在岛上游荡，去寻找另一个克隆人。

维勒贝克：我个人很喜欢《一个岛的可能性》的最后部分。我觉得它跟我以前写的任何东西都不一样，但没有哪个评论家提到这一点。很难解释，但我有种感觉，最后这部分有一些非常非常美的东西。他打开门，那是另一个世界。我写那一段的时候，没有太多考虑故事，我完全陶醉于自己的语言之美。

我做了一些特别的事，为那个最后部分做准备。我停止了写作。有两个星期，我什么也没做——我是说真的什么也不做。我谁也不见。我不跟任何人说话。原则上来说，你写一部小说的时候不应该停下来。如果你停下来去做别的事情，那是灾难。但是这一次，我停下来，什么也不做，就为了让写的欲望生长。

《巴黎评论》：您说过自己是"躁郁症患者"。那是什么意思？

维勒贝克：那意思是你往返于抑郁和兴奋之间。但话说回来，我怀疑自己不是真的抑郁者。

《巴黎评论》：那您是什么呢？

维勒贝克：就是不怎么活跃。事实是，我如果上床什么也不干，我不会觉得有什么不好。我会很满足。所以那不是你真正会叫作抑郁的东西。

《巴黎评论》：那是什么阻止了您屈从于您以前说过的最大的危险呢？也就是躲在角落里闷闷不乐，一遍又一遍地重复全都糟糕透了。

维勒贝克：眼下我希望被爱的渴望足以驱使我行动起来。我希望有人爱我，尽管我有缺点。说我是教唆者不太准确。一个真正的教唆者说一些不经思考的话，只为惊世骇俗的效果。我试图说经过自己思考的话。当我感觉到我思考的东西将会让人不愉快，我就会带着真正的热情迫不及待地说出来。尽管如此，在内心深处，我还是希望被爱。当然，这能维持多久，完全无法保证。

《巴黎评论》：您和伯纳德-亨利·列维① 的对话《公敌》，英译本已经在美国出版了。是什么让您非要做这本书的？

维勒贝克：一开始有点像个游戏。我从没做过这样的事情。重要的是，是什么让我们继续下去，并最终出版了书，而那也很简单。我们觉得这一结果很有趣。

《巴黎评论》：您为什么不住在法国？

维勒贝克：部分是为了少交点税，部分是为了学习你们的美丽语言。也因为爱尔兰非常美，尤其是西部。

《巴黎评论》：不是为了逃避您自己的国家？

维勒贝克：不是的。我走的时候带着荣耀的光环，没一个敌人。

《巴黎评论》：那您怎么看这个盎格鲁-萨克逊人的世界？

维勒贝克：你能看出来这是一个发明了资本主义的世界。有私人公司为送信、收垃圾这样的事情互相竞争。这里报纸上的金融版要比法国报纸里的厚多了。

我注意到的另一件事是，男人和女人更加分立。比如你去一个饭店，你常常看到女人们一起吃饭。而法国人从那个角度来看相当拉丁化。人们觉得全是同一性别的人吃晚饭会很无聊。在一个爱尔兰的宾馆里，我看到

---

① 伯纳德-亨利·列维（Bernard-Henri Lévy，1948—　），法国哲学家、作家。

一群男人边吃早饭边聊高尔夫球。他们走了之后一队女人坐下来，讨论其他的话题。仿佛男人和女人是不同的物种，然后偶尔为了生育碰个头。库切有本小说里的一句话我真的很喜欢。其中一个人物怀疑他的同性恋女儿在生活中唯一真正感兴趣的东西是仙人果果酱。同性恋只是一个借口。她和她的伴侣不再有性生活，她们全身心地投入到装饰和烹调中。

也许那里头有一点潜在的真理，关于那些最终对果酱和窗帘更感兴趣的女人们。

《巴黎评论》：那男人呢？您觉得他们对什么感兴趣？
维勒贝克：小屁股。我喜欢库切。他说话也很野蛮。

《巴黎评论》：您说过您身上可能有美国人的一面。您的证据在哪里？
维勒贝克：我几乎没有证据。有一个事实是，如果我住在美国，我想我会选雷克萨斯的车，那是性价比最高的。更玄乎的是，我有一条狗，我知道那是在美国很流行的一个品种，威尔士柯基犬。有一样我肯定是没有的，就是美国人对大胸的痴迷。我必须承认，对大胸我没感觉。但是能放两辆车的车库？我想要一个。带那种制冰器的冰箱？我也想来一个。美国人喜欢的我也喜欢。

《巴黎评论》：您那部备受期待的《地图与疆域》即将在法国出版，但是大家知道的都还很少。我读到介绍说这是一本五百页的书，"以一个艺术家的成功为棱镜折射现代社会的方方面面"。显然您自己也是书中的一个人物。是这样的吗？
维勒贝克：这部小说一共四百五十页。主角是个艺术家。维勒贝克始终是个次要角色，尽管他的出现确实让小说结构更为复杂。我只想说这么多。

《巴黎评论》：您的作品尽管有所谓野蛮，但您觉得其魅力何在？

维勒贝克：答案太多了。首先写得好。另一方面你隐隐觉得读到的都是真实的。然后还有第三点，也是我最喜欢的：因为我的作品有张力。张力是需要的。你得时不时地放弃和谐。你甚至不得不放弃真实。你不得不，当你需要这样做的时候，热烈地拥抱过激的事物。我这样听起来有点像圣保罗了。

《巴黎评论》：您是什么意思？

维勒贝克："如今常存的有信，有望，有爱，这三样，其中最大的是爱。"① 对我而言，这句话要这么说："如今长存的有美，有真，有力，这三样，其中最大的是力。"

《巴黎评论》：您曾在 H.P. 洛夫克拉夫特的传记中这样写道："没有某种自发的盲目，就不可能存在任何审美的创造。"

维勒贝克：是的，也就是说你不得不选择你的家人。你不得不略作夸张。

《巴黎评论》：对您来说谁是您的家人？

维勒贝克：可能你会吃惊，但是我坚信我属于浪漫主义派的大家庭。

《巴黎评论》：您意识到这可能出人意料？

维勒贝克：是的，但是社会进步了，今天的浪漫主义者已经不同于过去的浪漫主义者。不久前，我读了托克维尔的《论美国的民主》。我敢肯定，如果一方面，你有一个老派的浪漫主义者，另一方面是托克维尔所预言的随着民主发展文学将发生的变化——以普通人为主角，对未来有强烈的兴趣，使用更为写实的词汇——那么你就知道我是怎么回事了。

---

① 这是《圣经·新约·哥林多前书》的第13章第13句。

《巴黎评论》：您如何定义浪漫主义者？

维勒贝克：浪漫主义者是一个相信无限幸福的人，相信幸福既永恒，也触手可及。对爱的信仰。还有对灵魂的信仰，很奇怪我的这一信仰坚定不移，尽管我不停地说着相反的话。

《巴黎评论》：您相信无限的、永恒的幸福？

维勒贝克：是的。而且我不是为了教唆才这么说的。

（原载《巴黎评论》第一百九十四期，二〇一〇年秋季号）